Leituras do hipertexto

Viagem ao Dicionário Kazar

Raquel Wandelli

Leituras do hipertexto
Viagem ao Dicionário Kazar

EDITORA DA UFSC

imprensaoficial

Florianópolis / São Paulo
2003

Editora da UFSC
Campus Universitário – Trindade
Caixa Postal 476
88010-970 – Florianópolis – SC
(48) 331-9408, 331-9605 e 331-9686
(48) 331-9680
edufsc@editora.ufsc.br
http://www.editora.ufsc.br

Imprensa Oficial do Estado de São Paulo
Rua da Mooca, 1921 – Mooca
03103-902 – São Paulo – SP
(11) 6099-9800
(11) 6099-9674
www.imprensaoficial.com.br
livros@imprensaoficial.com.br
SAC 0800-123 401

Direção editorial, projeto gráfico e editoração:
Paulo Roberto da Silva

Capa:
Maria Lúcia Iaczinski

Supervisão técnico-editorial:
Aldy Vergés Maingué

Revisão:
Letícia Tambosi
Tânia Regina de Souza

(Catalogação na fonte pela Biblioteca Universitária da Universidade Federal de Santa Catarina)

W2451 Wandelli, Raquel
Leituras do hipertexto : viagem ao Dicionário Kazar / Raquel Wandelli. – Florianópolis : Ed. da UFSC; São Paulo : Imprensa Oficial do Estado de São Paulo, 2003.
277p. , il.

Inclui bibliografia

ISBN 85-328-0258-3 (Editora da UFSC)
85-7060-209-X (Imprensa Oficial do Estado de São Paulo)

1. Ficção – História e crítica. 2. Sistema de hipertexto 3. Comunicação. I. Título.

CDU: 82.09

Impresso no Brasil

Foi feito o depósito legal na Biblioteca Nacional
(Lei nº 1.825, de 20/12/1907)

Ao companheiro Moacir Loth, por tolerar mil e uma noites de abajur aceso, fingindo não ligar.

À Luara e ao Maitã, por terem dividido sua infância com esses outros filhos de papel.

Ao pai Álvaro, pelo amor aos estudos e à poesia, e à mãe Ondina, guerreira, que gostava de ouvir o barulhinho de chuva-de-granizo-batendo-na-janela com o tec-tec do computador no quarto do hospital.

Agradecimentos

À Adair de Aguiar Neitzel, Clarmi Régis, *Dearcinha Amarante* e Glória Celeste, amigas de solidariedade preciosa, que nenhuma palavra é capaz de agradecer.

À amiga eletrônica Vladslava Gordic, pela consultoria e pelos aforismos de Nietzsche, que ensinam a vida a nos tornar fortes, quando não nos derruba.

Ao orientador Alckmar Luiz dos Santos, com quem cruzei as linhas da literatura.

"Mãe, eu sei um jeito de tu terminares este livro hoje: escreve aí que eles se casaram, viveram felizes para sempre e ponto. Acabou!"

Luara, 6 anos

Sumário

Apresentação
13

Prefácio
17

Capítulo 1
O passado rejuvenescido
23

Capítulo 2
Um livro santo para leituras capetas
45

Capítulo 3
Docuverse da História
57

Capítulo 4
Na superfície do corpo
99

Capítulo 5
Porvir de criatura, devir de criador
161

Capítulo 6
Só os albatrozes se expressam sempre na mesma linguagem
191

Capítulo 7
O pergaminho *griot*
205

Capítulo 8
"E o verbo se fez carne"
223

Capítulo 9
O corpo no hipertexto
235

Capítulo 10
Reencarnando no espaço eletrônico – a título de (in)conclusão
247

Bibliografia
257

Anexo I
271

Anexo 2
273

Apresentação

As ilhas à deriva de Raquel Wandelli

Imaginemos um oceano coalhado de ilhas, cada uma com seu náufrago habitando-as solitariamente, largando à deriva, cada um deles, incontáveis garrafas, todas levando dentro mensagens. Mas seriam mensagens de especial feitio, pois que, tendo cada náufrago um estoque limitado de papel (ou de outro material qualquer que sirva à escrita), ele produziria uma só e única e longa mensagem, rasgando-a, a seguir, em tiras e colocando cada pedaço em uma garrafa diferente. Nos anos que se seguiriam, a cada ilhota chegariam velhas garrafas, fatigadas e fartas de tanto oceano, carregadas de cracas e de marcas, mas ainda trazendo no interior, mesmo precariamente, esses pedaços de escrita. Como recompor, a partir disso, as mensagens inteiras que outros escreveram? Como retomar até mesmo a própria mensagem que algum náufrago, de uma dada ilha, enviou ele próprio, mas que, com o passar dos dias, acabou esquecendo em boa parte? Como entender o que os dias, os sóis, as tempestades, as rochas, as umidades, as cracas e as sujeiras modificaram nessas mensagens? E como escapar a essa fragmentação? É possível aprender com Osíris: o deus despedaçado que se torna senhor do reino dos mortos é também aquele que ensina os caminhos da ressurreição. Ao ter seu corpo repartido e espalhado, mostra como ele pode ser retramado e recosturado, tornando-se diferente e maior do que era. Daí se poder afirmar que ele aponta não para uma fragmentação insuperável e inelutável, mas para uma multiplicação de nós que nos resgata dessa primeira e necessária fragmentação. Como se, para chegarmos à pluralidade, tivéssemos que passar obrigatoriamente por uma morte alquímica, a *obra a negro* que é essa fragmentação. Osíris seria então como que o texto dado a tal leitor mítico capaz de resgatar, nesses pedaços esparsos e casuais, um sentido que talvez (ainda) nem estivesse na inteireza da mensagem quando ela foi feita, antes de ser rasgada e repartida.

Ora, tal paisagem parece ser uma metáfora para estes nossos tempos de derivas e de fragmentações. E percorrê-la, com um mínimo de sabedoria (outro nome para a Vida), é o único caminho que nos resta, como já afirmava o narrador de *Lady Chatterley's lover*:

> Ours is essentially a tragic age, so we refuse to take it tragically. The cataclysm has happened, we are among the ruins, we start to build up new little habitats, to have new little hopes. It is rather hard work: there is now no smooth road into the future: but we go round, or scramble over the obstacles. We've got to live, no matter how many skies have fallen.

Tal é a empreitada que se propõe Raquel Wandelli, ao ler *O Dicionário Kazar* de Milorad Pávitch: trata-se, na verdade, de ler todo um hipertexto eletrônico e telemático em que nos inserimos cada vez mais, para espreitar formas e fôrmas de impor a ele e/ou desencavar dele sentidos e significações (precárias que sejam). E mais, talvez esse trabalho seja uma das raras oportunidades de se compreender, com profundidade, como é possível que, por trás de cada genocídio e de toda violência perpetrada na antiga Iugoslávia, espreite ainda e sempre a capacidade humana de criar e de se emocionar. Assim, essa leitura de Raquel é muito mais do que a interpretação ou a explicação de um romance: é a tomada de pulso desta nossa época, destas nossas culturas, destes nossos horizontes, utilizando um talento de escrita e de reflexão invulgares. A ele, pois! Sem perda de tempo!

*Alckmar Luiz dos Santos**

* Professor Doutor, coordenador do Programa de Pós-Graduação em Literatura do Centro de Comunicação e Expressão da UFSC, onde também dirige o Núcleo de Pesquisas em Informática, Literatura e Lingüística (Nupill). Publicou pela EdUFSC o livro *Retrato e percurso*, e com Rios imprestáveis foi premiado pela revista *Cult*.

Prefácio

A partir dos anos sessenta, a metaficção, e não o realismo, tem recebido maior atenção nos círculos acadêmicos. A Guerra do Vietnã, o movimento pelos direitos civis e a rebelião generalizada dos jovens contra o conformismo levaram ao que Kris Versluys chama de "gana de explodir todas as convenções", aí incluídas as convenções narrativas. O mundo parecia complicado demais para permitir representações unívocas da realidade.

A onipresença da metaficção nos meios acadêmicos fez com que gerações inteiras aceitassem e mesmo apreciassem o improvável, o estranho, o desenvolvimento por *flashbacks*, os começos falsos, as conclusões e origens múltiplas, etc. Já aprendemos a gostar da dança dos significantes, da polissemia livre e desvairada, das fabulações – coisas que se tornaram o dia-a-dia de escritores como Barth, Pynchon, Burroughs e outros.

É verdade que lado a lado com a metaficção, vários romancistas das últimas décadas (e.g. Bellow, Updike, Roth, Mailer, Capote) continuaram a usar modos "naturalizados" de representação, buscando passar a idéia de que "o real É real e que se chutarmos uma pedra, o pé dói". Este grupo de escritores evita em suas representações a auto-reflexão metaficcional e os adiamentos permanentes do significado, trocando o que Versluys denomina "a hermenêutica da suspeição" por uma suspeição da hermenêutica. Quanto a isto, Tom Wolfe é categórico: prega o fim da metaficção. Segundo ele, é chegada a hora de voltarmos a valorizar as estratégias narrativas nas quais "o significado do significado perca centralidade". Em seu lugar, Wolfe coloca o que denomina "realismo reportorial".

O livro *Facts,* de Philip Roth, é talvez o mais admirável produto da crise de representação pós-moderna. Roth decidiu escrever sobre os "fatos" de sua vida. Os seus "fatos" participam da construção da trama de tal modo que rapidamente percebemos que estamos diante de apenas mais uma faceta de sua vida, desta vez tentando ocultar-se por trás da máscara de Philip Roth. É que Roth envia o seu texto a Nathan Zuckerman, o protagonista de sua famosa tetralogia. Zuckerman lê o texto e reage com uma carta de 35 páginas, tecendo longos comentários e recomendando que, por ser menos real que ele próprio, a autobiografia não seja publicada. Roth, no entanto, desobedece a personagem e decide pela publicação. Publica não apenas o texto mas também a sua carta a Zuckerman e a resposta de Zuckerman. Temos, portanto, não apenas uma autobiografia, mas também uma dupla auto-reflexão sobre a autobiografia – a primeira da *persona* Philip Roth e a segunda de uma personagem de Philip Roth. Embora esta característica possa parecer surpreendente e incomum em um escritor associado às representações realistas, ela apenas demonstra que o velho realismo não passou incólume pelas últimas décadas, tendo na verdade estabelecido um intenso diálogo com os arautos da crise.

A metaficção e o neo-realismo da prosa têm encontrado campo fértil em outros meios narrativos, como é o caso do cinema e do computador. Estas forças históricas dão vida e dinamicidade às novas formas de representação – formas que nos municiam, instrumentalizam e redefinem, permitindo revisitar e ressignificar o nosso tempo.

É o que faz Raquel Wandelli no presente livro. Após expor, de forma detalhada e fluente, a sua convivência íntima com o romance de Pávitch, *O Dicionário Kazar,* guiando o seu olhar pela teoria do hipertexto, Wandelli conclui que "o aparato eletrônico não determina a hipertextualidade, mas opera junto com ela. O hipertexto é um processo de leitura e escrita, uma potencialidade que pode ou não ser ativada em determinado meio". Embora o meio eletrônico encoraje uma escrita mais fluida e facilite a liberação do pensamento e das narrativas do jugo da seqüencialidade, por si só ele é insuficiente para garantir a existência de um processo ou de uma arquitetura hipertextual. Para Wandelli é, pois, falsa a dicotomia entre o livro impresso e o meio eletrônico em termos de oposição binária entre o velho e o novo. As narrativas contemporâneas mostram que o livro impresso também mudou e que a mudança, iniciada de forma dramática nas últimas décadas, não só responde às novas tecnologias da era da informática como de certa forma antecipa algumas de suas estratégias e possibilidades. O texto de Wandelli é uma instigante e agradável reflexão sobre o livro e a crise de representação de nossos dias. Leitura obrigatória!

*Dilvo I. Ristoff**

* Dilvo I. Ristoff é Doutor em Literatura pela University of Southern Califórnia, Los Angeles, Diretor do Centro de Comunicação e Expressão da Universidade Federal de Santa Catarina e autor, entre outros, de *A América de Updike e apropriações da História.*

Imaginemos que a metáfora borgiana do livro-labirinto se concretize em um romance que, como a Bíblia, traga muitas versões simultâneas para a mesma história. Que esse romance ofereça a escolha entre a Edição Masculina e a Feminina, cada uma contendo ainda três livros distintos que confrontam e entrecruzam pontos de vista étnicos e religiosos distintos. Que a narrativa esteja dissolvida em verbetes dispostos em ordem alfabética, passíveis, portanto, de múltiplas entradas e múltiplas saídas. Que cada entrada seja uma história de vida, como uma enciclopédia biográfica, à diferença de que personagens biografados sejam também biógrafos de outras vidas, narradores e leitores de três livros dentro do livro, dentro do Livro... Que seus caminhos se cruzem por similitudes e se encontrem em uma simultaneidade de tempos paralelos, convergentes e divergentes. Que seus relatos se contradigam, se somem e se multipliquem, obrigando o leitor a ziguezaguear de um verbete a outro, como um pássaro de galho em galho, perguntando-se a cada esquina desse labirinto: "para onde vou agora?"

Essa narrativa estaria aberta a uma multiplicidade de vozes e a combinações ilimitadas de percursos. Esse leitor seria também um autor, e esse romance-enciclopédico ironicamente mágico, chamado *O Dicionário Kazar,* do iugoslavo Milorad Pávitch, seria um romance de escolhas. O desejo de recompor o corpo do livro impulsiona o abandono da leitura linear – princípio-meio-fim –, na qual tudo está teleologicamente determinado para um desfecho, em troca de uma lógica associativista, aberta a uma multiplicidade de percursos e sentidos. No romance hipertextual, o prazer de atingir o clímax é preterido em favor do prazer da navegação e não termina na última linha.

É isso que o leitor experimentará ao ler o livro *Leituras de hipertexto – Viagem ao Dicionário Kazar*.

Capítulo 1

O passado rejuvenescido

Porque o passado está emparedado no tempo presente e o presente é pilhado pelo passado, nenhuma teoria pode autodenominar-se absolutamente fundadora. Nossos gestos e realizações artísticas estão prenhes das experiências anteriores e fazem emergir o novo no velho, em que pese nossa capacidade inominável de ser originais recriando o que já é vida. Assim, desde que borgianamente todos os sonhos desse mundo já foram de alguma forma sonhados, estamos condenados ao jugo do deus kazar, que "cria todo o universo a partir de si mesmo, depois o engole e mastiga tudo que é velho, cuspindo um mundo rejuvenescido".[1]

Se o presente se alimenta do passado, que é sua única matéria-prima, as teorias e realizações literárias não podem partir de um grau zero. Dessa forma "emparedada", as teorias sobre o hipertexto constituídas nas últimas décadas nascem como tributárias e corolárias das reflexões estruturalistas e pós-estruturalistas sobre o texto que se vinham acumulando e sedimentando no final do último século. No mesmo movimento dialético, reassimilam experiências narrativas de épocas distintas e antigas técnicas de linguagem, que vão da oralidade à escrita computadorizada. O romance-enciclopédia *O Dicionário Kazar*, meu texto tutor nesta análise de obras hipertextuais, é um desses elos

[1] PÁVITCH, Milorad. *O Dicionário Kazar – Romance-enciclopédia em 100.000 palavras* (Ed. Masculina e Feminina). Marco Zero, São Paulo, 1989, p.132.

de ligação entre o passado e o futuro literário, enquanto uma obra que transita entre o aparato livro e o meio eletrônico, perturbando classificações mais rígidas.

Mais uma forma de escrita do que um conceito fechado, a noção de hipertexto está ainda em processo de construção e sedimentação. Trata-se, a princípio, de uma teoria que se articula a muitas outras, em um processo que Landow[2] chamou de curiosa convergência entre teorias e experiências tecnológicas. Temos também um aparato hipertextual – o computador – ao qual o termo hipertexto foi vinculado – e um processo hipertextual de escrita e leitura que não se reduz ao aparelho tecnológico. Ao analisar antigas obras que se parecem tanto com o jogo interativo e associativo proposto pela escrita eletrônica, vemo-nos sob dúvida: afinal, existe um objeto específico a que chamamos hipertexto ou uma forma hipertextual de leitura? Essa pilhagem do velho sobre o novo, que faz parte da própria complexidade da epistemologia, impede-nos mais uma vez de determinar o que originou o quê: se as recentes teorias literárias foram incorporadas pelo hipertexto ou se o hipertexto nos ensinou uma nova forma de ler velhos textos e revisitar antigas teorias.

Dentre tantas incertezas, a primeira afirmativa, quase uma constatação, é a de que o procedimento hipertextual, marcado por características como a escrita em teia, a conexão, a quebra da linearidade, a variedade de recursos gráficos, não surgiu do computador. Nos limiares dos séculos XVI e XVII, Cervantes, ele mesmo, já explorava em *Dom Quixote* alguns recursos hoje incorporados e potencializados pelo hipertexto. A divisão em capítulos (fragmentação), marcados por subtítulos, os prólogos, linhas de apoio, sumários, dedicatórias e recursos que Genette chamou de paratextos[3] já estavam lá, ajudando a mapear topologicamente a leitura e propiciando o deslocamento do centro para as margens do texto, o que marca outra característica do hipertexto: o descentramento. A rede imensa de his-

[2] LANDOW. George P. *Hypertext*: The convergence of contemporary critical theory and technology. The John Hopkins University Press, Baltimore, 1992.

[3] GENETTE, Gérard. *Palimpsestes:* la littérature au second degré. Editions du Seuil, Paris, 1982. O capítulo deste livro "Na superfície do corpo; texto, paratexto e hipertexto" trata do funcionamento dos paratextos na estrutura hipertextual.

tórias interpoladas que entrecortam a narrativa do velho *Dom Quixote* mostra que os romancistas nunca se limitaram ao modelo aristotélico princípio-meio-fim e buscaram reincidentemente formas mais elásticas para expor suas narrativas fora do jugo da seqüencialidade.

Laurence Sterne, reconhecido por marcar no romance o chamado "fluxo de consciência", tem sido revisitado por teóricos do hipertexto por seu esforço para conter o poder da linha. Através de digressões, remissões a páginas anteriores, capítulos que surgem interrompendo outros, o metanarrador de *The life and opinions of Tristram Shandy, gentleman,*[4] publicado em nove volumes entre 1761-1767, faz a leitura recuar e circular sobre si mesma. Sterne já chamava a atenção para a materialidade do livro, ao interpor páginas em branco que marcam a exclusão de pedaços da história, páginas em negro que parecem lamentar a morte de personagens, cruzes e sinais gráficos que indicam o fluxo de leitura. O romance é, enfim, marcado por recursos que trazem o não-verbal para o campo da linguagem e conferem ao romance uma heterogeneidade hoje intensificada pelo hipertexto.

Poderíamos descer mais ainda no túnel do tempo e buscar a quebra da espacialidade bidimensional da página no conjunto de rébus, acrósticos, emblemas, palíndromos e poemas da literatura ocidental do Primeiro Milênio ou os *haikais* da tradição oriental. Índices, intertítulos, gráficos, linhas de apoio, retrancas que permitem várias entradas e saídas do texto sempre fizeram parte da arquitetura das publicações periódicas e jornalísticas, e serviram de modelo para os *front-pages* (páginas de entrada) da Internet. Capas e sumários de revistas e jornais funcionam de modo semelhante aos *menus* das *homepages* – sem, é claro, a velocidade e a leveza do espaço eletrônico –, e trazem implícito o princípio de escolha de percurso que caracteriza a literatura hipertextual.

O emprego de linguagens e recursos múltiplos (poesia, prosa, fotografia, elementos das artes gráficas e propa-

[4] Christopher Keep faz uma interessante análise de como Sterne antecipa as técnicas do hipertexto em: *Tristram Shandy.* <http://web.uvic.ca/ckeep.html>. 1995. Ver ainda TARLING, James. *The struggle of writing against the limitations of print culture,* Coventry University, England, Spring 1995.

ganda), hoje viabilizado pelo meio eletrônico com uma sincronia antes impensável, estava presente nos projetos dos poetas concretistas brasileiros e modernistas.[5] Sua propensão a ver a palavra mais como um ícone e um *tópos* do que como uma unidade semântica também se antecipa ao recurso hipertextual de usar as palavras como *links*.

Quebra da linearidade ou interconectividade, qualidades que caracterizam o texto em rede, por exemplo, remetem às obras labirínticas de James Joyce, em *Ulysses* (1922) e *Finnegans Wake* (1939) e de Robbe-Grillet em *Dans le labyrinthe* (1959). No momento em que se celebram as novidades da escrita e da leitura no novo meio, deixa-se, muitas vezes, de buscar a sua historicidade no contexto de uma série de obras e autores que se preocuparam em quebrar formalmente a estrutura linear e a fixidez do texto impresso. Entre eles não pode faltar o nome do poeta Mallarmé, cujas realizações poéticas do início do século passado acordaram para as possibilidades de se produzirem movimento e variabilidade com a linguagem escrita.

Não se pode pensar também em interatividade, sem lembrar as experiências dos eulipianos e surrealistas, sobretudo Raymond Queneau, que buscou uma estrutura de escrita aleatória e aberta à escolha do leitor. A possibilidade de criar variantes combinatórias entre as partes, que caracteriza a multilinearidade ou a multiplicidade de percursos do hipertexto, remete não só aos eulipianos, mas a Júlio Cortázar e seu lúdico *O jogo da amarelinha* (1966) e a Ítalo Calvino de *Castelo dos destinos cruzados* (1976) ou de *Se um viajante numa noite de inverno* (1979) – estas últimas obras já denunciam a influência do uso do computador na produção literária, como também as relações da informática com a escrita.

Características freqüentemente atribuídas ao hipertexto encontram-se dispersas ao longo da tradição literária de forma não-circunscrita a períodos datados, mas

[5] Sobre as relações entre o concretismo e o hipertexto, ver SANTOS, Alckmar Luiz dos. *Artefato, artemáquina,* 1995. <http://www.cce.ufsc.br:80/~alckmar/texto3.html>.

muitas vezes reunidas em uma mesma obra, como é o caso de *O Dicionário Kazar*. De modo que é possível constatar ainda, como já vem sendo afirmado por vários autores, que o hipertexto é um objeto cultural, perfeitamente inserido em um conjunto de práticas artísticas e intelectuais. Está ligado à própria forma de narrar e pensar o mundo, como analisa Michel Bernard: "Comme toutes les techniques de communication nouvelles, l'hipertexte ne fait que donner la possibilité de matérialiser, d'exprimer une nouvelle vision – à la fois du monde et de l'écriture".[6]

Parece, portanto, uma ilusão cronológica tentar estabelecer as origens do hipertexto (enquanto processo de escrita e mesmo enquanto máquina) neste ou naquele autor, nesta ou naquela teoria. Por isso, optei por não começar essa introdução com a invariável "história biográfica" dessa forma de escrita, que começaria, como em um passe de mágica, com as experiências de Vanevar Bush e Theodor Nelson. As contribuições desses cientistas são marcantes e fundamentais, mas estão articuladas a outros movimentos no campo da teoria literária e não nos trazem o início do novelo – até mesmo porque uma das características do hipertexto é romper com a ilusão das origens e a clausura do início e do fim.

Na tentativa de entabular um diálogo entre o velho-novo e o novo-velho, proponho, nesta introdução, sonhar à moda kazar, ou seja, de trás para frente, fazendo um breve e muito parcial movimento de remissão teórica que, obviamente, já começa pelo meio. Trazer à tona algumas proposições teóricas sobre texto permite observar como o novo procedimento emerge de um passado agora também "rejuvenescido" por esse olhar hipertextual. Situar o hipertexto na dinâmica da (re)construção mútua entre prática e teoria, permite contextualizá-lo entre os processos culturais e desfazer a impressão a-histórica de que as novas tecnologias de escrita caíram sobre nossas cabeças como um meteoro vindo do espaço sideral.

[6] BERNARD, Michel. Lire l'hypertexte. In: VUILLEMIN, A.; LENOBLE M. (Org.), *Littérature et informatique:* la littérature générée par ordinateur. Artois Presses, Université, 1995, p.324.

Da obra canônica ao hipertexto

Walter Benjamin, no ensaio "A obra de arte na época de sua reprodutibilidade técnica", aponta para a desmitificação da arte e do artista enquanto ser tocado por um dom divino. Ao anunciar que a arte perdera sua aura quando o homem deixou de adorá-la como objeto de rito religioso, o filósofo alemão aproximou a noção de arte à de prática cultural. Benjamin mostrou que as técnicas de reprodução surgidas no último século ajudaram a desmontar o tripé sobre o qual se fundara toda a estética clássica e a "bela aparência" da obra: a unicidade, a autenticidade e o poder de testemunho histórico garantido pela duração.

Contrapondo a perenidade e a unicidade da arte clássica à fugacidade e à reprodutibilidade da fotografia e de outras expressões artísticas modernas, o filósofo colocou em xeque a própria autoridade da obra. Mesmo sem "aura", a arte não morreu, mas as crenças dogmáticas na imortalidade e na originalidade da obra, no dom criador e no gênio artístico estariam seriamente abaladas. "A arte contemporânea será tanto mais eficaz quanto mais se orientar em função da reprodutibilidade e, portanto, quanto menos colocar em seu centro a obra original",[7] profetizou Benjamin.

A partir do conceito bakhtiniano de intertextualidade, Kristeva, por sua vez, expôs a influência necessária de uma obra sobre a outra e a impossibilidade de se criar um texto inaugural. "Tout texte se construit comme mosaïc de citation".[8] Com a contribuição de autores como Barthes e Kristeva, o texto foi sendo visto não mais como um produto acabado, mas como produtividade, não mais como um conjunto de significados, mas como uma "galáxia de significantes". No "texto ideal" *reescrevível,* de que fala Barthes, as palavras devem funcionar como "lexias" que remetem umas às outras e não como unidades estabiliza-

[7] BENJAMIN, Walter. "A obra de arte na era de sua reprodutibilidade técnica." Primeira versão. In: *Magia e técnica, arte e política:* obras escolhidas, trad. Sérgio Paulo Rouanet. Brasiliense, 1996, p.130.

[8] KRISTEVA, Julia. *Semeiotike:* recherchers pour une sémanalyse. Coleção Points – Essai, Editions du Seuil, Paris, 1969, p.85.

das de sentido. Esse texto, dizia ainda Barthes, deveria proporcionar múltiplas entradas e múltiplas saídas.[9]

Na esteira das revisões conceituais que atravessaram nossa época, Foucault, Barthes, Derrida, entre outros, relativizaram a função do autor na obra, que passou a ser vista como uma entre as tantas outras funções do sujeito. Deixou-se de espelhar o autor na pessoa do escritor para constituí-lo como entidade lingüística e sujeito de enunciação descentrado e multiplicado no jogo de vozes narrativas. O "eu literário" emancipou-se do "eu empírico" de quem narra ou escreve, no que se denominou, metaforicamente, "a morte do autor".

As teorias da recepção acordaram para a importância do leitor no processo de atribuição de sentido da obra. Tendo o autor canônico perdido a posse do significado do texto, pareceram inócuas as tentativas de se tocar a intenção autoral e abriram-se prerrogativas de co-autoria para o leitor, não só na (re)interpretação, mas na conclusão da obra. A noção de Umberto Eco de "obra aberta" ou "inacabada", como referência às obras que guardam um gesto de incompletude e indeterminação, encorajou a visão do leitor como co-autor ou co-produtor.[10]

Usando o palimpsesto como figura, Genette formulou o conceito de transtextualidade[11] para falar das relações externas que uma obra mantém com outras e mostrar que um texto anterior persiste no texto transformado. Segundo esse princípio, uma obra pode ser lida por ela mesma e em relação a obras de épocas anteriores, recriando novas formas a partir de estruturas arquetípicas (arquitextuais) e trans-históricas. Genette utilizou o conceito de hipertexto – de forma não associada ao meio eletrônico – para definir a obra que nasce da relação com outra por transformação, imitação, paródia ou pastiche. Assim, segundo o exemplo de que se vale o autor, *Ulisses*, de Joyce, seria o hipertexto da *Odisséia*, de Homero.

9 "Nesse texto ideal as redes são múltiplas e se entrelaçam, sem que nenhuma possa dominar as outras; esse texto é uma galáxia de significantes, não uma estrutura de significados". BARTHES, Roland. *S/Z, uma análise da novela Sarrasine de Honoré de Balzac*, trad. Léa Novaes. Editora Nova Fronteira, Rio de Janeiro, 1992, p.39.

10 ECO, Umberto. *Obra aberta*; forma e indeterminação nas poéticas contemporâneas. Perspectiva, São Paulo, 1971, p.44.

11 Genette define como transtextualidade as relações que todo hipertexto mantém com seu hipotexto, o texto de origem de todo discurso possível, sua origem e meio de instauração. Essa origem é apenas alusiva: "Un texte peut toujours en lire un autre, et ainsi de suite jusqu'à la fin des textes". *Palimpsestes*: la littérature au second degré. Collection Poétique, Editions du Seuil, Paris, 1982, p.7, 450 e 451.

A imagem do palimpsesto como uma sobreposição de camadas de escrituras ajuda a pensar o próprio meio eletrônico, onde é possível abrir simultaneamente diversas janelas e escrever sobre um texto sem apagar o original. Embora seja fundamental para perceber que a leitura e a produção literária não representam uma solução de continuidade, o conceito de Genette não pode ser confundido com o de hipertexto como texto-teia, que encerra outros princípios fundamentais além da intertextualidade que ele soube tão bem valorizar.

Em síntese, nossa forma de ver e pensar a literatura e a própria autoria do texto sofreram um processo de desdogmatização, a partir de diversas rupturas epistemológicas, entre elas: 1) a teoria da intertextualidade, dando conta da tessitura de significações em um texto e da co-presença de uma obra em outra; 2) a descentralização do sujeito escritor ou a fragmentação do autor-criador em diversas vozes e funções; 3) a idéia do texto como produtividade, que se desprende da disposição estática nas páginas; e 4) as teorias da recepção, mostrando que o sentido de uma obra não pode ser estabelecido fora da interação com o leitor. Os Estudos Culturais, um campo interdisciplinar que articula diversas áreas do conhecimento, como Filosofia, Literatura, Antropologia e Comunicação, pendem de forma ainda mais radical para o lado do receptor e defendem a idéia de que não interessa tanto o que um autor quer dizer, mas o que se produz com o que ele diz.

Do que ficou dessas referências teóricas, talvez o que mais precise ser destacado para elaborar a idéia do hipertexto seja a responsabilidade que compete ao leitor, não mais como mero consumidor, mas como produtor de significações.[12] Borgianamente falando, se é preciso talento para escrever, é preciso também talento e investimento (palavra-chave na obra de Pávitch) para ler e reescrever.

[12] Ao propor a releitura como prática contrária aos hábitos comerciais e ideológicos de nossa sociedade, que recomenda "jogar fora" a história uma vez consumida, "devorada", Barthes diz que o leitor ideal não é mais um consumidor, mas um produtor do texto. *O prazer do texto*, trad. J. Ginzburg. Editora Perspectiva, São Paulo, 4. ed., 1995, p.48.

Se as técnicas de reprodução modernas aplicaram um golpe triplo nas artes plásticas, como mostrou Benjamin, as experiências e teorias modernas e pós-modernas também atingiram o triângulo que interpunha obra, autor e leitor em um circuito fechado e isolado, porque a obra mostrou-se aberta a múltiplas conexões com o fora-do-texto. "Le livre, agencement avec le dehors, contre le livre-image du monde",[13] propuseram Deleuze e Guattari na Introdução: Rhizome de *Mille plateaux*, um texto que tem sido tomado como paradigma teórico para a teoria de hipertexto, porque, de certa forma, reúne, na imagem do rizoma, características que são encontradas nessa velha-nova forma de escrita.

Metáfora de um texto plural, sem início nem fim, que se multiplica pelo método de germinação descentrado das ervas daninhas, desvinculado de uma raiz-mãe, a obra-rizoma[14] opõe-se à arquitetura vertical e hierárquica de uma obra-árvore, cujos galhos e ramificações estão subordinados a uma única raiz central. Rizoma é um crescimento orgânico caótico, interceptado e ramificado pelo meio, de forma que todos os extremos, funcionando como pontos de entrada, mantêm entre si uma comunicação em rede. A obra-rizoma reúne alguns princípios que são norteadores nesta análise de *O Dicionário Kazar* e, por isso, serão especificados.

1) Multiplicidade – segundo a qual o todo é uma pluralidade que não se reduz à unidade. Em outros termos, as partes sobram em relação ao todo, em uma equação N-1. A multiplicidade também se refere à instância coletiva de subjetividades que se instaura em um texto e que extravasa o subjetivismo do autor. 2) Heterogeneidade – refere-se à diversidade de linguagens verbais e não-verbais, códigos lingüísticos, gestuais e icônicos diversos, chamados pelos autores de "cadeias semióticas", que reenviam a leitura a sistemas externos, às artes, às ciências, às lutas sociais etc., e,

[13] DELEUZE, Gilles; GUATTARI, Felix. Introduction: Rhizome. In: *Mille plateaux: capitalisme e schizophrénie*. Editions de Minuit, Paris, 1980, p.34.

[14] Embora seja perfeitamente associável ao hipertexto eletrônico, a metáfora do rizoma foi pensada, é bom lembrar, em relação a obras impressas (Kafka, Kleist, Whitman, Joyce, Nietzsche).

assim, combina-se também ao princípio de pluralidade. 3) Ruptura assignificante – segundo esse princípio, um texto pode ser quebrado em qualquer ponto e também se reconstituir de qualquer outro, segundo uma lógica de antilinearidade e autonomia das partes em relação ao todo. 4) Interconectividade – princípio pelo qual qualquer ponto deve (sic) ser conectado a outro, de forma que o sentido não seja determinado ou hierarquizado por um centro regulador. Os autores defendem a igualdade entre os nós, mas as teorias do hipertexto tendem a acreditar em centros e hierarquias provisórios que se estabelecem na interação do leitor com a obra.[15] 5) Cartografia – É a idéia de que um texto é um conjunto de linhas a ser percorrido e movimentado e não um porto de ancoragem fixa. Inclui, ainda, a idéia da aparência efêmera e proteiforme dessas linhas, suscetíveis a diferentes arranjos cada vez que sua cartografia é percorrida. 6) Decalcomania – princípio pelo qual a obra não é uma imagem que copia ou imita o mundo, mas um mapa de linhas que remetem a ele (como os próprios autores fizeram ao usar a literatura para pensar a esquizoanálise). Por um princípio de auto-referencialidade que não está discriminado na "Introdução: Rhizome", mas constantemente evocado pelos autores, a obra não tem sujeito nem objeto, porque o objeto da leitura é ela mesma.

Qualquer tentativa de sistematizar e resumir os princípios lançados por Guattari e Deleuze (como esta, contaminada pela idéia de hipertexto) deixa transparecer a forma desorganizada e profundamente interligada com que se articulam, seguindo a própria forma de um rizoma.

É, portanto, dentro de um contexto teórico e literário muito complexo que nasce a teoria do hipertexto, como emergência do novo no antigo, como uma teoria-palimpsesto, que não apaga as anteriores, mas as reassimila e as transforma, tal qual analisou Pierre Lévy. "Que isto fique claro: a sucessão da oralidade, da escrita e da informática como modos fundamentais de gestão social do conhecimento não se dá por simples substituição, mas an-

[15] Reflexão que tem sido produzida coletivamente, no âmbito das discussões do Núcleo de Pequisas em Informática Lingüística e Literatura (NUPILL) da Universidade Federal de Santa Catarina, coordenado pelo professor Alckmar Luiz dos Santos.

tes por complexificação e deslocamento de centros de gravidade".[16] Paralelamente às discussões sobre texto e sem nenhuma relação de causalidade ou determinação, foram sendo desenvolvidas experiências tecnológicas no campo das relações entre literatura e informática. E agora já temos condições de fazer justiça, ainda que breve, a esses inventos marcantes no campo da informática, sem cair no (de)terminismo tecnológico ou no vício das origens.

O cientista da computação Vannevar Bush lançou, no artigo intitulado "As we may think", publicado em julho de 1945, algumas idéias fundamentais do que viria, duas décadas mais tarde, a ser conhecido como hipertexto. Preocupava-o a discrepância entre as engenhosas técnicas humanas de armazenamento de conhecimento (enciclopédias, fichários, arquivos, bibliotecas, microfilmes) e as inadequadas ferramentas para acessar as informações.[17] Partindo do princípio de que a mente opera por associação,[18] Bush concebeu um invento futuro e imaginário (o Memex, um "ensaio" das atuais ferramentas de procura), em que ele poderia construir uma trilha de seu interesse em meio ao labirinto de informações disponíveis, consultando, de forma mecânica e com velocidade exemplar, seus livros, discos e palestras.

Theodor Nelson, lembrado como o "inventor" do termo hipertexto, definiu-o como uma forma de escrita associativista e não-seqüencial no manifesto *Literary Machines,* que publicou com seus próprios recursos. O termo tenta expressar sua idéia de texto expansível, como ele mesmo explica:

> Hypertext was an audacious choice: hyper- has a bad odor in some fields and can suggest agitation and pathology, as it does in medicine and psychology. But in other sciences hyper connotes extension and generality, as in the mathematical hyperspace, and this was the connotation I wanted to give the idea.[19]

[16] LÉVY, Pierre. *As tecnologias da inteligência:* o futuro do pensamento na era da informática. Ed.34 Letras, Rio de Janeiro, 1993.

[17] Bush assinalou que, tendo capturado um item, a mente faz instantaneamente uma abertura para o próximo item que a associação de pensamentos sugeriu. "The means we use for threading through the consequent maze to the momentarily important item", escreveu Bush, "is the same as it was used in the days of square-rigged ships". BUSH, Vannevar. "As we may think", in Nyce and Kahn, *From Memex to hipertext*, p.85-107.

[18] Por isso, ele acreditava que um sistema de informações renovado deveria mostrar um desempenho similar, sendo capaz de conectar assuntos relacionados.

[19] NELSON, Theodor. *Literary machines.* Sausalito, California: Mindful Press, 1992.

Hipertexto, segundo essa visão, seria um texto que vai além do texto, que é mais do que uma palavra atrás da outra, do começo ao fim, sem variação permitida. Essa escrita não-linear é a base do o sistema Xanadu, *docuverse* com a ambição de uma "Biblioteca de Babel", que permitiria o acesso a um arquivo ilimitado de textos. Como Bush, Ted Nelson apoiou-se na idéia de que, se o pensamento é associativo, ler e escrever também deveriam sê-lo.

Vem da física para as ciências humanas e para a noção de hipertexto a teoria que ajuda a explicar a lógica caó-tica de certos sistemas que mantêm coesão e coerência dentro de uma lógica da desordem. A teoria do caos tenta entender como comportamentos aparentemente aleatórios e imprevisíveis de certos fenômenos (variações das condições meteorológicas ou a queda de uma folha) procedem de acordo com regras precisas.[20] Lorenz associa ao caos alguns fenômenos como o acaso, a não-linearidade, a complexidade e a fractalidade ou bifurcação.

No senso comum, a palavra caos tem sido empregada em um sentido negativo, para conotar ausência de uma ordem lógica que deveria estar presente. Em seu sentido primeiro, contudo, o termo se associava à falta de arranjo sistemático. Cientistas retomam essa noção para pensar o modo como muitos sistemas desorganizados podem produzir um número indeterminado de configurações, como na coesão de moléculas que compõem um gás, ou na coleção de gotículas de água que se arranjam para a formação de uma nuvem.

Hipertexto ou hiperficção é, assim, esse desaguadouro interdisciplinar da crescente insubordinação contra a linearidade, que impõe uma hierarquia ao pensamento, estranha à fluidez e desorganização de nossa consciência e da própria natureza, como mostra a teoria do caos e a oralidade. Na verdade, o hipertexto redefine o livro de um modo que incorpora tanto a forma linear quanto a não-

[20] LORENZ. Eduard N. *A essência do caos,* trad. Cláudia Bentes David. Editora Universidade de Brasília, Brasília, 1996, p.15. Lorenz é um meteorologista que, em seus estudos sobre a previsão do tempo, "descobriu" o caos como importante ferramenta de entendimento sobre o mundo e alguns fenômenos de caráter aleatório.

linear. Todo texto, por mais fragmentado que seja, retém sempre algum grau de seqüencialidade, alguma dimensão mínima ou granularidade, como lembra Snyder[21] – letra, palavra, frase, parágrafo, capítulo –, apegado ao qual o leitor estabelece um foco provisório e momentâneo. Mais do que antilinearidade e descontinuidade, portanto, o hipertexto oferece multilinearidade e interconectividade.

O formato hipertextual possibilita a concretização do que parecia ficar mais no plano da metáfora ou da sugestão, quando Barthes e Eco falavam em texto ilimitado, que se expande para incluir as interpretações do leitor. Recursos paratextuais e *links* (sinais, marcas, palavras que explicitam a ligação entre pontos distantes) encorajam o leitor a se mover de um intertítulo a outro de forma não-seqüencial, a fazer suas próprias conexões, incorporar seus próprios *links* e a produzir seus próprios percursos.

Valorizando o lugar no texto e a materialidade do aparato livro, a escrita topológica hipertextual preserva o princípio da cartografia de que falam Deleuze e Guattari. E o que é uma escrita topográfica? Uma escrita que marca o lugar da leitura na superfície do texto e que o remete para *tópos* descontínuos em movimentos de territorialização e desterritorialização. Segundo Bolter, "em lugar de hierarquias nós temos uma escrita que não é apenas tópica: nós podemos chamá-la também de 'topográfica'. (...) Não é a escrita de um lugar, mas, mais propriamente, uma escrita com lugares, com tópicos concebidos espacialmente".[22] Esse tipo de pontuação, ou lexia, provoca um descentramento da leitura, aspecto que foi teorizado por Derrida na teoria da desconstrução das idéias de margem, centro e hierarquia, não só da escrita, mas também do sujeito. Nas páginas de *Glas*,[23] Derrida exercita uma leitura multilinear, composta por nós, redes e *links* que permitem abalar o hábito retilíneo de leitura e construir pontes entre textos literários e filosóficos segundo focos provisórios ou instáveis de interesse.

[21] SNYDER, Ilana. *Hipertext*. The eletronic labyrinth. New York, University Press, 1997, p.115.

[22] BOLTER, Jay David. Topographic writing: hypertext and the electronic writing space. In: *Hypermedia and literary studies* (George Landow e Paul Delany, eds.). *MIT* Press, Cambridge, *1990*. (Traduzido por Lúcia Leão em *O labirinto da hipermídia*. Iluminuras, São Paulo, 1999, p.112).

[23] DERRIDA, Jacques. *Glas*. Galilée, Paris, 1974.

À medida que passa a euforia da novidade, começa-se a perceber que o hipertexto não se restringe a um aparato eletrônico, mas a um processo de escrita reticulada. O aspecto coringa desse conceito, ora empregado como o termo que define o espaço cibernético e o próprio computador, ora como a arquitetura de texto composta por *links* e múltiplos passeios e, ainda, como conjunto de textos da *Web*, ajuda a ampliar essa (in)definição. Tão importante quanto entender as mudanças da escrita com a informática e as novas tecnologias no meio eletrônico é dar-se conta de que a forma de escrever mudou também no livro impresso. E daí vem mais uma certeza possível: a invenção da escrita eletrônica não se dissocia da reinvenção da narrativa e do livro como aparato tecnológico ele mesmo, que pode, cada vez mais, ser desassociado da sugestão de seqüencialidade.

Nos idos de 1950, John Barth, mentor do conceito "literatura da exaustão",[24] anunciara que o romance, enquanto gênero narrativo, exaurira todas as variações formais, todas as experiências estéticas de que era capaz e seria sepultado. Apesar dessa e de outras previsões apocalípticas sobre o fim do romance e da história, chegamos ao fim do século, mas a literatura e o cinema continuam fazendo valer a tese de que a narrativa, como o mito, é o modo essencial pelo qual os seres humanos ingressam na cultura, dão sentido a suas próprias vidas e apreendem o mundo. Desmentindo a sentença de Barth, o romanesco persiste, com sua capacidade incomum de reinventar-se e adaptar-se às novas teorias e tecnologias. Com as novas possibilidades abertas pelo hipertexto às narrativas contemporâneas, o romance se recria, incorporando em seu funcionamento, o modo fluido e fragmentado com que nossa memória opera.

Formas labirínticas, rizomáticas, fragmentadas, construções circulares e caóticas, colocam em jogo a interatividade, além de uma certa dose de acaso. Narrativas-teias suscitam participação do espectador na sua estrutura e

[24] BARTH, John. The Literature of exhaustion. In: *Atlantic* 220, 1967, v. 2, p. 29-34.

contrariam as previsões sobre o fim do romance. O narrar engendra-se em um espaço de simultaneidade e sobreposição de acontecimentos, em recusa à representação do tempo como um *continuum* homogêneo e ao próprio gênero narrativo como *medium* da seqüencialidade. O colapso dos conceitos rígidos de temporalidade e causalidade acompanha a passagem da noção de desenvolvimento narrativo teleológico para a idéia do texto estrelado, proteiforme, que proporciona diferentes arranjos e trajetos.

Nessas hiperficções, a narrativa funciona mais como uma multiplicidade de percursos a serem escolhidos pelo leitor/espectador do que como um desenrolar de acontecimentos previsíveis, mais como uma topologia a ser explorada do que como um "texto" a ser linearmente e passivamente seguido, mais como um engajamento efetivo do leitor como co-autor da narrativa do que como um produto a ser consumido.

Com a suspensão da lógica seqüencial, entram em jogo as leis de associativismo e similaridade que estão implícitas no princípio de interconectividade. Embora nem sempre citada nos estudos sobre hipertexto, a contribuição de Peirce sobre a lógica do pensamento está presente na integração não-hierarquizada das partes ao todo no texto em rede. Procedimentos narrativos empregados pelas narrativas hipertextuais como simultaneidade temporal e similaridade, que contradizem a lógica da continuidade, encontram respaldo na semiótica de Peirce.[25] Suas idéias foram valorizadas no Brasil pelos poetas concretistas, a partir de uma releitura de Décio Pignatari sustentada na tese de que as experiências agrupam-se mentalmente mais por similaridade do que por contigüidade.[26] Inspirado na semiótica peirciana, Pignatari opõe o icônico, que se organiza segundo uma relação paratática, de igualdade e coordenação (e...e...e...), ao signo verbal, que se organiza de forma hierárquica e subordinada (ao verbo ser). Para a escrita e para as artes como um todo, defende uma lógica

[25] Ver PEIRCE, Charles Sanders. *Semiótica*. São Paulo, Perspectiva, 1990.

[26] Pela lógica da similaridade, quando duas idéias são semelhantes, o que foi associado à primeira idéia é também associado à segunda. PIGNATARI, Décio. *Sémiótica & Literatura, icônico e verbal,Oriente e Ocidente*. Cortez & Moraes, São Paulo, 1979, p.20, 37, 38.

poética e analógica, que "não é senão a faculdade de variar as imagens, de combiná-las, de fazer coexistir a parte de uma com a parte de outra, e de perceber, voluntariamente ou não, a ligação de suas estruturas".[27]

Relações de similaridades e simultaneidade nas narrativas contemporâneas (des)estruturam, assim, o (des)dobramento progressivo dos enredos tradicionais, produzindo uma recircularidade de fatos e personagens. Ao negar o compromisso da obra literária com histórias lineares, desfechos e finais conclusivos, a estrutura hipertextual pode dar nova vida à ficção, abrindo um campo de possibilidades para o romance.

Inúmeras obras se adiantaram às ficções eletrônicas, implementando o formato hipertextual sobre o suporte impresso. Nesse processo, é preciso de novo salientar a interferência das novas tecnologias, até mesmo porque, muito antes do advento da *Web* (1990), as obras já eram produzidas no computador. Não há, contudo, unanimidade entre os teóricos na definição do hipertexto em relação ao suporte de escrita. O conceito de Snyder, por exemplo, restringe-se abertamente ao uso do computador:

> Hypertext is an information medium that **exists only** [grifo meu] on-line in a computer. A structure composed of blocks of text connected by electronic links, it offers different pathways to users. Hypertext provides a means of arranging information in a non-linear manner with the computer automating the process of connecting one piece of information to another.[28]

Essa visão impregnada de um certo determinismo tecnológico, porque parte do princípio de que a técnica determina o modo de escrita, não faz jus ao trabalho arqueológico de fôlego que a própria autora realiza, traçando o percurso do texto em direção ao hipertexto, desde os primórdios do enciclopedismo até as teorias desconstrucionistas. Pierre Lévy oferece uma reflexão mais

[27] PIGNATARI, Décio, ob. cit., p.15.

[28] SNYDER, Ilana. *Hypertext*. The electronic labyrinth. New York University Press, New York, 1997, p.17.

abrangente, que, embora pensada em relação ao texto eletrônico, pode ser estendida a textos veiculados em meios tradicionais:

> Hipertexto é um conjunto de nós ligados por conexões. Os nós podem ser palavras, imagens, gráficos ou parte de gráficos, seqüências sonoras, documentos complexos que podem eles mesmos ser hipertextos. Os itens de informação não são ligados linearmente, como em uma corda com nós, mas cada um deles, ou a maioria, estende suas conexões em estrela, de modo reticular. Navegar em um hipertexto significa portanto desenhar um percurso em uma rede que pode ser tão complicada quanto possível. Porque cada nó pode, por sua vez, conter uma rede inteira.[29]

O conceito de Lévy parece mais fiel ao resgate histórico da própria Snyder à medida que guarda antes a idéia de um modo de escritura em teia do que de um procedimento automatizado. Wander Melo,[30] por exemplo, apropria-se dessa noção de Lévy para analisar *A cidade ausente*, de Ricardo Piglia, à luz do conceito de hipertexto. Robert Coover, crítico literário norte-americano, também admite o funcionamento do hipertexto em livros impressos e inclui as obras de Joyce, Cortázar, Calvino e Pávitch entre eles:

> Since the computer radical and prophet Ted Nelson first invented the word "hypertext" to describe such computer-driven nonsequential writing nearly a quarter of a century ago, there has been a steady, now rapid, growth of disciples to this newest sect of dream hunters. A new kind of coverless, interactive, expandable "book" is now being written; there are no doubt several out there in hyperspace right now; and *Dictionary of the Khazars* could easily take its place among them as inspired hackers... [31]

Outros autores como Cristopher Keep, Jasmina Mihajlovic e Katherine Hayles têm abertamente defendido a aplicabilidade do termo para determinadas obras impressas:

[29] LÉVY, Pierre, ob. cit., p.33.

[30] MIRANDA. Wander Melo. Ficção virtual. *Revista de Estudos da Literatura.* Belo Horizonte, v.3. p.9-19, out. 95.

[31] COOVER. Robert. He thinks the way we dream. *The New York Times Book Review*, New York, Nov. 20, 1988.

> Our definition does not limit itself to electronic text; hypertext is not inherently tied to technology, content, or medium. It is an organizational form which may as readily be delivered on paper as electronically. Thus, Sterne's *Tristram Shandy* is no less a hypertext than Joyce's *Afternoon*.[32]

Como toda teoria, o hipertexto trabalha com a idéia de um modelo ideal ou de uma potencialidade e não com uma totalidade de exemplos (assim como a teoria da polifonia do romance, de Mikhail Bakhtin, foi elaborada a partir de referenciais específicos que ele considerava exemplares, como a obra de Dostoiévski e Tolstoi). Esse raciocínio também vale para o hipertexto veiculado na *Web*, onde são produzidos textos tão ou mais alienantes, convencionais, homogêneos e lineares quanto em livro impresso, enquanto certas hiperobras tornam-se intransferíveis para o papel pela multiplicidade de possibilidades e pela interatividade que operam de modo específico em relação ao meio.

A noção de hipertexto passa, assim, pela idéia de hipertextualidade como uma potência – que pode ou não ser ativada – e está embutida na capacidade de a escrita e a leitura alcançarem um espaço fluido de produção textual e agenciamento de percursos, a partir de uma base de lexias. Quando o aparato material e a história trabalham a favor dessa potência, através de recursos articulados como paratextualidade, multilinearidade, interatividade, fragmentação e interconectividade, a hipertextualidade materializa-se no objeto hipertexto. O livro ou o computador como suporte e o hipertexto como processo explodem a leitura linear princípio-meio-fim e incluem o leitor na construção da narrativa.

A arquitetura do texto em rede trabalha de forma diferenciada das obras convencionais com aporias como parte/todo, margem/centro, leitor/criador, no sentido de distender os limites entre esses binômios. Esse funciona-

[32] KEEP, Christhiam. *Hypertexto*, 1995. <http://web.uvic.ca/~ckeep.html>.

mento do texto gera conseqüências estéticas importantes, entre elas a acentuação da multivocalidade, o descentramento e a movimentação do suporte de leitura. Na ausência de um todo aparente e pré-organizado, o leitor vê-se obrigado a arregaçar as mangas e traçar seu caminho em uma floresta escura.

Delimitar os princípios que operam essa forma de organização textual evita o vale-tudo de que todas as obras impressas, ou mesmo eletrônicas, venham a ser consideradas hipertextos. Muitas outras obras têm sido citadas para ilustrar a idéia de hipertexto, mas nem sempre analisadas como tal, entre elas as do próprio Pávitch, sobre as quais desconheço, no Brasil, análises que vão além de breves resenhas jornalísticas. Minha análise de *O Dicionário Kazar*, em diálogo com outras experiências narrativas, vem no sentido de tentar contribuir com a discussão sobre o funcionamento do hipertexto no aparato impresso.

O dicionário de areia

Como a metáfora do personagem-livro do conto de Borges, a narrativa em formato hipertextual de *O Dicionário Kazar* tem o devir de um livro de areia. A obra adquire no espaço textual expansível uma forma híbrida que ameaça deixar de ser livro, obra acabada, para fluir-se no universo de tessituras de linhas narrativas. Fragmentada, interconectada, a escrita torna-se um grão de areia, ponto finito no infinito da literatura.

No formato hipertextual, o texto está exposto a volatilizar-se, seguindo o curso de um rizoma, e a transmutar-se nessa cadeia de caminhos formada por vários blocos interdependentes que nos fazem redescobrir a importância e a autonomia das partes. A multiplicidade e a efemeridade dotam o texto de um excesso que pode transbordar por uma linha de fuga e ultrapassar o livro.

A ilusão da obra acabada se desfaz, porque o hipertexto tem apenas um vir-a-ser que depende do investimento[33] de um *escrileitor* na busca de seus próprios percursos e conexões. Em última instância, sem um gesto suplementar não só na interpretação, mas na estrutura da narrativa, jaz apenas um monte de areia à espera de um leitor-escultor para dar-lhe forma, um universo estrelado de sentidos à espera de seu co-criador, já que o autor se retirou e só deixou um mosaico de sonhos (pesadelos) interrompidos.

A forma rizoma é, ao mesmo tempo, o que ameaça e liberta a obra de uma lógica linear, desacomodando leituras passivas, em que o livro funciona como espelho de identificação narcisista. Imbuído de poderes sobre o texto, o leitor pode interagir e refletir sobre o processo de produção textual. Adquirindo ele próprio um devir de escritor, esse leitor ativo não deve mais à prática literária a mera tarefa de interpretação – é a sua produtividade que interessa.

Marcada por índices, sinais-*links* e palavras-pegadas que movimentam a história para frente e para trás, a superfície de inscrição deixa de ser usada como um veículo transparente para tornar-se dinâmica, manipulável, visível. A necessidade de escolher para onde a história caminha provoca uma tensão entre a prática de leitura tradicional, balizada pela metáfora do livro amigo, veículo inerte do saber, do que é dado como legítimo e aprovado, e o livro traiçoeiro, perigoso, que despedaça o corpo da trama, mastiga o início e dissimula o final. A interconectividade de um nó a outro, como recusa à pontuação final, instaura a recircularidade que faz recuar para avançar, sabotando a lógica progressiva e centralizada de leitura.

Enquanto um valor canônico que garantia um sentido totalizado e único da obra, a autoria também é posta em questão. Dentro de uma cadeia de *links* abertos a associações indeterminadas e imprevisíveis, forja-se um universo propício à pluralidade de vozes, e o autor já não é mais um

33 Palavra-chave na literatura de Pávitch.

"eu" encerrado em si mesmo, mas uma instância coletiva. A eficácia de um hipertexto consiste em fazer do leitor ou do "caçador de sonhos" também o criador que tenta reconstituir o corpo de Adão, metáfora utilizada por Pávitch para se referir ao corpo plural, heterogêneo e fragmentado de sua narrativa. Diante de um todo que não está dado *a priori*, cada leitura será sempre uma variante do corpo original, e há nesse corpo uma possibilidade ilimitada de configurações. Dessa forma, monstruosa e despedaçada, a narrativa fala como nos sonhos, com histórias que se embutem umas dentro das outras, onde Alice aparece abrindo portas que levam a outras portas.

Enquanto escrevia esses textos, por exemplo, senti toda a dificuldade de expor meu pensamento na seqüência tradicional (e nas introduções reconhecemos que fazemos o início no final), capítulo após capítulo, quando na verdade eles nasciam um de dentro do outro, como as histórias de *O Dicionário Kazar*, que nascem por cesariana, de vários cortes medianos dentro de cada verbete. Apesar da sugestiva seqüência imposta pelos números de página, o resultado, mesmo no formato impresso tradicional, não segue uma lógica de linearidade, uma ordem de enredo ou aparição de personagens. Cada capítulo deveria preservar sua autonomia e interdependência em relação ao todo de forma a ser lido a partir de qualquer entrada. Cada membro desse corpo foi construído segundo um princípio de associação de idéias e de procedimentos narrativos. Assim, este texto-mosaico também oferece um corpo de Adão à espera de quem venha reconstituí-lo.

Capítulo 2

Um livro santo para leituras capetas

Imaginemos que a metáfora borgiana do livro-labirinto se concretize em um romance que, como a Bíblia, traga muitas versões simultâneas para a mesma história. Que esse romance ofereça a escolha entre uma Edição Masculina e uma Feminina, cada qual contendo ainda três livros distintos que confrontam e entrecruzam pontos de vista étnicos e religiosos. Que a narrativa esteja dissolvida em verbetes dispostos em ordem alfabética, passíveis, portanto, de múltiplas entradas e múltiplas saídas. Que cada entrada seja uma história de vida, como uma enciclopédia biográfica, à diferença de que personagens biografados sejam também biógrafos de outras vidas, narradores e leitores de três livros dentro do livro, dentro do Livro... Que seus caminhos se cruzem por similitudes e se encontrem em uma simultaneidade de tempos paralelos, convergentes e divergentes. Que seus relatos se contradigam, somem-se e se multipliquem, obrigando o leitor a ziguezaguear de um verbete a outro, como um pássaro de galho em galho, perguntando-se a cada encruzilhada desse labirinto: "para onde vou agora?".

Essa narrativa estaria aberta a uma multiplicidade de vozes e a combinações ilimitadas de percursos. Esse leitor seria também um autor, e esse romance-enciclopédico ironicamente mágico, chamado *O Dicionário Kazar,* do iugoslavo Milorad Pávitch, seria um romance de escolhas. A obra não está pronta: foi abandonada nos alicerces, como uma casa sem paredes, à espera do próximo habitante/leitor. E se não se pode resumir o que ela conta, assim como não se pode resumir o que contam os dicionários –, pode-se tentar explicar como funcionam.

Cada livro é formado por um grupo de narradores, cronistas, escritores, calígrafos, poetas que compõem uma aliança étnico-lingüística-religiosa: um grupo de fontes greco-cristãs (Livro Vermelho), outro de árabe-islâmicas (Livro Verde) e outro ainda de fontes hebraico-judaicas (Livro Amarelo). Cada grupo narra, de forma só aparentemente desconexa, a sua versão para a Polêmica Kazar. Assim é chamada a disputa religiosa convocada pelo kaghan (chefe de Estado do Império Kazar), que se dispôs a ceder às pressões dos reinos vizinhos e a abraçar a crença de quem oferecesse a melhor interpretação para seus sonhos. Os kazares são um povo pagão, guerreiro e nômade, de origem e destino desconhecidos, que habitou, entre o século VII e o século X, algum lugar da Rússia, entre o mito e a História. Depois de ser convertido para uma das três grandes religiões – não se sabe a qual – os formiga-kazares se espalharam pelo mundo sem deixar rastros.

Sujeitos e objetos (vasos, chaves, amuletos, moedas, livros), circulam entre os verbetes, transportando pedaços da história do passado para o futuro, levando-nos a movimentar o livro atrás de suas pegadas. E o que fazem os personagens? Trabalham simultaneamente na elaboração e reconstituição de um livro chamado Dicionário Kazar,[1] formado também como o nosso, por três livros. Pode-se dizer, então, que a história de *O Dicionário Kazar* autoreferencia a história do coser e descoser do livro que lemos. Pode-se dizer também que o gesto de (re)construção do livro produz a metástase do movimento de (re)construção de um novo humano. Ora, se os livros foram, muito antes do Renascentismo, o objeto transcendente de projeção, formação e constituição do conceito de humano, um novo livro, um novo leitor, um novo ser humano estão sendo si-

[1] Para diferenciar da obra *O Dicionário Kazar*, sempre que me referir ao livro que está dentro do livro, usarei Dicionário Kazar, sem itálico e sem artigo, como é citado no romance.

multaneamente redesenhados. Esta é uma aventura humano-livresca.

Tudo nessa narrativa continua aparentemente dividido de acordo com o número três, como explica o próprio "autor atual" no Modo de usar o Dicionário. Supondo que pudéssemos representar a arquitetura do romance por um esquema cronológico, teríamos: 1) Na primeira era, que poderia ser chamada de mítica, o rei, o chefe de Estado, a princesa kazar e sua seita de caçadores de sonhos estão clivados nas três versões étnico-religiosas. Suas vidas são narradas por três participantes da Polêmica (um monge cristão, um dervixe árabe e um rabino judeu). Em uma segunda era intervalar (por volta do século X e XI), novamente três personagens, agora cronistas, narram a vida dos personagens anteriores. Na terceira, a era da impressão (por volta do século XVII), três caçadores de sonho que se sonham uns aos outros, bem como narram a vida de todos os demais, vão compor a primeira edição do Dicionário Kazar. Na última era, a do computador (século XX), três pesquisadores acadêmicos empenhados em achar a verdade sobre os kazares repetem o ciclo, narrando a vida dos anteriores.

Até aí, essa profusão de narradores/personagens que atua na recomposição de um corpo/livro desaparecido forma o que pode ser chamado de forças de união da narrativa. Mas há ainda três demônios que agem como forças de dispersão: um para cada inferno (cristão, islâmico e judaico). Há também biógrafos e biografados, demônios atravessam os séculos para impedir o trabalho missionário de reconstituição da obra.

Mas a estrutura simbólica triádica rearranja-se como caleidoscópio em puro jogo e movimento à medida que as versões e biografias imbricam-se umas nas outras. O três básico resulta então em multiplicidade. Há personagens que pertencem às fontes árabes e narram a vida da fonte hebraica e há os que são judeus e contam a história do personagem cristão. Das tabelas e esquemas triangulares, obteríamos caminhos cruzados, em uma teia de linhas narrativas, produzindo não mais o múltiplo três, mas uma fonte assintótica de percursos.

A arquitetura triádica kazar transforma-se assim em uma grande constelação hipertextual, onde todos os nomes giram e se embaralham como cartas. Conflitos étnicos, políticos e religiosos repetem-se em tempos e lugares distintos; biografias dos personagens que morrem e regressam à história se intersectam, onde um é a reencarnação do outro ou um é o duplo do outro – e de outros. Longe das formas seqüenciais que caracterizam o que Bourdieu[2] chamou de "ilusão biográfica", biografias primam pela falta de coerência e pela quebra de linearidade. Em oposição ao que se convencionou uma forma literária de organizar vidas humanas em um todo narrável, único e coeso, microlinhas narrativas são interrompidas e retomadas mais adiante, ora complementando-se, ora contradizendo-se. Fatos se desdobram em um passado nunca consumado.

> Segundo outras narrativas, ele nem morreu. Deixou um cão lamber um pouco de seu sangue, entrou na tumba de um turco, pegou-o pelas orelhas e, tendo-o esfolado, vestiu sua pele. Por causa disto, seus olhos de cabra miravam através de belos olhos turcos (ODK, 86).

A reconstituição desse humano-todos, compêndio de vidas biografadas, passa por um agenciamento interminável de histórias dentro de histórias que se aproximam e se bifurcam, completam-se e se excluem. Palimpsesto sem o discurso de origem, o corpo do livro está embutido dentro de muitos outros. É, ao mesmo tempo, uma alusão à imagem do Livro Total, que reúne todas as narrativas do mundo; o Dicionário dos dicionários, composto pelos três livros; o corpo-reino de Adão, por sua vez também clivado em três versões para cada religião (Adão, irmão de Jesus, Adão Ruhani e Adão Kadmon), o corpo do livro que lemos

[2] BOURDIEU, Pierre. A ilusão biográfica. In: AMADO, Janaína; FERREIRA, Marieta de Moraes. *Usos e abusos da história oral.* Fundação Getúlio Vargas, 1996, p.133-192.

e, ainda, o que está fora desse *emboitement* (a Edição Masculina ou Feminina) e precisa ser buscado para recompor a totalidade.

O autor parece disposto a não nos abandonar nessa máquina de triplicações e multiplicações. Percursos entre essas "ruelas sem saídas e escadas em espiral" podem ser traçados com a ajuda dos símbolos da cruz, da lua e da estrela de David que estão fixados ao lado de cada fonte ou objeto, indicando respectivamente a localização de sua entrada principal nos Livros Vermelho, Verde e Amarelo. Há ainda o triângulo, para identificar os personagens que se desdobram nas três versões, e o A, para designar os apêndices onde se encontram os excessos, as sobras do todo. De modo que esse todo parece não ser nunca a mera soma das partes, mas a soma, a subtração e a multiplicação do que nele se agencia.

À maneira dos *links* em meio eletrônico, os ícones remetem à leitura para pontos distantes, provocando um deslocamento para os índices e sumários que se encontram nas margens do corpo principal do livro. Movimentado para frente e para trás nessa leitura, o suporte de leitura ganha visibilidade e pode, enfim, ser "amado de amor tátil", como na letra de Caetano. Para orientar a reunião dentro da dispersão, tanto existem associações explícitas quanto silenciosas, assim como há mensagens em garrafas que chegam até a praia e outras que ficam boiando no mar. O trabalho do leitor não se encerra na localização da página do verbete e no gesto de conferir o vínculo proposto, pois cada *link* remete a muitos outros. Associações explícitas não incentivam a passividade: as possibilidades de conexões estão longe de se esgotarem nos ícones-*links* propostos pelo autor.

A partir da analogia entre corpo e livro, entre o Livro e o corpo de Adão, desenha-se na curva dos personagens, que são ao mesmo tempo leitores e autores, também a trajetória do leitor extradiegético. O movimento de juntar e dispersar os fragmentos/pedaços do livro/corpo simula o seu esforço em reconstituir o todo da obra. Essa tarefa, sempre adiada pelas forças demoníacas, em uma alusão constante às forças do bem e do mal, marca a impossibilidade de reconstituição do mito original da criação e da refusão das partes masculina e feminina. Por extensão, remete à utopia da conquista de unidade para a diversidade humana.

A procura incessante dos originais da edição destruída do Dicionário Kazar, análoga à recomposição do corpo despedaçado de Adão, culmina sempre em formas aberrantes de corpos monstruosamente híbridos ou andróginos. Inacessível, o original do livro está para sempre encoberto atrás de cópias e duplicatas falsas, adulterado pelas traduções infiéis, rasgado ou mutilado por toda sorte de censura e versão religiosa.

O metanarrador[3] conta com o esquecimento e com a impossibilidade de o leitor reconstituir a imagem total do livro para engajá-lo no jogo lúdico de achar e perder o corpo/livro de Adão. Na trama hipertextual, nossa memória e nossas lembranças são como *icebergs*: "Só vemos a parte que emerge, que passa diante de nossos olhos, enquanto imensas terras imersas passam não-vistas e inacessíveis" (ODK, 270). Esse aspecto transitório e errante da lembrança humana – na verdade, de seu centro de atenção – caracteriza a leitura hipertextual e torna o romance-enciclopédico uma fonte mágica e inesgotável de histórias.

Nessa narrativa-rizoma, que compreende o esquecimento como processo, atuam a replicância das palavras e a (re)circularidade dos fatos narrativos como sinais de apreensão temporária dos sentidos. A repetição não cansa, porque a memória é breve. Para fazer uma ligação, é preciso temporariamente abandonar outra, deixando que as informações entrem e saiam da mente como impulsos provisórios. Enquanto a memória longa é arborescente e centralizada, a memória

[3] Quando utilizo a categoria metanarrador, quero referir-me genericamente à entidade locucional que reúne o conjunto de narradores, que é como vejo o "espírito" que sobrevoa toda a obra de forma pseudo-onisciente, introduzindo os demais narradores dos verbetes e se manifestando nas Observações Preliminares e Finais sob a disfarçada insígnia de "autor atual" e lexicógrafo.

curta, dizem Deleuze e Guattari, é do tipo rizoma, diagrama, e "n'est nullement soumisse à une loi de contigüité ou d'immédiatée à son objet, elle peut être à distance, venir ou revenir longtemps après, mais toujours dans des conditions de discontinuité, de rupture et de multiplicité".[4]

Cada verbete, contudo, está sempre propondo a retomada dos demais. E porque a memória é parcial, a narrativa sempre se renova: a cada leitura, novas conexões, um novo percurso, uma nova ordem para os verbetes. No fluxo da dinâmica lembrança-esquecimento, característica da memória hipertextual descentrada, rompe-se a dicotomia união-dispersão, que se revelam dois aspectos constituintes da leitura. A lembrança transitória religa por um breve instante as partes e faz acender momentaneamente a consciência do todo-Adão, para despedaçá-la em seguida: "Assim como sua alma migra para seus filhos e retorna a seu corpo no momento da morte desses filhos, uma parte de seu imenso corpo-reino pode, a cada instante, e em cada um de nós, ser destruída ou renascer" (ODK, 284).

Ao analisar *Cidade ausente*, de Ricardo Piglia, Wander Melo Miranda elabora a concepção de uma memória textual flutuante e sem ancoragem delimitada, que se incorporaria à construção e leitura de um hipertexto. Essa memória nômade permite zarpar de um *link* a outro, sempre pronta para emigrar na busca de sentidos, conforme mudam os focos de atenção. Enquanto superfície e espaçamento, a consciência não estaria preocupada em promover a totalidade da memorização da obra, o que, segundo o autor, seria possível mas irrealizável, em razão do acúmulo de citações, incorporações e referências em um hipertexto. Nossa memória textual estaria, então, esvaziada "de toda profundidade metafísica e propiciaria um agenciamento inesperado de sentidos, no qual cada significação suplementar transformaria o funcionamento e o significado do conjunto".[5]

[4] DELEUZE, Gilles; GUATTARI, Felix. Introduction: Rhizome. In: *Mille plateaux:* capitalisme e schizophrénie. Minuit, Paris, 1980, p.24.

[5] MIRANDA. Wander Melo. Ficção virtual. *Revista de Estudos da Literatura*. Belo Horizonte, v.3, p.9.

Navegando em um universo que se abre e se fecha, o leitor é um náufrago de sua lembrança, tentando visualizar ilhas de terra encobertas por montículos de areia. Por conta desse funcionamento gravitante e encobridor da memória textual, temos de nos curvar ao caráter arbitrário (mesmo quando ocasional) da ordem alfabética. A configuração da história passa necessariamente pelas escolhas e experiências do leitor, mas pede uma leitura consciente da inesgotabilidade da narrativa.

Na violência da dinâmica de união e dispersão, os personagens vão ganhando marcas em seu corpo, e cada fragmento do livro perdido ou achado deixa uma mutilação. Demônios que morrem e regressam à narrativa podem, facilmente, ser identificados por repetidos sinais de imperfeição física, como dois polegares em cada mão, ausência de septo nasal e sinistrismo. Os sinais físicos dos personagens também funcionam como *links* que ajudam o leitor a memorizar na narrativa pontos de conexão e similaridade, enquanto outros são apenas largados pelo caminho. Dessa forma, a história se inscreve simultaneamente no corpo de quem atua e na memória de quem lê, porque, como diz um narrador judeu, "(...) o uso da memória é uma permanente circuncisão" (ODK, 228).

O fluxo memória/esquecimento que marca a leitura hipertextual ziguezagueante faz o leitor caminhar sempre impelido a voltar atrás para juntar os cacos orgânicos de sentido. Só que, em vez de usar pedrinhas, como na fábula de João e Maria, marcará seu percurso com ícones-*links* e palavras. Ao mesmo tempo que vai conseguindo juntar fragmentos da história pelo caminho, o leitor vai também semeando pedaços de sentido, como se fosse deixando partes do próprio corpo: fios de cabelo, barbas, mãos, pernas, pés, dentes, rabos, orelhas, fragmentos de pele, olhos. Extremidades, antenas de percepção da narrativa, pontos de contato do corpo com o mundo externo, na filosofia de Merleau-Ponty.[6] Ler é um ato corporal. Detalhes físicos

[6] MERLEAU-PONTY. O cinema e a nova psicologia. In: XAVIER, Ismail (Org.). *A experiência do cinema*. Graal, Rio de Janeiro, 1991, p.102-117.

curiosamente repetidos ao longo da narrativa funcionam como sinais luminosos, piscando e indicando momentos de ancoragem e tessitura de fragmentos, que serão esquecidos e perdidos em seguida em favor de outras lembranças e conexões.

O percurso dos personagens nessa floresta escura é assaltado por estranhas e reincidentes moléstias físicas que fazem curvar-se troncos e pescoços e caírem tufos de cabelos até a morte,[7] polegares com ferimentos infecciosos e membros amputados, braços mordidos, lábios leporinos, homens mancos, caolhos, aleijões, eunucos ou circuncisados, e uma princesa que teve seu sexo arrancado pelo demônio por imiscuir-se na Polêmica Kazar e influenciar a decisão do kaghan com seus poemas. Muito mais do que explorar a violência como recurso de suspense e ação, esses sinais-*links* pontuam uma leitura fragmentada que desacomoda e violenta nossas convenções corporais e intelectuais.

Tortuosa e itinerante, prazerosa mas não comodista, a leitura quer ser indelével e pode, na metáfora do romance, matar por envenenamento. Ler, em O Dicionário Kazar, é antes de tudo arriscado e perigoso.

> Creia-me, senhor, é mais perigoso compor um dicionário sobre os kazares, a partir de palavras espalhadas, nesta torre pacífica, do que ir guerrear no Danúbio onde já se batem turcos e austríacos; é bem mais perigoso esperar aqui, em Constantinopla, uma aparição surgida dos sonhos do que correr ao assalto com o sabre desembainhado, o que o senhor sabe fazer tão bem (ODK, 55).

Ao reforçar a associação corpo/livro e induzir a quebra dos limites entre a função do autor e a do leitor, entre escrita e leitura, Pávitch faz emigrar para o físico dos personagens/leitores a violência historicamente impingida a escritores, obras e leitores outros. Os assaltos sofridos pelo Dicionário Kazar resgatam um pouco dessa história de cen-

[7] No romance, o número de fios de cabelo indica os anos que restam.

sura, castigos, fogueiras e guilhotinas que marca a escrita desde que Gutenberg imprimiu sua primeira Bíblia. Ao referendar as perseguições sofridas por autores e livros durante os últimos cinco séculos, em *A aventura do livro*, Chartier afirma que a cultura escrita é inseparável dos gestos violentos que a reprimem:

> Antes mesmo que fosse reconhecido o direito do autor sobre sua obra, a primeira afirmação de sua identidade esteve ligada à censura e à interdição dos textos tidos como subversivos pelas autoridades religiosas ou políticas. Essa "apropriação penal" dos discursos, segundo a expressão de Michel Foucault, justificou por muito tempo a destruição dos livros e a condenação de seus autores, editores e leitores.[8]

Brutalizando o processo de identificação do leitor, a narrativa oferece-lhe um espelho traiçoeiro. A ficção rebate o narcisimo mimético com um espelho que pode surpreendê-lo e atingi-lo mortalmente. Assim ocorreu à princesa Ateh, que morreu como Medusa, fulminada pelo próprio olhar, ao ler no espelho as letras proibidas do alfabeto kazar (inscritas por seus servos em suas pálpebras para afugentar os inimigos enquanto dormia). O papel do leitor na produção textual vai emergindo na luta dos pesquisadores e caçadores de sonho para recompor o Dicionário Kazar e o que encontra no espelho narrativo é ele próprio, errante e desajeitado, tentando desatar nós de significações aqui e ali, e não um duplo heróico e idealizado.

De acordo com os hábitos consumistas de leitura, o prazer do leitor é possuir o *corpus* do livro e obter satisfação ao alcançar o seu fim. Aqui, ao contrário, a leitura requer uma lenta e cumulativa aquisição, como faz Bránkovitch, ao cuidar do seu futuro.

> Não é dos que atravessam a vida correndo. Povoa seu futuro lentamente e com cuidado. Descobre-os aos poucos, como se descobre uma terra desconhecida, primeiro

8 CHARTIER, Roger. *A aventura do livro,* trad. de Reginaldo Moraes. Ed. Unesp, São Paulo, 1999, p.23.

desbrava-a, depois constrói no melhor sítio e, nessa construção, finalmente, arranja demoradamente a disposição dos objetos (ODK, 36).

A dificuldade humana de esgotar todas as possibilidades de agenciamento entre os fragmentos biográficos tende a frustrar esse desejo de posse. Em vez de se encaminhar para um ponto final, a narrativa canaliza a energia consumista do leitor para encorajá-lo a encontrar novas conexões. E porque a reconstituição do todo é sempre uma utopia adiada, a procura desse corpo ecumênico move leitores e personagens numa errância sem-fim. Nenhuma coesão textual é gratuitamente obtida, pois, como avisa o metanarrador, o leitor é um cavalo de circo e para cada tarefa bem-feita, um torrão de açúcar como prêmio (ODK, 14). Na tarefa sempre postergada de unir as partes ao todo, a narrativa não pára – o livro é movimento.

Embora o romance tenha formalmente um fim, as últimas linhas do texto não encerram o sentido da história, tampouco culminam a experiência da leitura, instalando ali uma linha de chegada. O fim remete novamente às partes, fazendo com que a narrativa ande em recuo progressivo. Essa lógica hipertextual instala uma política do prazer estético que está mais no valor do percurso do que no prazer de recompor a unidade quando é chegado o fim. Se a vontade de acabar o livro e possuir o corpo da escrita gera no leitor ansiedade corporal, como disse Hayles,[9] alcançar a satisfação pode estar no promíscuo agenciamento entre as partes. Ler aqui é montar e desmontar, juntar e espalhar, conciliar o sonho e a vigília. É dar ao mesmo tempo uma alma a Deus, rogando ajuda para recompor e fruir a história, e outra ao diabo, que assegure um espírito devastador e destruidor, capaz de revelar a montagem desse todo caótico.

9 HAYLES, Katherine. Corporeal anxiety in Dictionary of the Khazars: what books talk about in the late age of print when they talk about losing their bodies. *Modern Fiction Studies*, v.43, n.3, Fall 1997, p.802.

Capítulo 3

Docuverse da História

Episódios e personagens históricos já renderam grandes obras de ficção, mais ou menos apegadas às versões oficiais, mais ou menos lineares. Mas alguns escritores, curvando-se à impossibilidade de inaugurar histórias em um mundo narrado à exaustão, ocuparam-se em ficcionalizar as histórias da História, as narrativas da Narrativa ou ainda os sonhos do único Sonho em que se funda o mundo. Ao ficcionista Borges, por exemplo, interessava a idéia de que o universo fosse obra inconsciente de alguém que sonha – ou narra.

Reinventando o mundo como metáfora de um grande livro, a literatura revigora o projeto enciclopédico do Renascentismo, cujos pressupostos são bem visíveis nas palavras de Montaigne: "Há mais a fazer interpretando as interpretações que interpretando as coisas; e mais livros sobre os livros que sobre qualquer assunto; nós não fazemos mais do que nos entreglosar".[1] Encaixilhando um livro dentro de outro, *O Dicionário Kazar* não coloca em questão a história de um povo desaparecido, mas a rede de histórias simultâneas que se produzem em torno desse povo, e, mais do que isso, a forma hipertextual como elas se entrelaçam, se superpõem e se contradizem.

[1] Citado por FOUCAULT, Michel. *As palavras e as coisas*. Martins Fontes, São Paulo, 1987, p.56.

O discurso histórico, convencionalmente tratado de forma evolutiva e centrada, como um documento unitário e monovocal, expõe toda a sua multilinearidade e heterogeneidade. Uma quantidade vertiginosa de fontes, citações, vozes e referências a outros livros lança a narrativa em uma rede discursiva que despreza o controle monológico do autor/narrador – aliás, ele parece estar ali apenas fazendo brotar a multiplicidade.

Essa teia discursiva corresponde à necessidade intelectual humana de conectar conhecimentos, facilitada e encorajada pela tecnologia eletrônica, com sua capacidade de ultrapassar os limites de encadernação das obras e ganhar a intertextualidade fluida da *Web*. A idéia enciclopédica de escrever um romance que não encerra uma história ou um discurso único, mas oferece o agenciamento de muitas teorias filosóficas e religiosas, documentos, livros e possibilidades narrativas, reedita o sonho da "Biblioteca de Babel."

Nos anos 70, Ted Nelson já expressara que nós precisávamos não de uma coleção de livros cada vez mais ampla, mas de um sistema expansível que desse aos usuários acesso ao mundo do conhecimento humano, chamado por ele de "docuverse". Era esse o objetivo do famoso Projeto Xanadu, um "ongoing system of interconnecting documents"[2] gravados em uma enorme matriz que ganhou dimensões inesperadas com o advento da *Web* em 1991. Constituído como um mosaico de conhecimentos e narrativas, a cada página abrindo "janelas" que superpõem e acionam outras obras, *O Dicionário Kazar* é, dentro da expansividade apenas abstrata do formato impresso, quase um "docuverse".

Colagens de comentários alheios, citações, notas de rodapé, auto-referências à obra e referências a outras obras, fictícias ou não, fazem emergir o mundo do livro no mundo da ficção, nesse que Hayles qualificou como "the most

[2] NELSON, Theodor. Opening hypertext: a memoir. In: Tuman (Ed.) *Literacy online*, 1992, p. 9.

bookish of books".[3] Adjetivo quase intraduzível (algo como o mais "livresco" dos livros), a expressão parece menos tautológica se associada à *La vie mode d'emploi,* de Georges Perec, *O nome da rosa*, de Eco, *História do cerco de Lisboa*, de Saramago, *Se um viajante numa noite de inverno,* de Ítalo Calvino, "A Biblioteca de Babel", "O livro de areia", "Tlön Uqbar Orbis Tertius" e "O jardim de sendeiros que se bifurcam",[4] apenas para citar alguns contos exemplares de Borges. Dentro da tendência auto-reflexiva das narrativas pós-modernas, essas obras ocupam-se de assuntos "livrescos" (como edição, capa, recepção, censura, autenticidade, reprodução em série), discutem a narratologia, presentificam o processo de leitura e explicitam a intertextualidade da criação literária.

Em recusa à representação mimética em favor desse jogo auto-referencial, obras metaficcionais põem em xeque o culto à originalidade, em reconhecimento à perda das origens da própria narrativa fundadora do universo. A referência à enciclopédia como uma metáfora epistemológica do mundo, e mesmo a tendência à estrutura dicionarizada de uma onda de narrativas recentes, parodia o rigor das classificações, ao mesmo tempo que se vale da arbitrariedade da ordem léxica para tornar as hierarquias provisórias e conjeturais.

Em "Tlön...",[5] Borges e Bioy Casares aventuram-se a procurar nas páginas excedentes de um dos exemplares da *The Anglo-American-Cyclopaedia* referências sobre Uqbar, uma região desconhecida do Iraque ou da Ásia Menor, e acabam "encontrando", do outro lado do mapa, *Orbis Tertius*, título em latim de uma enciclopédia que cria e ordena labirinticamente Tlön, planeta ilusório, de características fantásticas, localizável na América, mais precisamente na Ouro Preto brasileira. Em *O Dicionário Kazar*, um livro secundário também se produz durante o ato de leitura, como aqueles objetos *ur* encontrados em Tlön, que são criados da duplicação de coisas perdidas pelo método da sugestão.

[3] HAYLES, Katherine. Corporeal Anxiety in Dictionary of the Khazars: what books talk about in the late age of print when they talk about losing their bodies. In: *Modern Fiction Studies*:Technocriticism and Hypernarrative. Johns Hopkins University. Press, Baltimore, v.43, Fall 1997, p.804.

[4] A relação dessas poucas obras não ignora, é claro, que as possibilidades e os exemplos de intertextualidade nesse aspecto são muito maiores.

[5] BORGES, Jorge Luis. Tlön, Uqbar, Orbis Tertius. In: *Obras completas I*. Globo, São Paulo, 1999.

Aceitando a "gigantesca idéia" de compor uma enciclopédia metódica para ordenar e classificar um universo meio real, meio ilusório, Pávitch funda seu *ur*-planeta kazar em uma rede de narrativas duplicadas ou em um livro *hrönir,* como se diz em Tlön. Mas por detrás da sistematização dos nomes, e do fingido rigor acadêmico, há uma imprecisão de limites geográficos e uma vaguidade de informações históricas explodindo a arrumação desse território. Na ordem arbitrária dos alfabetos, os sistemas classificatórios elaborados para organizar e hierarquizar racionalmente o universo desde Aristóteles autodestroem-se.

A malha de biografias entrecruzadas simula o caos do Universo, imensamente complexo e interconectado, mas não avesso à instauração de sentido. Aleatória e não-cronológica, a ordem muda, nunca é demais lembrar, de acordo com o alfabeto para o qual o romance é traduzido. Fica a cada leitor, a imensa tarefa de organizar um mundo-livro, estabelecendo sua própria hierarquia a partir das referências dadas pelo *autor*, como bem orientam as Observações Preliminares:

> Aqui, nenhuma cronologia será necessária, nem respeitada. Desse modo, cada leitor criará seu próprio livro, como numa partida de dominó ou de baralho, recebendo deste dicionário, como de um espelho, tanto quanto nele investir, pois – está escrito nesta enciclopédia – não se pode receber da verdade mais do que nela se investiu (ODK, 21).

Repassando a história em *retard*, retomadas e desacatos, de Borges a Mallarmé, ao Iluminismo, ao Renascentismo e assim para trás, o olhar enciclopédico sobre um universo em transformação encontra-se na convicção de que a narrativa é sempre uma narrativa segunda. A imagem da enciclopédia-mundo, que narra o mundo, retorna às obras contemporâneas não mais como a totalidade fechada, divina, mas como a multiplicidade aberta de uma "Biblioteca de Babel."

Em repúdio à causalidade e ao naturalismo, uma prática artificialista de narração afirma a verdade da literatura por seu poder de mistificar e a nega enquanto representação naturalista da realidade. Como para os metafísicos de Tlön, o que importa não é nem a realidade, nem sequer a verossimilhança, mas o assombro, embustes narrativos, pastiches, histórias apócrifas, identidades postiças ou imprecisas, contrafações, intertextualidades explícitas, citações em *mise en abyme*, personagens fictícios disfarçados de reais e vice-versa, pseudofontes, irresolução e dúvida. *Emboitement* vertiginoso de histórias dentro de histórias, livros dentro de livros, mundo dentro de mundos. Sem sair da linguagem, a narrativa circula sobre si mesma.

Mediada por outras mediações das coisas pelas palavras, essa forma de narrar implica ver a paternidade literária como uma instância coletiva e impostora, porque se o leitor é uma intuição do autor, o autor é uma invenção do leitor. Estratégias mistificadoras que atuam para derrotar a função do autor enquanto alguém que, investido de autoridade, controla as vozes narrativas e garante a verdade da ficção. Com sua individualidade estilhaçada por um turbilhão de discursos e narradores, ele escapa ao monologismo, driblando qualquer tentativa de emoldurá-lo ou personalizá-lo.

Em "Tlön...", como em *O Dicionário Kazar*, as especulações sobre um povo e um país desaparecido mostram o Livro como uma obra infinita e inacabada, porque plena de silêncios e esquecimentos acidentais ou voluntários. Embora cultivemos a impressão de que nossa cultura se define por uma acumulação ininterrupta e evolutiva, a história escrita das civilizações acumula sim uma sucessão de abismos onde, como diz Umberto Eco, toneladas de conhecimentos desaparecem como *Ur*.

> Os gregos foram incapazes de recuperar os conhecimentos matemáticos dos egípcios, o que causou o florescimento dos ocultismos que se fundamentam na idéia da recuperação de antigos saberes perdidos; em seguida a Idade Média perdeu toda a ciência grega, todo o Platão menos um diálogo, e a metade de Aristóteles. Podería-

mos continuar (...) Perceberíamos que em cada época, no decurso das eras, deixamos que se perdesse uma parte dos conhecimentos. A memória social e cultural tem por função filtrar, e não apenas conservar. [6]

Lembrança e esquecimento, disso é feito a cultura, sublinha Eco. *O Dicionário Kazar* evidencia a delicada dialética que é própria da memória humana individual ou coletiva, escrita ou oral: não apenas reter, mas selecionar, não apenas ler, mas reescrever, não apenas guardar, mas também recriar, escolher e censurar. Ao trazer à tona as reminiscências históricas de um povo desaparecido, o livro de Pávitch trata do paradoxo de uma memória escrita que almeja a totalidade, mas constitui-se no esquecimento.

Ao lembrar esse esquecimento, Pávitch constrói seu universo enciclopédico enquanto um compêndio de crenças institucionalizadas e saberes ocultistas, emaranhados nas biografias de personagens, com essa alquimia kazar de processar doutrinas religiosas e conhecimentos proscritos da inteligibilidade histórica:

> O segundo mestre de Constantino (o santo da cristandade oriental, representante grego na Polêmica Kazar), Fótios, célebre filósofo e patriarca que lhe ensinou gramática, retórica, dialética e filosofia, recebeu o cognome de Aristóteles cristão e foi, com Leão, o matemático, o iniciador da Renascença humanista onde o mundo bizantino, mais uma vez, considerava-se descendente da antiga linhagem helênica. Fótios praticava ciências herméticas e proscritas, astrologia e magia; o imperador bizantino chamava-o de "cara de kazar" e, contava-se na Corte que Fótios, na juventude, tinha vendido sua alma a um mago judeu (ODK, 61).

Procurando Tlön

Seguindo os passos de Borges, que reconstituiu nas enciclopédias o imaginário, o modo de vida e as ciências em

[6] ECO, Umberto. O problema do bug do milênio. *Folha de São Paulo*, São Paulo, Mais! 8 ago. 1999, 6º Caderno, p.5.

seu *Uqbar*, também eu saí à cata de outros livros que trouxessem referências sobre o incógnito e desaparecido mundo kazar, pois como indica a sentença em latim *Verbum caro factum est*, só a palavra pode criar mundos: "(...) o verbo, o logos, a lei, a regra, garantia da boa conduta e de um comportamento correto e útil, precedeu ao próprio ato de criação do mundo (...)" (ODK, 199).

Provocada pela observação entre parênteses na última página-título, faço um raso mergulho na história da história kazar para observar como Pávitch constrói sua ficção valendo-se do caráter hipertextual e fabulatório do próprio discurso histórico. Quase oculto depois do título original da obra (Lexicon Cosri), o paratexto "Dicionário dos dicionários sobre a questão kazar" produz um intrigante conluio entre história e metaficção que perseguirá toda a obra.

Suposta localização do Império Khazar, segundo historiadores judeus.
Fonte: Khazaria Image Gallery. < http://khazaria.com/images/>.

Ironizando a obstinação positivista pela verdade, Pávitch lança o romance no ritmo gaguejante de uma corrida que se inicia no distante século XVII, entre deambulantes caçadores de sonho, e se estende ao século XX, nos bancos e congressos acadêmicos. Como os personagens que escrevem o livro de que fala o livro, uma legião de pesquisadores espalhados em pontos distintos do planeta constrói e reconstrói o mundo kazar. Cristãos, judeus e muçulmanos buscam os rastros dessa tribo e tudo o que diz respeito à misteriosa ascensão e queda de seu reino.

Em sua corrida arqueológica, pesquisadores tentam desvendar os mistérios da origem e do destino dos kazares, investigando e organizando tudo o que se relaciona à antiga Kazária. Por conta da dispersão e hibridização étnica sofrida pelos kazares, os dados advêm de toda a Eurásia; em hebreu, árabe, sírio, pérsio, turco, grego, latim, eslavo, georgiano, armênio, chinês... Surgem todos os anos novas publicações nos Estados Unidos, Inglaterra, França, Rússia, Alemanha, Hungria, Iraque, Polônia, Turquia, que, reunidas, formam uma grande enciclopédia-labirinto, com versões conflitantes sobre a origem, a data e o destino da passagem do povo kazar pela região do Cáucaso.

O compêndio imaginário dos kazares, alegoria de todo o repertório bibliográfico sobre o assunto, inclui referências a sítios arqueológicos, fotografias, imagens de objetos, documentos, livros. Na Internet, sítios e páginas dedicados a especular sobre a sua cultura e economia, bem como os motivos que levaram ao crescimento e à queda do império kazar, já compõem um fragmentado dicionário virtual.

Parte da crítica americana reunida em torno da *The review of contemporary fiction* salientou o aspecto pseudohistórico de *O Dicionário Kazar*, mas o romance parece apontar para além da dissolução entre as fronteiras do histórico e do ficcional. Diz-nos antes que a mistificação e o formato hipertexutual habitam o próprio discurso histórico. Uma visita ao sítio da *Enciclopédia Britânica* permite entrever esse uso inventivo da matéria histórica na estrutura da ficção.

O verbete Khazar estrutura-se em torno de dados sobre o deslocamento militar e a formação do seu Estado, com detalhes a respeito dos confrontos bélicos e a organização do governo, semelhante à dos estados turcos. Ao lado do verbete, uma lista de *links* permite navegar ao sabor das relações dos kazares com outros impérios e vislumbrar a interconectividade do tema. O texto da Britânica migra para outras galáxias, no rastro de historiadores, religiosos e pensadores dos três credos, citados ou envolvidos como personagens no romance.

Do endereço da Britânica pode-se passar para o sítio "oficial" da Kazária,[7] mantido por professores, historiadores e arqueólogos de clara orientação judia, sob a coordenação de Kevin Brook. Aqui a narrativa kazar expande-se para artigos, ilustrações, fotografias das descobertas arqueológicas, reprodução de documentos, mapas, longo e detalhado inventário bibliográfico e resumo de obras publicadas sobre o assunto. Nesse endereço, encontram-se referências à Carta de Kiev, escrita pelos judeus kazares que moravam em Kiev no século X com o objetivo de arrecadar 40 moedas de ouro para ajudar um membro de sua comunidade, Yaakov Ben Hanukkah, a pagar as dívidas assumidas pelo irmão antes de morrer. Chama a atenção a mistura de nomes turcos, eslavos e hebreus entre as assinaturas, indicando a costura dos kazares com outras culturas, bárbaras ou não, conforme o romance enfatiza por meio de imagens fantásticas.

> Ele os observava limparem os narizes com os dedos, comendo o catarro e sussurrando preces. Lavavam os pés sem se descalçar, cuspiam na comida antes de engoli-la e acrescentavam seus nomes bárbaros, masculinos e femininos,

[7] The Kazaria Info Center. Last Updated: August 4, 1999. <http://www.khazaria.com>.

após cada palavra do "Pai Nosso", e assim o "Pai Nosso" inchava como um pão ao mesmo tempo em que desaparecia, e dessa maneira a cada três dias era preciso limpá-lo, pois não podia ser ouvido nem visto por causa de todos esses nomes selvagens que o engoliam (ODK, 65).

No rastro desse povo, encontra-se a famosa Carta de Schechter,[8] copiada de um documento escrito nos idos de 948 por um judeu kazar em Constantinopla, dando conta da conversão do kaghanato ao judaísmo e do conflito entre o general kazar Pesakh e o príncipe russo Oleg. A correspondência entre o seu rei Joseph e o judeu da Espanha moura Hasdai Ibn-Chaprut também fascina os caçadores do sonho kazar. Um dos documentos mais importantes sobre a organização social e política desse reino, a correspondência é citada por Pávitch no verbete kazares, do Livro Amarelo, com detalhes fictícios que extravasam – um pequeno "excesso", "alguns fragmentos que não conseguem se integrar na realidade do que é sonhado, e vão colar-se à de uma terceira pessoa que os recebe" (ODK, 93).

O *Livro dos kazares* de Halevi, que contém fragmentos dos discursos kazares, de Constantino, o filósofo Cirilo, anexados à última carta de Dorotéia Schultz, também merece notas e comentários extensos. Quem navega por esse planeta *Orbius*, encontra informações e registros sobre os sítios arqueológicos mais importantes, também citados por Pávitch, como o cemitério de Tchelarevo, na Sérvia e as escavações de Sarkel, na Rússia. Ruínas espalhadas pelo Norte do Cáucaso, Rússia, Hungria e Suécia, sugerem a migração de kazares para áreas da Europa após a queda do seu reino. Os documentos estão reunidos nas versões em hebreu e Inglês do livro *Khazarian Hebrew documents of the tenth century*, de Pritsak Golb, 1997, traduzido para o Russo sob o título *Khazarsko-evreiskie dokumenty X veka*".

Enquanto grande quantidade das fontes de Pávitch são as mesmas dos historiadores, uma outra grande parte,

[8] Solomon Schechter, 1847-1915, romano e estudioso do hebreu, que descobriu os capítulos perdidos do livro bíblico eclesiástico.

fictícia, imiscui-se sorrateiramente na história. Mas não é de nada absurda a idéia de que uma comunidade de investigadores envolvidos "em uma rede de sonhos de diferentes eras", formando uma espécie de "seita de caçadores de sonho", cada qual em sua parte do globo, cada qual do seu ponto de vista, esteja a escrever um "Dicionário dos dicionários" sobre os kazares, como pretendia Maçudi:

> Terão mantido silêncio a nosso respeito, como mantivemos silêncio a respeito deles? Seria possível compor, um dia, um dicionário, ou uma enciclopédia, sobre a questão kazar, no qual as três histórias sobre os três caçadores de sonhos estivessem reunidas, e obter a verdade? (ODK, 149).

Esse dicionário vem tomando corpo, inchando "como o pão ao redor do fermento" das muitas culturas influenciadas pelo povo kazar nos tempos em que seu império controlava e tributava o comércio itinerante (a chamada rota da seda) entre a Europa Ocidental, a China e o Oriente Médio, incluindo-se, aí, relações com bizantinos, magiares e eslavos. Inspirado pela multiplicidade cultural que constitui a própria matéria histórica, Pávitch arma o romance em uma rede hipertextual de vozes narrativas. A partir da arquitetura trilíngüe, muitas línguas são referenciadas, o que evidencia a extraordinária heterogeneidade de fontes da crônica kazar e o seu hibridismo cultural.

Fragmentadas e divergentes, as informações encontradas na Internet e nos livros de história vão sendo semeadas no interior dos verbetes e notas de rodapé. Como se as pesquisas produzissem objetos contraditórios, restos de um vaso kazar com inscrições rúnicas transformam-se em superfície de inscrição e alimentam a versão do cântaro de sal ricamente decorado e enviado como presente ao imperador Teófilo, para que ele pudesse aí ler os relatos das batalhas e conquistas kazares. Em meio às imagens mágicas, desenterram-se descobertas arqueológicas, sem que se possa distinguir mais o que é histórico ou o que é ficção.

> Os kazares inscrevem todos os fatos importantes de suas vidas em um bastão, e essas inscrições têm a forma de animais que representam estados de espírito e humores, e não acontecimentos. O túmulo de uma pessoa terá a forma do animal que aparecer mais freqüentemente no seu bastão. É por esta razão que as tumbas nos cemitérios kazares estão divididas em grupos, dependendo da forma do animal que evocam: tigre, pássaro, camelo, leopardo ou peixe, ovo ou cabra (ODK, 131-132).

Nas memórias, narra Borges, "um passado fictício ocupa o lugar de outro, do qual nada sabemos com certeza – nem, ao menos, que é falso" (*Tlön*, 489). Excessos extravasam na interposição prodigiosa de relatos épicos. Casos burlescos de pactos e vingança, como o do imperador Justiniano II que, fugido nu de Constantinopla, foi uma vez acolhido e outra abatido pelos guerreiros kazares, de onde o autor conclui que: "se é possível escapar para os kazares, não é possível escapar deles" (ODK,72). O que é mais fantástico aqui: a literatura ou a História?

A matéria-prima de ODK vem, pois, dessa fabulação acadêmica, com todas as suas controvérsias, intrigas, comicidade e natureza lendária. Como é próprio do procedimento do realismo mágico, o caráter fantástico não é tanto acrescido à narração quanto advém de um olhar de espanto em direção ao "real", particularmente assombroso nesse caso. Povoada de sonhos enigmáticos, ironias do destino, guerras e conquistas, excêntricos reis, kaghans, princesas e monges, a crônica kazar confunde mito e história e na interpretação de um grande sonho burlesco, muitas vezes ilegível, com a ilegibilidade que é própria do onírico.

No reino que se instalou entre o Mar Negro e o Mar Cáspio, o surreal, o cômico e a ambigüidade ganham perplexidade ao tomarem vida na ficção. Até a natureza inspira magia, e os rios da Rússia, que geralmente correm de norte para sul (e vice-versa),[9] florescendo o comércio entre o Mar Báltico e o Negro, mudam de direção para com-

[9] BARRACLOUGH, Geofrey. *Atlas of World History*. Times Books, Londres, 1993, p.114.

por as simetrias reflexivas que marcam a natureza desse império caminhante: "Através do reino kazar corre um rio que tem dois nomes porque, no mesmo leito, uma corrente vai do leste para oeste, e uma outra do oeste para o leste" (ODK, 131).

Pávitch é, nesse sentido, um plagiador da história. Originalidade e autoria residem em reconhecer e explorar a propriedade ficciosa e fabulatória do vero, expondo o que a narrativa histórica insiste em esconder: as contradições, as lacunas, os desditos, as lendas, a sobreposição de versões, a multiplicidade de fontes e a traição das traduções. Nesse contexto movediço, o caçador de sonhos é aquele que lê sempre desconfiando dos relatos e se perguntando: onde estão as outras vozes?

> Em outras questões, entretanto, o texto apresentava importantes lacunas. O kaghan kazar, que convidou três religiosos – um árabe, um judeu e um cristão – a virem à sua corte, pediu-lhes que interpretassem um dos seus sonhos. Mas as fontes islâmicas sobre a questão kazar, bem como a tradução árabe do *Dicionário Kazar* não mencionavam, ao que parece, os três participantes da polêmica com a mesma precisão. Saltava aos olhos que as fontes islâmicas não citavam os nomes dos dois outros caçadores de sonhos que participaram da polêmica, o cristão e o judeu, e os dados relativos a eles eram bem mais sucintos do que Ibn Kora, o delegado árabe que defendeu o islã.(...) Durante a leitura, Maçudi fez se uma pergunta: mas quem são os dois outros?" (ODK,149).

Na hiperficção, o leitor sai de um contexto em que era acostumado a ser conduzido pelo narrador, onisciente ou não, para outro ambiente que o leva a decidir. Em vez da autoridade de quem narra determinando o rumo, encontra apenas vagas e *(des)orientantes* sinalizações.

> Os vestígios materiais da cultura kazar são muito incompletos. Não foi descoberta nenhuma inscrição, pública ou

privada, não foi encontrado nenhum traço dos livros kazares dos quais fala Halevi, nem da língua dos kazares, embora Cirilo tenha anotado que rezavam em sua própria língua. A única construção descoberta em Suvar, no antigo território dos kazares, ao que parece não é kazar, mas búlgara. As pesquisas efetuadas em Sarkel não deram resultado, não foi nem mesmo encontrado qualquer sinal da fortaleza que Bizâncio, como sabemos, construíra no território a pedido dos kazares (ODK, 12).

Onde estão os outros?

À diferença dos romances em que o autor se evidencia para garantir a credibilidade da história, o narrador multiplica-se, desdobra-se, convoca outros narradores, fantasmas, reais ou fictícios, trazendo novas dúvidas, mais palpites, mais história. Alternando-se, contestam-se, confundem-se, vão e retornam. Temos uma multiplicação de espaços gerando movimentação alucinada de personagens, sempre reencarnando ou renascendo de outros, atravessando séculos e fronteiras de países e continentes, como se percorressem uma topografia interplanetária e atravessassem o tempo da eternidade.

Em vez da certeza exigida pelo discurso histórico, que confina em lugares e épocas determinados, a imprecisão do entremeio autoriza alegorias amplas, não-circunscritas a limites geográficos fixos. Referências topológicas indicam entrelugares, fronteiras de espaço e tempo indefinidas, vagas como a da Kazária, que existiu entre o século VI e o século X, em algum território entre o Mar Negro e o Mar Cáspio, entre o Império Bizantino e o Otomano. Onde tudo se integra a uma rede de simulacros, até o tempo é uma mistificação e pode mudar conforme o calendário, que pode ser árabe, judeu, ortodoxo, juliano ou gregoriano; ser guiado pelo sol, pela lua ou pelas estrelas.

É nesse mar kazar de incertezas e indeterminações que o "autor atual" enceta sua noite com mil e uma histórias. A carência de provas e testemunhas, em vez de decretar o "fim da história", viabiliza a narrativa, liberta a imaginação e fecunda o mundo. Parodiando o esforço dos pesquisadores em documentar a questão kazar, o autor introduz a obra explorando as contradições dos dados oficiais, numa tentativa conscientemente patética de fornecer datações, localizações e detalhes precisos sobre a Polêmica Kazar.

> Os documentos relativos ao evento são pobres e contraditórios, de maneira que não se conhece nem mesmo a época do seu desenrolar, confundindo-se o período de judaização com o da visita dos três intérpretes de sonhos à capital kazar (ODK, 235).

Enquanto as tentativas historicizantes e diacrônicas são frustradas, o fantástico e o Surrealismo sacodem o leitor da esquizofrenia das origens e o lançam no entremeio fictício comum à História e à Literatura, onde todos os discursos têm o mesmo valor. Limites são distendidos, fronteiras apagadas pelas sombras que ultrapassam as linhas. "No mês de junho, as sombras das montanhas kazares avançam até doze dias de caminhada, pela Sarmácia e, em dezembro, essa sombra se estende até um mês de marcha para o Norte" (ODK, 70).

Joyceanamente, Pávitch lança a busca da verdade no mito, e a escritura sagrada, sempre cópia, farsa, adulteração, duplicação, a exemplo do livro dos kazares, também se faz mito, não no sentido de que passa a ser uma inverdade, mas no sentido de que se revela enquanto narrativa. Da verdade que se bifurca no cruzamento de tantos sendeiros, que se perde na impossibilidade de reconstituir as origens, só resta a procura. Todo o texto é subproduto de outras narrativas, tudo vem do narrar: poemas, relatos bíblicos, lendas, parábolas, fatos. A ilusão de chegar à verdade percorrendo todas as versões da história naufraga na impossibilidade de se tocar o "fato". Sem sair do buraco negro do passado, continuamos dando voltas em torno da Polêmica Kazar, num eterno retorno ao ponto de partida, sem nunca esgotar o narrar e suas versões.

Nesse planeta Tlön, em que até o livro que lemos faz parte do reino das duplicações, não se sabe sequer se os relatos históricos das diversas fontes tratam de um único povo kazar. "Em todo caso, quando as fontes muçulmanas mencionam os kazares, não fica claro se se trata de um mesmo povo. Parece certo que houve um duplo, assim como o kaghan tinha ao seu lado um co-soberano" (ODK, 130). Como então chegar à verdade das origens se não se sabe em que povo procurar os kazares?

Mesmo a hipertextualidade e o aspecto lúdico da ficção são matérias sugestivas dos textos acadêmicos. Com um olhar *en retard*, a experiência pós-moderna no campo da hiperficção vai-se munir da narrativa multilinear e brincalhona da crônica medieval. As cartas estão na mesa: um rei pagão convoca três sacerdotes de religiões diferentes para interpretar as palavras que um anjo lhe diz em sonhos reincidentes. Escolhe entre essas três interpretações (caminhos narrativos) a religião que abraçará, sem que ninguém até hoje possa afirmar com certeza qual foi sua escolha. Pode haver narrativa mais lúdica e multilinear? "Trágica é a narrativa retilínea, feita de princípio, meio e fim", diz Donaldo Schüller, falando do diálogo que Joyce entabula em *Ulisses* e *Finnegans Wake* com o filósofo historiador italiano Giambattista Vico, autor de *Scienza nuova*. "Cômica é a narrativa circular, viconiana. Girando sobre si mesma, a vida é festa que não acaba".[10]

Ao lançar um discurso interpelativo do passado, Pávitch abre possibilidades de experimentar pelos caminhos bifurcados da escrita o que teria acontecido se o rei kaghan tivesse sido convencido pelos delegados cristãos, judeus ou árabes a optar por uma dessas religiões. A ver-

[10] SCHÜLER, Donaldo. O homem a caminho está. In: *D. O. Leitura*, Imprensa Oficial do Estado, São Paulo, set. 1999, p.34, n.5.

são consagrada pelas enciclopédias e livros históricos sobre a conversão do povo kazar para o judaísmo fica ao mesmo tempo suspensa e sob suspeita. O tempo condicional interpola a história e presentifica o passado. Desdobrado em pelo menos três possibilidades de desfecho, o fato datado se reproduz a partir do que não está dito nos livros – dos silêncios nascem e se multiplicam novas trilhas narrativas.

A fábula kazar perturba o tempo consumado do ontem histórico, revelando o passado como um momento prenhe de presentes e de futuros. Na forma hipertextual e multilinear, a história nunca se consuma no pretérito perfeito ou mesmo imperfeito. Enquanto há alternativas de desdobramento, o tempo é mais-que-perfeito:

> Pediu-lhe, primeiramente, que interpretasse o sonho que tivera durante uma das noites precedentes. Nesse sonho, um anjo viera, trazendo uma mensagem segundo a qual o Criador aprova suas intenções, mas não seus atos (ODK, 180).

Uma novela, escreve Deleuze,[11] projeta o tempo narrativo para o passado através de um mecanismo de discurso que se move em torno da pergunta: o que aconteceu? Já o conto remete para o futuro, ao acionar na narrativa a questão: o que acontecerá? Como estrutura híbrida da novela e do conto, o romance entrecruza as linhas do passado, presente e futuro, operando as duas operações discursivas. *O Dicionário Kazar* acrescenta um terceiro mecanismo, que coloca em ação modos de tempo hipotéticos e condicionais: o pretérito é do futuro, e a pergunta que aí se faz é: o que aconteceria se?

> Sabe-se que a princesa Ateh jamais conseguiu morrer. Existe, entretanto, uma inscrição entalhada em uma faca adornada com pequenos furos que fala de sua morte. Esta lenda, que é a única e pouco confiável, é-nos transmitida por Daubmannus, não como uma história da verdadeira morte

[11] DELEUZE, Gilles e GUATTARI, Felix. 1874- Três Novelas ou O que se passou. *Mil platôs:* capitalismo e esquizofrenia, trad. Aurélio Guerra Neto, Ana Lúcia de Oliveira, Lúcia Cláudia Leão e Suely Rolnik. Rio de Janeiro, Ed. 34, 1996. v.3.

> da princesa, mas de como esta morte poderia ter acontecido, se ela tivesse sido capaz de morrer (ODK, 29).

Esse tempo condicional e interpelativo do passado já fora proposto pelos filósofos da Nova História (Foucault, Paul Veyne, Jacques Rancière, Jacques Le Goff) reunidos em torno da Escola de Analles. Em *História do cerco de Lisboa,* romance da mesma época, Saramago consagra a interpolação do passado como estratégia literária e política. Busca a um só tempo mostrar o quão tênues são os limites entre história e ficção e afirmar o papel dos vencidos. O gesto deliberado de rasura do fato histórico pelo revisor/leitor Raimundo seculariza o vero e dá visibilidade às histórias de vida, instituindo um não no lugar do sim.

De retórica em retórica, de um gênero a outro, Saramago faz perceber o caráter ficcional do discurso histórico e o valor histórico da ficção. Com a revisão e rasura dos fatos, a narrativa oficial é profanada para que surja uma nova história, voltada aos relatos pessoais, aos acontecimentos tidos como secundários e personagens relegados ao anonimato, enfim, uma história das mentalidades, como queriam os filósofos da Escola dos Annalles. A relíquia do passado é secularizada e entram em cena sujeitos vulgares, desprezados pelos cronistas oficiais em suas versões dos vencedores.

Mais além do jogo entre vencedores e vencidos, a narrativa multilinear amplia o leque de opções de uma forma que permite vir à cena a complexidade de posições dos sujeitos da história. Não se trata mais de confrontar duas histórias contraditórias, mas de entrecruzar "n" pontos de vista. A partir das três versões básicas para a Polêmica Kazar, o romance oferece não só a oposição entre o relato oficial e o não-oficial, mas uma multiplicidade de percursos.

Ao longo dos séculos, o episódio *onírico-histórico* da Polêmica Kazar vem gerando um acúmulo de narrativas em que já não é mais possível separar a lenda e o vero. A circularidade do discurso histórico foi aproveitada na estrutura multilinear do romance de um modo que cada livro, ou mesmo cada verbete, em vez de dar seqüência, repete e contradiz o anterior. O relato hipertextual volta sempre para o meio e progride recuando, pois tudo que anda em linha reta caminha para o fim. Em um texto rizoma, dizem Deleuze e Guattari, "il n'a pas de commencement ni de fin, mais toujours un milieu, par lequel il pousse et déborde".[12] Na hiperficção de Pávitch, as narrativas históricas não começam nem terminam; elas são apenas interrompidas para serem retomadas séculos ou milênios depois, em círculo contínuo.

Diferentes traduções para as mesmas falas ou para os nomes dos mesmos livros ironizam a precariedade dos documentos e fontes históricas. Fontes que, partindo de um "buraco negro", reapresentam relatos e mensagens oníricas de segunda, terceira e quarta mão em torno de runas desaparecidas (a língua kazar). Como bom fabulador, o poeta e líder religioso judaico Yehuda Halevi, autor do cultuado poema "Ode ao Sião", que o personagem Bránkovitch escuta nos sonhos (ODK, 34), vale-se da mensagem do anjo ao kaghan[13] para elaborar seu *Liber Cosri* (século XI, também referenciado pela *Enciclopédia Britânica*). No célebre ensaio filosófico-religioso, Halevi utiliza o sonho para discutir a diferença essencial entre o Deus aristotélico e o Deus religioso e trazer reflexões sobre os fundamentos do judaísmo, a terra de Israel, a língua hebraica, astrologia, livre-arbítrio, vida após a morte. Essa que é uma das obras mais reverenciadas da filosofia judaica foi escrita em árabe pelo poeta judeu (sob o nome de *Kitab Al Khazari*) e, como mostra o romance, já vem "desnaturada" da tradução para o hebreu e do hebreu para o latim.

E Halevi, que teria morrido acidentalmente atropelado por um árabe montado a cavalo ao chegar pela primeira vez à sua sonhada Jerusalém (lenda, vero?), figura entre os verbetes, ao lado dos seres criados pela fantasia,

[12] DELEUZE, Gilles; GATTARI, Felix. *Mille plateaux:* capitalisme et schizophrénie. Minuit, Paris, p.31.

[13] É interessante perceber que, na tradução da mensagem do anjo, os dizeres mudam sutilmente conforme a fonte, que pode ser grega, árabe ou hebraica: "Se o Criador aprova tuas intenções, reprova teus atos" (74, Livro Vermelho); "O Criador aprova tuas intenções, mas reprova teus atos" (129, Livro Verde) e "O Senhor ama tuas intenções, mas não ama teus atos" (221, Livro Amarelo). Há ainda uma versão para a mensagem no verbete de cada pesquisador: "Tua intenção é boa e aceitável para o Criador, mas não teus atos!"(156), traduzida por um rabino a pedido de Maçudi, o pesquisador árabe. E ainda no verbete de Sangari, o delegado judeu evidencia assim a relação entre atos e obras, intenção e criação: "O Criador acha que tuas intenções são boas, mas não tuas obras" (242).

tão verdadeiros e impostores quanto os que foram criados pelos historiadores. Sobrepondo citações de livro, informações enciclopédicas e dados biográficos *incomprováveis*, Pávitch lança os personagens nessa zona de indefinição entre ficção, mito e história. Mas não faltam excessos dos sonhos para perturbar essa falsa seriedade acadêmica: "Desde os seus treze anos, Halevi sabia que o passado está na popa, o futuro na proa, que o barco é mais rápido que o rio, o coração mais rápido que o barco, mas que eles não vão na mesma direção" (ODK, 217).

Enciclopédias também confirmam a fama de espiritualidade, organização social e política atribuída aos kazares. Vizinhos dos "ferozes bárbaros" das estepes e do fanatismo religioso dos "povos civilizados", eles são rodeados principalmente de uma aura de tolerância étnica e religiosa. Bons antecedentes que não os impedem, contudo, de honrar a verve beligerante dos turco-hunos e terem propagandeadas suas bravatas épicas nas guerras contra árabes e russos. Embora identifique-os por sua pluralidade, em oposição à intolerância dos impérios vizinhos, o romance não perde de vista o lado selvagem dessa tribo boa de briga, alegoria de uma sociedade que desfaz os limites entre barbárie e civilização.

Em busca dessa civilização cercada de luz na "Idade das Trevas", as principais etnias e religiões modernas reivindicam suas relações com os habitantes do Cáucaso. Episódios narrados por cronistas árabes, judeus e cristãos respaldam o mito da tolerância kazar, exaltando o seu espírito humanitário na acolhida de imigrantes de crenças e raças diversas, perseguidos ou expulsos de outros reinos. Isso diz respeito aos cristãos e muçulmanos, mas particularmente aos judeus, que viviam, como os kazares, emparedados pelo islamismo ao sul; pelo cristianismo ortodoxo ao leste e ao norte e pelos mongóis a oeste. "Jews were able to flourish in Khazaria because of the tolerance of the Khazar rulers, who invited Byzantine and Persian Jewish refugees to settle in their country".[14]

[14] BROOK, Kevin Alan. *An Introduction to the History of Khazaria*. 1996. Latest revision: March 1999.<http://www.khazaria.com/khazar-history.html>.

No romance, assim como nos livros históricos, o desaparecimento dos kazares mostra-se ligado ao episódio da conversão. Utopia babélica, reino da androginia e das diferenças, a Kazária é destruída quando o desejo de dominação de outros impérios massacra sua pluralidade. O Éden das diferenças desmorona assim que o rei kazar capitula as pressões e abraça uma das três facções religiosas. "Algumas fontes afirmam que, no dia em que o kagan tomou essa resolução, seus cabelos morreram em sua cabeça e ele sabia disto, mas alguma coisa impelia-o a continuar" (ODK, 13).

Obrigado a tomar partido de uma das religiões, o Império Kazar é finalmente exterminado. Sem a dessemelhança primordial que caracterizava seu povo, o reino, anteriormente próspero, torna-se alvo fácil para assaltos dos dominadores turcos, russos, húngaros, austríacos... A figura mítica da árvore das religões, desenhada pelo poeta Yehuda Halevi, onde se ramificam o judaísmo, o cristianismo e o islamismo, reduz-se a um único ramo. Perdida a diversidade para a identidade única, os cabelos caem – esvaem-se os anos de vida. O poder hegemônico implanta onde só havia vida, a semente da fratura e da morte, restando apenas a lenda de um tempo perdido: "As testemunhas contam que as sombras das casas da capital kazar subsistiram ainda por muito tempo depois que as construções foram destruídas" (ODK, 12).

Após a queda do seu reino, os habitantes das margens do Danúbio espalharam-se como uma colônia de formigas pela Europa e pela Ásia, misturando-se aos povos da Europa Oriental e Ocidental e entrecruzando-se com outras raízes, a ponto de se tornarem irreconhecíveis como identidade étnica. É na largada da disputa étnico-religiosa pela identidade kazar que se estrutura a narrativa, como se cada livro representasse o percurso de uma corrida interminável em busca da verdade sobre as origens de judeus, cristãos e muçulmanos e, por alegoria, de toda a humanidade.

Entusiasmada com os achados arqueológicos que encorajam as teses sobre a relação entre os lendários guerreiros e os seguidores da estrela de David, a comunidade judaica mostra-se disposta a herdar oficialmente essa descendência. A despeito do exercício especulativo do romance, que deixa a opção do kaghan em aberto para os leitores, a conversão dos kazares ao judaísmo como resultado do Colóquio Religioso (que o autor denominou Polêmica Kazar) é aceita hoje pela maior parte dos pesquisadores.

Muita obscuridade, contudo, ainda envolve a questão, porque a estrutura hipertextual do romance, com seu emaranhado de linhas, é também a forma dos discursos históricos. Há, por detrás dos relatos, uma grande controvérsia que o romance explora ao manter indefinida a escolha do kaghan: apenas ele, o rei e a nobreza kazar ou todos, incluindo a plebe, aceitaram os preceitos do Talmude e da Tora?

Independentemente da fonte, nenhum pesquisador nega que a adoção do judaísmo como religião oficial tenha impedido outras conversões. A *Enciclopédia Britânica* e escritores historiadores de orientação judaica, como Arthur Koestler (*The thirteen tribe*) e Alain Kevin Brook (*The Jews of Khazaria*), reconhecem que uma parte da população do Império adotou o cristianismo e o islamismo e outra ainda preservou suas supostas fés pagãs politeístas e xamanistas – às quais Pávitch refere-se apenas como a desconhecida religião kazar, preservando a alegoria de uma religião primígena e, assim, plural.

> In the nineth century, the Khazarian royalty and nobility as well as a significant portion of the Khazaria Turkic population embraced the Jewish religion. After their conversion, the Khazars were ruled by a succession of Jewish kings and began to adopt the hallmarks of Jewish civilization, including the Torah and Talmud, the Hebrew script, and the observance of Jewish holidays. A portion of the empire's population adopted Christianity and Islam.[15]

[15] BROOK, Kevin Alan. *The Jews of Khazaria*. Latest revision: March 1999.<http://www.khazaria.com/ brook.html>.

Desenho de supostas guerras russo-kazares
Fonte: Khazaria Image Galery. <http://www.khazaria.com/images>.

> The circumstances of the conversion remain obscure, the depth of their adoption of Judaism difficult to access; but the fact itself is indisputed and unparalleled in central Eurasian history. (...) Whatever the case may be, religious tolerance was practiced in the Khazar empire, and paganism continued to flourish among the population.[16]

Quanto mais se atualizam as pesquisas e descobertas arqueológicas, mais aumentam os desacordos em torno de alguns dados básicos como o ano em que os kazares se converteram ou o nome do kaghan que comandou a conversão. Halevy, considerado uma das fontes primárias mais com-

[16] Khazar. In: *Enciclopédia Britânica*. <http://www.brittanica.com>.

pletas e importantes, por exemplo, estima a data de 749 para a conversão, mas seu *Liber Cosri*, escrito por volta de 1.100, está afastado em alguns séculos do acontecimento. Abd-al-Jabbar al-Hamdani e outros escritores do Oriente Médio, como o cronista árabe Al-Masudi, em quem Pávitch parece ter-se inspirado para criar o personagem Maçudi, sustentam que o episódio ocorreu de 786 a 809, durante o reino dos abássidas (dinastia dos 37 califas árabes).

Baseadas nessas dissonâncias, outras fontes árabes e bizantinas sustentam que a conversão para o judaísmo não foi sincera, pois até o final do século VIII o reino kazar ainda mantinha boas relações com o império bizantino-cristão, com quem teria construído, em sistema de parceria, a Fortaleza de Sarkel. Os caminhos da verdade são labirínticos como os do próprio livro: outros pesquisadores contemporâneos, a exemplo de Constantine Zuckerman, do Collège de France (Paris), Jonathan Shepard e Kevin Brook defendem que a conversão ocorreu no século IX. Argumentam que ao chegarem à Kazária em 860 os missionários cristãos Cirilo e Metódio encontraram um povo ainda sem religião dominante. A deterioração das relações kazar-Bizâncio e a conseqüente queda do seu império estariam, segundo eles, diretamente associadas à conversão ao judaísmo.

Uma tese ainda mais polêmica e impactante resulta dessa aproximação entre kazares e judeus. Sustenta que a grande maioria dos ashckenazen estabelecidos na Europa Oriental (Rússia, Lituânia, Hungria, Ucrânia) e também na Europa Central (Polônia), e que depois migrou para as Américas, é descendente desse povo turco convertido. Brooks, Koestler e outros pesquisadores argumentam que os kazares se misturaram aos eslavos e judeus do Oriente Médio e, mais tarde, aos ashkenazen falantes de iídiche da Europa Ocidental. Brooks sustenta, inclusive, que os judeus do primeiro Império Russo são descendentes de uma mistura de judeus kazares, alemães, gregos e eslavos.

Considerada blasfema para certas correntes do judaísmo, essa tese provoca dolorosas divergências internas que dariam às matizes dos Livros Vermelho, Verde e Amarelo novas nuanças e caminhos narrativos, caso Pávitch levasse a uma conseqüência ainda mais hipertextual as diferentes versões intra-religiões (e não só inter-religiões) que ele mesmo levanta. Se entusiasma os judeus reconstrucionistas, a hipótese da descendência turca ofende profundamente os tradicionalistas. Afinal, como sustentar a fé na palavra de Abrãao sobre a Terra Prometida e o "povo escolhido por Deus", se o que conhecemos hoje por judeus descende de um povo convertido, sem uma única gota do sangue hebreu nas veias?

> (...) that the Jews of today are not real Jews, but are in fact the bastardized offspring of a people known as the "Khazars". (...) To believe the racial histories that permeate the fringes of Reconstructionism is sheer madness, but it is the kind of madness that characterizes Reconstructionists – and it's catching![17]

Para defender a origem hebraica, os tradicionalistas procuram minimizar o alcance da conversão dos kazares ao judaísmo. Abraçando a fé judaica, o Império Kazar evitaria ser engolido pelos poderios vizinhos, tornando-se dependente da Bagdá muçulmana ou do Império Bizantino cristão. A grande massa deles teria continuado por um ou dois séculos com suas velhas práticas religiosas até ser finalmente dominada e convertida para o islã pelo califado de Bagdá, que os pressionava do lado sul, ou para o cristianismo ortodoxo dos russos, que pressionava do lado norte.

Nos verbetes kazares, Pávitch chega a imaginar o funcionamento das leis e dos tributos no reino já atingido em sua soberania, obrigando a maioria kazar, sem religião definida, a curvar-se às minorias institucionalizadas, para as quais o rei, cedendo aos interesses de grupos políticos e religiosos, outorgava vantagens. Sobre os costumes reli-

[17] SHEARER, S.R. Religion in politics. *Antipas Ministries*. v.1, n.3, Riptide Books, Sacramento, October 1, 1998. <http://www.endtimesnetwork.com/oldnews/vol1no3.html>.

giosos dos kazares nesse período, um relatório possivelmente utilizado pelo rabino Isaac Sangari durante a Polêmica Kazar anota:

> O kaghan kazar não permite que a religião interfira nos negócios militares ou do Estado. (...) Mas quando muitos comem juntos na mesma gamela, sempre há os que ficam saciados, enquanto outros ficam famintos. Enquanto a nossa religião judaica, como a grega ou a árabe têm, todas as três, raízes em outros países, o que vale a seus adeptos uma grande proteção do estrangeiro, a religião kazar é a única que não tem apoio fora das fronteiras. De maneira que, diante do mesmo desafio, sofre mais, o que quer dizer que as três outras florescem às suas custas (ODK, 226).

Não-lugares, não-identidades

A Kazária, às vésperas da conversão, tem o poder de alegorizar um reino que privilegia as minorias hegemônicas, facilmente associável à ex-Iugoslávia sob o comando de Tito, com sua habilidade em distribuir privilégios para conter e abafar as divergências entre grupos étnicos e religiosos. Nesses tempos de balcanização dos reinos, desterritorialização dos povos, dissolução de fronteiras e desconstrução dos conceitos rígidos de nação, etnia e identidade, a Kazária é alusiva a qualquer povo não-identificado a culturas dominantes, minorias ou maiorias tratadas como minorias.

> A organização do Estado kazar é muito complexa, e seus súditos são divididos em dois grupos: os que nasceram sob o vento (os kazares propriamente ditos) e os que nasceram sobre o vento, ou seja, os kazares que emigraram para a Kazária a partir de outros países, como os gregos, os judeus, os sarracenos ou os russos. Os kazares são os mais numerosos do império; os outros formam minorias. Entretanto, a divisão administrativa do império é feita para que isto não apareça. O Estado é dividido em províncias.

> Aquelas onde vivem também judeus, gregos ou árabes, têm nomes judeus, gregos ou árabes. Enquanto isso, na maioria do Estado, onde vivem kazares, todas as províncias têm nomes diferentes (ODK, 133).

Ao povo kazar, de origens obscuras, remanescente das tribos nômades e pagãs que se perderam na era das grandes religiões, desprotegido sob uma não-identidade, resta o nome de "não gregos", "habitantes não islamizados", "população não judia" ou "futuros judeus":

> Evita-se designar os kazares por seu nome, em seu próprio Estado. Usa-se sempre uma outra palavra, para evitar a palavra "kazar". Nas regiões situadas perto da Criméia, onde vivem igualmente gregos, os kazares são chamados "não gregos", ou "gregos não convertidos ao cristianismo"; ao sul, onde há judeus, são chamados de "população não judia"; a leste do Estado kazar, região em parte habitada pelos árabes, os kazares são chamados "habitantes não islamizados". E aqueles que já se converteram a uma crença estrangeira (judia, grega ou árabe) não são mais chamados kazares, mas simplesmente judeus, gregos ou árabes, enquanto os raros súditos convertidos à religião kazar não são considerados kazares, mas permanecem o que eram antes: gregos, judeus ou árabes. Recentemente um grego, em vez de dizer a um homem que ele era kazar, exprimiu-se da seguinte maneira: "No kaghanato, chamam-se 'futuros judeus' os que não são da religião grega e falam a língua kazar" (ODK, 224).

A despeito das tentativas de apropriação de sua identidade pelas religiões institucionalizadas, o emblema do povo kazar continua instaurando não-lugares, marcando indefinição e pluralidade. Clivada em três versões, a princesa Ateh intervém pelos três credos na Polêmica Kazar sem pertencer a nenhum, como se fosse anterior a toda diáspora humana.

No século XX, pós e entre diásporas, holocaustos e etnocídios, os personagens formam-se de intersecções identitárias, como o Dr. Isailo Suk, que "tossia com o sentimento de que um bolo de raízes havia se incrustado profundamente em seu rosto e seu pescoço" (ODK, 99). Suk está arrolado entre as fontes cristãs do Dicionário, mas estuda árabe, inglês, sérvio e polonês, interessa-se por vários credos sem adotar nenhum e fala do lugar dessa não-identidade kazar, tão desconfortável quanto a identidade sérvia do escritor:[18]

> – Aí está exatamente a questão. Só se pode ser um grande cientista ou um grande violinista (sabe que todos os grandes violinistas, com exceção de Paganini, sempre foram judeus?) quando se é apoiado por uma das grandes internacionais do nosso mundo. Internacional judaica, islâmica ou católica. Você pertence a uma delas. Eu não pertenço a nenhuma. Não estou, portanto, em lugar nenhum (ODK, 255).

Estando à margem das identidades árabe, cristã e judia, a insígnia kazar não confere cidadania e pode ser mesmo incômodo carregá-la em Israel, conforme indica esse depoimento sobre o romance encontrado na Internet:

> I was speaking about the book to my friend Martin, who has a deep interest in genealogy and comes from a Jewish family that emigrated from Eastern Europe to Argentina. He told me that there is speculation that Eastern European Jews are decendants of the Khazars, but also that suggesting someone is potentially a decendant of the Khazars is politically loaded, because some in Israel argue that Khazar decendants - not being a part of the ten tribes – are not entitled to citizenship in Israel. [19]

Simultaneamente, enquanto a leitura segue caminhos enviesados e entrecortados, a história dos kazares sofre um profundo revés com os episódios de conversão – um fenômeno histórico e social que facilmente transporta à realidade iugoslava e sua potência-*iceberg* de desaparecer e reaparecer no mapa mundial, sempre constituindo novas cartogra-

[18] Nessa aproximação entre a ficção e a biografia do autor, tenho em mente uma passagem autobiográfica, em que Pávitch faz um desabafo contra o estigma da nação sérvia transferido para a literatura, referindo-se, talvez, ao dúbio reconhecimento estrangeiro a sua obra, muito lida e admirada, mas nem sempre lembrada nos compêndios internacionais sobre literatura: "The greatest disappointments in my life have come from my victories. Victory does not pay. I have not killed anyone. But they have killed me. Long before my death. It would have been better for my books had their author been a Turk or a German. I was the best known writer of the most hated nation in the world – the Serbian nation". <htttp://khazars.com.\authobiographic.htm>.

[19] MONTORF Nick. Notes on reading Dictionary of the Khazars by Milorad Pavic; Notes by for interactive and non-linear narrative. <http://web.mit.edu/afs/a...k_SP97/nick/khazars.html>.

fias. Curiosamente, os que mais brigam por casa, religião e etnia, são povos desterritorializados e adulterados por sucessivas conversões. Identidades híbridas, resultantes de conluios cruzados entre etnias, religiões e idiomas (sérvios-cristãos, sérvios-muçulmanos, muçulmanos bósnios, croatas católicos e croatas ortodoxos etc.) produzem-se a partir de múltiplas conversões, oportunistas ou convictas, mas sempre determinadas pela pressão dos impérios estrangeiros que se revezaram no domínio da região.

A súmula da composição das nações da ex-Iugoslávia guarda uma estranha similaridade com a Kazária. De um lado, um mosaico artificial de nações, de outro, um reino que é como uma história em estereoscópio; só visualizável enquanto colcha de narrativas que se reconfiguram em diferentes arranjos.

> Efetivamente, os cronistas árabes Ibn Rustá e Ibn Fadlan falam de numerosos templos muçulmanos no império kazar. Falam também do "reino duplo", o que poderia significar que o islamismo havia sido aceito no Estado kazar em paridade com uma outra religião, sendo que o kaghan praticava o islamismo e o rei kazar o judaísmo. Segundo o testemunho de Al Bekri, os kazares ter-se-iam convertido, a seguir, ao cristianismo. E, finalmente, no término da polêmica, em 763, na época do kaghan Savriel-Obadia, teriam optado pelo judaísmo, pois o enviado do islã não participou da polêmica, por ter sido envenenado durante sua viagem (ODK, 120).

Entre tantas notícias sobre conversões, seria ingênuo tentar definir a verdadeira, como faz Al Bekri. Questionando a "autenticidade" das conversões posteriores, o cronista árabe defende "que a primeira, pela qual os kazares adotaram o islã, era a mais importante e a única decisiva" (ODK,120).

Episódios de conversão marcam a história dos povos do Leste Europeu. Na Segunda Guerra Mundial, acossados pelos *oustachis* (nacionalistas-fascistas), os sérvios que vivem na Croácia não têm saída: ou tornam-se croatas, convertem-se ao catolicismo ou desaparecem. A numerologia do Estado *oustachi* para os sérvios instalados nos territórios anexados à Croácia era a seguinte: "Um terço de convertidos. Um terço de exilados. Um terço de assassinados".[20] E se hoje a disputa religiosa concentra-se entre muçulmanos, católicos romanos e cristãos ortodoxos é porque 60 mil judeus foram dizimados nos campos de concentração nazistas e 8 mil sobreviventes, de um total estimado de 76 mil que habitavam o país, fugiram para Israel.[21]

A cantada unidade identitária da Eslovênia e da Croácia é forjada em cima dessas alianças entre povos eslavos e seus dominadores austríacos, húngaros, italianos e germânicos (Habsburgos e nazistas). Em Kosovo, o "coração histórico" da Sérvia, palco das recentes guerras interétnicas, cerca de 90% da população são compostas de albaneses islamizados que repovoaram a região depois de os sérvios serem expulsos pelas incursões austríacas e turcas, nos séculos XVII e XVIII.

Os sérvios são esse "povo kazar" de pele branca que têm sua "terra sagrada" habitada por outros povos. Gentes que matizam um arco-íris no primeiro pingo de chuva refratado pela luz do sol. Enquanto os albaneses se refugiavam em Kosovo, parte deles fugia para a Croácia e se convertia ao catolicismo. Na Bósnia-Herzegovina, a grande maioria da população é constituída por sérvios também islamizados na época das conquistas do Império Otomano.

> O invasor turco não podia administrar todos os territórios que caíam nas suas mãos. Outorgava sua confiança aos funcionários e aos vassalos que davam mostras de lealdade ao adotar a religião do vencedor. Muita gente na Bósnia, que estava flertando com as Igrejas católica e ortodoxa, não teve escrúpulos para se converter à religião do vence-

[20] FERON, Bernard. *Iugoslávia:* a guerra do final do milênio: das origens do conflito aos bombardeios da OTAN, trad. Moacyr Gomes Júnior. L&PM/Le Monde, Porto Alegre, 1999. p.67.

[21] *Idem, ibidem.*

dor, já que essa conversão trazia com ela alguns privilégios.[22]

Como se os Balcãs precisassem de um *ricorso* para redescobrir sua pluralidade primordial, a ênfase sobre a conversão dos kazares lembra que as identidades nacionais são forjadas, adulteradas. Entender-se como povos, aculturados, catequizados, europeizados, miscigenados, canonizados, enfim, convertidos, requer abrir mão da propriedade dos mitos, das narrativas e das culturas. Grande parte dos chamados povos pagãos, bárbaros ou nômades da Idade Média foi convertida ao catolicismo ou ao cristianismo ortodoxo. Em todo o mundo, velho ou novo, índios, africanos, mongóis e judeus em algum momento tiveram que se converter para evitar o extermínio.

Um dos episódios mais folclóricos na história da constituição das sociedades modernas é o dos *vikings*, na Hungria. Ainda hoje, uma coroa cravejada de diamantes doada pelo papa Silvestre como prêmio por sua nação ter abraçado o cristianismo é o símbolo da conversão desses guerreiros bárbaros e politeístas que, depois de fortes pressões, suspenderam o temível hábito de atacar e saquear os reinos cristãos. Ao receber o Reino da Hungria de seus pais magiares e tártaro-mongóis, o pagão Vajk tornou-se o cristão Estevão, seu nome de batismo.

A conversão muda os nomes dos indivíduos e confunde os rastros dos povos-formigas na história. O fenômeno prossegue na Idade Contemporânea, em que continua criando não-lugares identitários. Muitas vezes adotada como medida de sobrevivência, a conversão está, paradoxalmente, ligada ao extermínio dos povos. Judeus se converteram ao cristianismo durante os *progroms,* na Segunda Guerra Mundial, mas nem assim escaparam ao Holocausto.

No romance, os episódios de judaização, cristianização e islamização que abalam a existência do Império Kazar prosseguem no século XX. Para fugir à per-

22 FERON, Bernard, ob. cit., p.47.

seguição nazista na Polônia, Achkenaz Cholem, o pai/tio da acadêmica Dorotéia Schultz, converte-se ao catolicismo, torna-se um "falso cristão" e nessa condição obtém "falsos papéis" para se casar com a irmã, tornando-se o "falso tio" da pesquisadora.

Escondendo sua (não)identidade kazar sob sua identidade judia, a arrumadeira de quarto Virgínia Ateh será acusada de "falso testemunho", enquanto Isailo Suk será a "falsa vítima" de Dorotéia, único álibi para "provar que não cometeu o que se preparou para fazer" e evitar a pena de morte. Assumindo o assassinato de Suk, Dorotéia livra-se da acusação pior: uma judia mata um árabe por vingança em território turco. Simulando os caminhos falseadores e encobridores da verdade, o "falso" julgamento, realizado por um "falso" júri, porque condicionado pela etnia árabe dos componentes, dá, enfim, o "falso" veredito: condena Dorotéia pelo assassinato de Suk e inocenta a família de demônios Vam der Spaak.

Nessa rede de contrafações, acionada pela potencialização do falso, onde está a verdade? À medida que os personagens perdem suas origens nos entroncamentos étnicos e a verdade perde-se em caminhos narrativos e inflexões múltiplas, perdemos, como que por sinestesia, a ponta do novelo da narrativa, que parece se desenrolar aqui para novamente enrolar-se ali. Como a história da humanidade, um hipertexto é sobretudo um texto sem origem.

A conversão quebra a árvore genealógica dos povos e destrói a linearidade da história, entrecruzando raças, nacionalidades e religiões. Disperso em meio a outras etnias, o povo kazar é um elo perdido entre a Idade Média e a Idade Contemporânea: "Sua origem permanece desconhecida, do mesmo modo como desapareceram todos os traços que nos pudessem indicar sob qual nome e em qual povo é preciso procurar hoje em dia os kazares" (ODK, 12).

Mas porque não se pode exterminar as formigas,[23] o povo kazar desaparece como nação e vai fazer novas cartografias, oculto na rede de outras identidades-máscaras, por sua vez já adulteradas e travestidas. Travestimento lembrado pelo episódio das "judiarias" de Dúbrovnik (Iugoslávia), farsas de carnaval em que atores comediantes cristãos fantasiados simulam o julgamento de um judeu, semelhante à malhação de Judas.

O membro do gueto que faz o papel do condenado passa a receber, em nome do "traidor", as devidas humilhações, cusparadas e pancadas. Depois de cumprir todo o ritual do calvário, no momento em que o judeu deve ser enforcado, o personagem carrasco descobre, debaixo da máscara do condenado, que se trata de fato de um judeu: Cohen, que havia subornado o ator cristão para se disfarçar no seu lugar e estar perto da amante. O farsante é descoberto porque em vez de ler o testamento de um judeu, como os espectadores esperavam, vira-se para sua amada secreta Efrosínia Lukárevitch e dirige-lhe um poema "ou sabe se lá Deus que outra coisa", travestindo em mascarada o que deveria ser uma "judiaria". As camadas de identidade compõem um guarda-roupa ou o conjunto de estações do ano, em que se pode acordar "antigas primaveras", como sugerem as "palavras de amor" que Cohen dedica à amada.

O outono é tua veste, o colar no teu pescoço,
O inverno é a cinta que cinge tuas ancas,
A primavera é o hábito que cobre teu corpo,
O verão te calça depois da primavera;
Mais passa o tempo, mais te cobres.
Cada vestimenta é um ano a mais,
Joga fora tuas vestimentas e todos os teus anos
Antes que minha chama se apague (ODK, 194).

[23] On n'en finit pas avec les fourmis, parce qu'elles forment un rhizome animal dont la plus grande partie peut être détruite sans qu'il cesse de se reconstituer. DELEUZE e GUATTARI, ob. cit., p.16.

Em outro episódio, Cohen está em uma mascarada judia, uma representação teatral cômica, desempenhando um papel feminino disfarçado de pastora com o vestido emprestado da amante. O enredo habitual previa que ele fizesse uma declaração de amor em tom de pilhéria ao personagem camponês, mas o judeu errante vira-se para o público e dirige-se à aristocrata-cristã Lukárevitch, oferecendo-lhe um espelho e a estranha homenagem:

> Em vão me envias este espelho da sorte,
> Pois nele, não vi o teu rosto
> No lugar do teu, encontrei o meu
> Que de verão em verão vai bem longe e retorna...
> Toma de volta teu presente, pois não mais tenho sonho,
> Desde que nele vejo meu rosto e não o teu (ODK, 190).

Pela sinceridade de sua interpretação e de suas palavras, Cohen é acusado de mascarar em lirismo o que deveria ser uma comédia "pastoral". Seu mau comportamento nos dois eventos leva-o a ser condenado e banido de Dúbrovnik, tanto pela comunidade judia quanto pela ortodoxa, por ter transgredido a lei, segundo a qual judeus e cristãos não podem se encontrar durante o carnaval.

O indivíduo kazar que não procura seu eu no espelho, mas o da outra, o eu da amada, remete ao próprio romance, como um espelho que fragmenta "eus" em "outros". No espelho da narrativa, está a camada que há por detrás de cada língua, de cada gênero e de cada identidade. Cohen se frustra ao encontrar seu próprio rosto refletido, pois como saberá, Efrosínia não é verdadeiramente cristã mas judia, como ele. E frustram-se também aqueles que procuram um estilo puro na rosa dos gêneros.

Trocando chapéus

Com sua aparição performática no último apêndice, a garçonete Virgínia Ateh localiza esse "estado de espírito" kazar entre povos itinerantes, que se constrói em cima de *bricolages* étnicas. Mesmo identificados como europeus, turcos, iugoslavos ou israelenses, situam-se em um "ponto cego" da cultura, espécie de planisfério astral onde as mais variadas experiências da raça humana estão girando. Às identidades fixas e indivíduos oficialmente catalogados contrapõem-se as massas anônimas, fazendo mito e história, como os anônimos kazares do romance. Nominados apenas pelo oximoro Ateh, que contém *alef* – em hebraico, a letra que está no princípio de tudo e engloba todas as outras –, os kazares reavivam, como *performance* coletiva, a perda das origens e a frustração das tentativas de definir, representar ou reificar o sujeito humano.

Evocada mais como metáfora do que como personagem caracterizada, a garçonete é provavelmente tanto uma descendente kazar quanto a reencarnação da princesa Ateh, conforme indicam suas similaridades. Heresia cabalística para a religião católica, que apregoa a "vida eterna" após a morte, a reencarnação obedece às leis de mutabilidade e de combinatória que regem a narrativa, onde todos os personagens "que se cruzam podem trocar os chapéus, seus nomes e destinos e continuar assim sua vida num novo papel" (ODK, 135).

Dotados de simetrias reflexivas, o "eu" e o "outro" trocam de pele, numa constante alternância de subjetividades. A migração de perfis do eu para o outro descortina um permanente e cíclico caracterizar-se como "kazar", descaracterizando-se como indivíduo, intersubjetividade rotatória em que "eus" são pluralizados e multiplicados, evocando a metáfora do texto rizoma:

> Non pas en arriver au point où l'on ne dit plus je, mais où point où ça n'a plus aucune importance de dire ou de ne pas dire je. Nous ne sommes plus nous-mêmes. Chacun connaîtra les siens. Nous avons été aidés, aspirés, multipliés.[24]

Estendendo o fim da vida e da narrativa, a reencarnação é parte do processo histórico de associação e superposição de raças. Capaz de mudar o lugar das pessoas e das coisas, subverte a noção de gênese e apocalipse, de vida e morte, princípio e fim e refaz o ciclo do eterno retorno. Por repetidas vezes, Pávitch reafirmou seu utópico projeto de tornar a literatura uma arte reversível. Enquanto uma arte não-reversível, feita para ser fruída da primeira a última palavra ou do primeiro ao último acorde, tal como a música, a literatura "looks like one-way roads on which everything moves from the beginning to the end, from birth to death".[25]

Assim, a reencarnação, como estratégia mundana de reversibilidade da vida e da narrativa, é tanto mais uma heresia quando, no século XX, os demônios das três religiões reencarnam no mesmo lugar e na mesma família. Sob a identidade comum dos belgas Van der Spaak esconde-se um trio maléfico imbatível: o pai reencarna o demônio árabe Akchani, a Sra. Spaak, a mãe, o demônio cristão Nikon Sevast, e Manuel, o filho, Efrosínia Lukárevitch, Lilith, o demônio judeu feminino.

Seres com diferenças culturais unidos por similaridades físicas (respectivamente um rosto formado por duas metades iguais, ausência de septo nasal e uso de luvas para esconder dois polegares em cada mão) parecem mostrar como as forças de dissuasão sabem superar diferenças para alcançar seus objetivos destrutivos, enquanto Muaviya, Dorotéia e Suk, que compõem as forças missionárias de união, não conseguem se entender para recompor os originais do *Dicionário Kazar*.

[24] DELEUZE, Gilles e GUATTARI, Felix, ob. cit., p.9.

[25] PÁVITCH, Milorad. The official Milorad Pavic homepage. <http://www. khazars.com.\end-of-novel.htm>.

Desestabilizando as referências identitárias fixas e conjugadas – o grego-cristão, o árabe-islâmico, o hebreu-judaico – sobre as quais falseia a estrutura do romance, os kazares sustentam identidades indefinidas. Embora os personagens sejam caracterizados enquanto fontes cristãs, árabes ou judaicas, constroem taxinomias híbridas entre categorias distintas (religião, raça, nacionalidade, lugar e idioma) que explodem essa classificação. Já nos limiares entre a Idade Medieval e Idade Moderna, os Kazares trazem o *id* irônico e cóptico do mestre de armas Skila, que vive em Constantinopla e trabalha a serviço de um cristão, mas vai se unir aos turcos. Copta é um descendente de egípcios que conserva os caracteres primitivos dos habitantes do Egito antigo ou pré-islâmico e é também um membro da Igreja Copta, de orientação cristã-jacobita.

Em algum lugar na Valáquia, em algum campo de batalha austro-turco, a caminho de Constantinopla, arma-se o palco de uma guerra labiríntica, como o são as guerras balcânicas, no qual todos os inimigos estão atados por laços identitários e dançam uma louca ciranda. O copta Skila une-se aos turcos da tropa de Mustai-Beg Sábliak (ou Sábliak-paxá) para matar o sérvio-cristão Bránkovitch e Maçudi, o turco que luta do lado cristão e passa a viver a morte através de Cohen, o judeu sefardim que trabalha para o paxá turco e sonha, em sono comatoso, a morte de Bránkovitch. Cohen vive em Dúbrovnik, entre os cristãos, e sua alma judia tem tantos porões, sótãos e compartimentos labirínticos quanto um *abhedam*:

> Depois desse fato perde-se um pouco sua pista, pois deixou o campo para ir a Belgrado, que tinha caído nas mãos das tropas austríacas. Sabe-se que foi até uma enorme mansão de dois andares, pertencente a serfardins turcos, uma mansão judia cheia de correntes de ar que urravam pelos corredores – um *abhedam* com mais de cem quartos, cinqüenta cozinhas e trinta porões. (...) Morava num dos quarenta e sete quartos de um velho caravançará cujos proprietários eram

judeus alemães, *achkenasim*, e aí descobriu um livro sobre a interpretação dos sonhos escrito em ladino (ODK, 205).

Enquanto os fios da história se emaranham, dialetos híbridos são aludidos nesse crescente cruzamento de línguas e etnias, como o ladino, uma linguagem romântica com elementos emprestados do hebreu, falada por judeus sefarditas, especialmente nos Balcãs, também chamada espanhol-judeu. Mas é possível buscar correspondências mais próximas: ladino pode ser a alcunha dos falantes de língua espanhola ou índios aculturados que vivem em países de língua inglesa da América Central, onde são chamados pejorativamente de mestiços. No Brasil, era chamado ladino o escravo ou índio que já falava o português, tinha recebido doutrina católica e sabia fazer o serviço na casa do seu senhor.

A identidade é um "rosto kazar" que se metamorfoseia todos os dias, difícil de reconhecer, porque confunde os viajantes tanto pela diferença quanto pela semelhança com os outros rostos. Personagens com marcas físicas prenhes de significâncias questionam a existência de uma identidade única, seja de um povo ou de um indivíduo isoladamente, construindo-se como organismos residuais de semblantes paternos e maternos, de reminiscências de vidas passadas e futuras, da herança de povos vizinhos e distantes, aliados e inimigos.

Assim, no "Dicionário dos dicionários" sobrepõem-se a parte grega, a árabe e a hebraica. E ao judeu que há em Cohen, preso por visitar os jesuítas, manter relações com uma aristocrata cristã e se interessar pela doutrina herética dos essênios, superpõem-se um monge cristão de Salônica, um muçulmano que lê sua mente e um diplomata sérvio de Constantinopla que lhe aparece em sonhos fazendo-o mancar, fumar charuto e acordar coberto de lama. Cada um é ele mesmo e uma parte de outros.

Halevi, com sua árvore representando as três religiões; Bránkovitch, o sérvio que fala valáquio, turco e sonha com poemas em hebreu; Cirilo, o monge grego que chora ao ver os eslavos cantarem, conhecido pelo lema: "Onde está o meu tapete está o meu país". Os personagens trazem a fronte crivada de linhas, como Constantino/Cirilo: uma ruga sarracena, que o faz estar sempre em movimento, em viagem sem fim; uma segunda, kazar, que se esconde sobre os povos convertidos; uma terceira ruga eslava, bárbara, selvagem, que não se deixa domesticar; e uma quarta ruga veneziana que se cruza no seu rosto com as precedentes "como quatro redes lançadas sobre o mesmo peixe" (ODK,65).

A identidade kazar continua reconstituindo-se no século XX, retornando em vidas seminômades que se movem do Ocidente ao Oriente e apresentam referências contraditórias: Muaviya, um hebraísta árabe residindo no Cairo; reencarnando Bránkovitch, diplomata sérvio cristão que ouve os ecos de suas raízes hebraicas; Dorotéia, eslavista descendente de judeus *achkenazim* convertidos, transitando entre Israel, Polônia e Turquia, reencarnando o sefardim Cohen, e Suk, fonte cristã e arabista de Novi Sad (Iugoslávia), reencarnação de Maçudi, turco de Anatólia. Todos agora caminham em direção a Istambul, reencarnação de Constantinopla (porque aqui os lugares também reencarnam, mudam de corpo e de nome), lugar de encontro e confronto das culturas.

Emigrante de Israel para a Turquia e trabalhando na típica ocupação de serviçal de restaurante, Virgínia Ateh assiste Muaviya ser assassinado pelo pequeno Spaak nas vésperas da Conferência de Istambul. Seu testemunho, contudo, é desacreditado quando a investigação do júri descobre sua nacionalidade e religião oficiais, que julgam comprometê-la com a acusada, Dorotéia Schultz. Assim se dá o embate tragicômico entre Ateh e o promotor:

> *O promotor* – "Nesse instante, pensei: pronto, agora ele tem uma gravata!" Gostaria de declarar diante deste Tribunal minha total desaprovação pela maneira de se ex-

pressar da testemunha. Qual é a sua nacionalidade, senhorita ou senhora Ateh?

A testemunha – É difícil explicar.

O promotor – Peço-lhe que faça um esforço.

A testemunha – Eu sou kazar.

O promotor – Como foi que disse? Nunca ouvi falar de tal povo. O passaporte da senhora é emitido por qual país? A Kazária?

A testemunha – Não. Por Israel.

O promotor – Ah, então é isso! É o que gostaria dc ouvi-la dizer. Uma kazar com um passaporte israelense? A senhora traiu a sua pátria?

A testemunha (ri) – Não, o contrário é que seria mais adequado. Os kazares é que se incorporaram aos judeus e, como os outros, converti-me ao judaísmo e tirei o passaporte israelense. Como viver sozinha no mundo? Se todos os árabes se tornassem judeus, o senhor permaneceria árabe?

O promotor – Poupe-nos de seus comentários. Além disso, não lhe cabe fazer as perguntas. Seu testemunho tem, visivelmente, o objetivo de ajudar a acusada, que tem o mesmo passaporte (...).

Estruturado sobre o tripé básico do monoteísmo "cristianismo-islamismo-judaísmo", do trilingüismo "grego-árabe-hebreu" e da trietnia "cristão-muçulmano-judeu", o romance desce mais fundo e lança sua rede de personagens e gerações no vácuo do mito kazar. À medida que mergulhamos com eles no passado pagão, explodem as definições e o esquema ternário. Fundo comum cercado de obscuridade, buraco negro do qual todos nós procedemos, é no paganismo tribal que os caçadores de sonho procuram suas origens.

Então Maçudi decidiu dirigir-se a um caçador de sonhos, alguém que tivesse um conhecimento desse problema através da sua própria experiência. Explicaram-lhe que os caçadores de sonhos se tornavam raros, mais raros que antigamente, e que teria mais chance de encontrar um deles se dirigisse para o Leste, mais do que se fosse para o Oeste, pois todos eles procuram sua origem e sua fé na tribo dos kazares, que outrora vivia nas encostas do Cáucaso, onde cresce uma relva negra (ODK, 143).

E de que serve descer às origens, a não ser para pô-las em dúvida, a não ser para mostrar que o que tínhamos por origem sacralizada, por narrativa primeira, já está no meio? Pávitch desce a Adão e Eva e redescobre Lilith, dando a ver que toda escritura, sagrada ou mundana, é de segunda mão, é texto segundo e que um hipertexto nunca chega a seu hipotexto.[26] Vasculhar o passado para especular (aqui no duplo sentido de desdobrar/espelhar) múltiplas linhas e propor outras possibilidades, outras versões da história. Investigar as origens para descobrir, entre tantas diferenças, a espantosa semelhança de que somos todos pagãos, bárbaros, nômades, que escrevemos cartografias descontínuas, que temos rizomas no lugar de raízes, que o mundo não tem princípio nem fim onde a origem e a História possam ser cristalizadas.

Resgatar um pouco do discurso histórico sobre os kazares ajuda a mostrar como Pávitch explora sua hipertextualidade em proveito de uma estrutura narrativa marcada pela heterogeneidade, pela contradição, pela sobreposição de discursos e pela multiplicidade de versões. Aliando uma visão hipertextual da história e da História, o romance alcança um funcionamento indissociável entre forma e conteúdo no *corpo*[27] da narrativa.

Nessa obra que converge procedimento e tema, não é possível separar o que é dito de como é dito. Rizomática é a estrutura do romance-enciclopédia, rizomática é a origem dos kazares e a de todos os povos modernos, rizoma é a rede de intrigas em torno da questão kazar, rizoma são as identidades kazares que povoam os livros de Pávitch, construídas, convertidas, entrecruzadas, não-nomináveis, não-lugares, reversíveis e conversíveis, como a narrativa. No substrato da falsa

[26] Segundo Genette, o texto de origem de todo discurso possível, sua origem e meio de instauração. GENETTE, Gérard. *Palimpsestes:* la littérature au second degré. Collection Poétique, Editions du Seuil, Paris, 1982, p.7.

[27] Essa noção de corpo é trabalhada no capítulo "O corpo no hipertexto".

aparência classificatória desse romance tripartite, habita um desapego a filiações de nação, etnia, raça, origem e religião e, ao mesmo tempo, um apego a tudo o que se refere à cultura do palimpsesto humano. À medida que personagens e leitores, no gesto invisível de colar e recortar verbetes, constroem um novo livro, como a metáfora do corpo ideal, um novo Adão, protótipo de um novo humano, composto desses fragmentos plurais, pode ir-se esboçando no horizonte da obra.

A galeria de personagens transmutantes do universo kazar exprime o espírito pluralista da obra, que dá a ler as muitas rugas, bainhas do ser humano, como dá a ler suas próprias dobras – ficção, história, metaficção, realismo mágico, Surrealismo... – recusando qualquer hegemonia, homogeneidade na interpretação do mundo, Livro. Pávitch farta-se de especulações históricas sobre os kazares, mas para interpolá-las e contrapô-las a outras especulações.

O "Dicionário dos dicionários", essa metaenciclopédia de que fala o paratexto seria, então, uma alusão à tessitura de fragmentos múltiplos, rede discursiva, romance-léxico, docuverse que uma legião de pesquisadores se ocupa em reunir e falha, como nós leitores, em achar a verdade perdida no obscuro e fascinante passado medieval. Kazar, segundo a versão do Livro Verde, vem do turco *qazmak*, que significa vagabundear, emigrar (ODK, 130).

Na falhança kazar, vagamos pelo território balcanizado do livro indagando o que aconteceu e encontramos sempre um simulacro, uma cópia, uma falsificação, uma fabulação à porta da verdade. Todos somos heróis de falhança, como Bránkovitch, Maçudi, Suk, Muaviya, Cohen, Dorotéia. E, assim, em movimento pivotante, passamos do dicionário-romance para o atlas, consultamos a enciclopédia eletrônica e voltamos para o romance, percorrendo a superfície *moebius*, sem sair desse dentro-fora da ficção, dentro-fora da História...

Capítulo 4

Na superfície do corpo

Texto, paratexto e hipertexto

Leitores e críticos de obras que negligenciam a paratextualidade pouca atenção costumam prestar aos protocolos "de fora", à exceção das orelhas e sinopses na contracapa, que podem ajudá-los a entrar com alguma vantagem na leitura "de dentro". Mas para o leitor de uma obra hipertextual, cuja ordem não está dada *a priori*, dispensar esses "sinais de seda" pode ser tão improdutivo quanto para o navegador que se lançar às Índias sem bússola ou cartografias. Na imensidão do mar, sem referências para estabelecer limites entre seu mundo e o Novo Mundo, sequer pode demarcar conquistas ou reconhecer descobertas. Perdido na totalidade caótica do oceano, o leitor vira um náufrago de si mesmo, corsário sem mensagens em garrafas, internauta sem *browser*. Sem o "outro", corre o risco de confinar-se à própria existência em uma ilha desconhecida, refém do peso de sua individualidade incomunicável. Em breve, o náufrago não saberá diferenciar-se das pedras, pois na areia não haverá nada além de suas próprias pegadas.

Epígrafes-epitáfios, notas preliminares, modo de usar, advertências, ícones-*links*, comentários finais, notas de rodapé, notas do editor, palavras em itálico, ilustrações, vinhetas, reproduções, apêndices, lista de verbetes, ritornelos. Normalmente desprezados e subestimados pela crítica, esses elementos marginais que orientam, comentam e desdobram a narrativa, estão tão integrados ao "corpo" do livro, que não se sabe mais onde começa o texto e onde termina o paratexto. São as marcas do autor que se desrealizam para nascer o leitor e que fazem da interpretação não o gesto solipsista de um leitor-narciso, mas o resultado de um diálogo intersubjetivo. Se em outros capítulos está em jogo a estrutura da obra e seus significados mais ocultos, aqui o objetivo é abandonar a pretensão às profundezas e curvar-se à ilegibilidade dos sonhos, deixando que o olhar tropece na superfície de *O Dicionário Kazar* e revele um pouco da variedade e riqueza de sua poética paratextual.

Mapeando e comentando as estruturas híbridas do romance, que Genette chamou de "zonas de indefinição entre o dentro e o fora",[1] é possível observar de que forma Pávitch, à maneira de Borges, Calvino e outros autores pós-modernos, explora o aparato paratextual. E, especificamente, como os índices, ícones, frases recirculares (ritornelos) e comentários metatextuais operam dando suporte à hipertextualidade, encorajando o leitor a adotar uma leitura multidirecional e a encontrar seus caminhos na multilinearidade. Para me guiar nesse passeio pela superfície, levo como bússola o que Genette define por paratexto:

> (...) what enables a text to become a text and to be offered as such to its readers and, more generally, to the public. More than a boundary or a sealed border, the paratext is, rather, a threshold, or – a word Borges used apropos of a preface, a 'vestibule' that offers the world at lage the possibility of either stepping inside or turning back. It is an 'undefined zone' between the inside and the outside, a zone without any hard and fast boundary on either the inward side (turned toward the text) or the outward side (turned towards the world's discourse about the text), an

[1] GENETTE, Gérard. *Paratexts:* thresholds of interpretation, trans. Jane E. Lewin. Cambridge University Press, Cambridge, 1997, p.1-2.

edge, or, as Philippe Lejeune puts it, 'a fringe of the printed text which in reality controls one's whole reading of the text'.[2]

Porta entreaberta, membrana-tímpano que comunica interior e exterior da obra, o *hall* de entrada e a sala íntima, os protocolos de leitura interferem na narrativa e apagam os limites entre texto e paratexto. A ironia e a autoridade do autor, a orientação e o deboche, a ficção e a metaficção são lançados em uma área comum e indistinta, no sentido de que não se pode mais determinar o que comenta e guia a narrativa e o que a constitui e a desdobra.

Os paratextos infiltram-se de modo extraordinário na arquitetura e no processo de significação do romance, brincam de troca de papéis, migram das margens para o centro do texto. Mordem-lhe e roubam-lhe partes do corpo, como a boca de Muaviya, intrometendo-se entre os beijos de Dorotéia e o marido através da abertura-ferimento que o árabe escreveu no corpo do judeu Isaac. Mandam as regras que o discurso acadêmico ou histórico separe o texto do seu intertexto, isolando as referências bibliográficas no rodapé ou no fim da página, como uma estrutura arborescente baseada em um tronco central e diversos pontos subordinados e acessórios. Mas a poética paratextual desse romance pede que os discursos se sobreponham e se entrelacem sem hierarquia ou centros fixos.

Tento mapear e comentar, se não todos, boa parte dos paratextos de *O Dicionário Kazar,* seguindo a ordem linear em que aparecem, o que é sempre difícil quando se analisa um hipertexto. Começo por onde tudo começa[3] quando namoramos um livro na vitrine: a capa. Ela sofre variações importantes nas 24 línguas e mais de 40 edições do livro e, por si só, mereceria um estudo à parte. No intervalo de um ano entre duas das edições publicadas nos Estados Unidos, por exemplo, há diferenças importantes, em que, encorajados pelos jogos paratextuais propostos pelo

[2] GENETTE, Gérard, ob. cit., p.1-2.

[3] Sem esquecer, é claro, que a leitura de paratextos externos à obra (como resenhas, comentários, publicidade) costuma deflagrar um "namoro virtual" anterior à chegada do livro ao ponto de venda ou de empréstimo.

autor, os editores participam do campo de significação da obra, introduzindo e manejando detalhes editoriais, como cor das capas, tipo das letras, disposição das gravuras e das notas explicativas.[4]

Mas cuidemos da edição brasileira (Marco Zero, 1989), que é das mais ricas. Um triângulo encaixado dentro de um quadrado, onde se inscreve o título e o nome do autor, invoca a estrutura triádica do romance. O ângulo formado entre as linhas das duas figuras geométricas tanto compõe dois novos triângulos adjacentes, preenchidos pelos ícones da lua, da estrela e da cruz, quanto a letra K de Kazar. A combinação de letras e formas associa-se às variações de percurso narrativo possíveis a partir da relação movente entre as partes, aspecto em que Pávitch dialoga com a tradição de Mallarmé e Lewis Carrol e as experiências dos franceses Raymond (o Queneau e o Roussel), do princípio do século, o contemporâneo Perec e os argentinos Borges, Cortázar e Piglia.

Muda o compasso, realinham-se os traços e a letra K esconde uma ampulheta de areia que evoca certa passagem das Observações Preliminares, na qual o jogo de palavras do metanarrador alude à reversibilidade da narrativa. Legítimo protocolo de entrada, esse fragmento compõe uma espécie de manual de leitura para ser consultado muitas vezes. Descendente dos antigos prólogos que acompanham o romance desde *Dom Quixote* e que caiu em desuso em diferentes épocas, o manual parece ter sido reabilitado como peça fundamental em obras hipertextuais impressas ou eletrônicas. Através desses portais, os autores buscam encorajar um novo modo de leitura e orientar o "uso" da obra, como o fazem os processadores de texto e *softwares* em geral. Ao mesmo tempo que sedimentam um procedimento artístico diferente, desengajam o leitor da ilusão realista das histórias que não precisam de manuais porque a forma, velha conhecida, já foi inconscientemente internalizada.

4 Na publicação da Penguin (*paperback*), traduzida por Christina Pribicevic-Zoric (London, 1989), a Edição Feminina e a Masculina diferenciam-se respectivamente por uma estreita tarja rosa e uma azul, fixadas na lombada e na capa dos livros, em uma tentativa de introduzir convenções prévias do leitor acerca de gênero na escolha entre os dois exemplares. A explicação de que há um parágrafo diferente não está disponível na folha de rosto, como na publicação brasileira, mas na contracapa. *O Dicionário Kazar* foi publicado pela primeira vez em língua inglesa pela Knopf Alfred (New York, 1988) e a seguir pela Hamish Hamilton (Grã-Bretanha, 1989). No mesmo ano, saiu a edição da Vintage (New York, 1989). O original servo-croata foi publicado sob o título *Hazarski Recnik* – Roman leksikon (Prosveta, Belgrade, 1984).

Reprodução da capa de *The Dictionary of the khazars* (edição da Vintage Books, 1989)

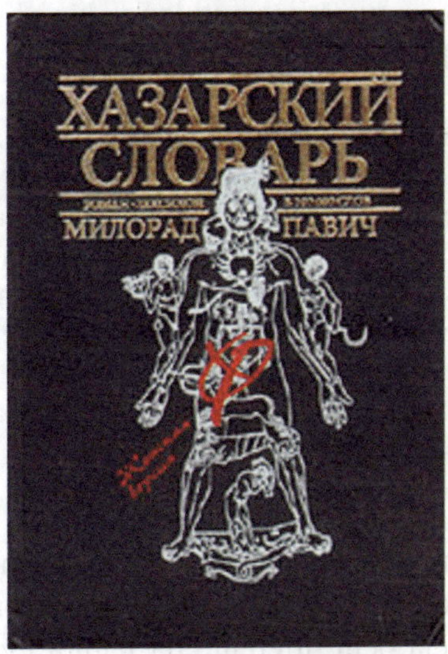

Capa da edição servo-croata de *O Dicionário Kazar* (*Hazarski Recnik; roman leksikon*, Prosveta, Belgrade, 1984). Fonte: The official Milorad Pavic homepage. <http:// www. Khazars.com/editions>.

Segundo essas Observações Preliminares, na página 16, fragmentos de um diário esclarecem que no dicionário de Daubmannus havia uma ampulheta[5] a contar silenciosamente o tempo de leitura, permitindo ao leitor saber o momento de virar a obra e continuar a lê-la no sentido inverso, em direção ao começo, para saber seu significado secreto.

Instrumento que possibilita a visão espacial e material da passagem do tempo, a ampulheta traz uma relação capciosa com a obra: como usar a medida, se o tempo de desenvolvimento da trama não equivale ao tempo hábil de leitura? A "escala da compreensão", semelhante ao subir e descer de Adão entre o céu e a terra, instaura um processo ruminante na trajetória acidentada da leitura, uma mastigação de palavras que não se encerra ao cabo de 300 páginas. Mas a ampulheta indica que o tempo só existe em relação ao espaço e, nesse sentido, não é um instrumento inócuo: o escorrer da areia lembra que a fração guarda o todo, assim como uma visão ampla da obra só se dá a partir da apreensão lenta e fragmentada das partes.

> Se seguimos nosso ancestral angélico no momento em que sobe a escala celeste, aproximamo-nos de Deus. Se temos a infelicidade de segui-lo no momento em que desce, afastamo-nos de Deus. Não podemos, porém, sabê-lo, nem num caso, nem no outro. Entregamo-nos ao destino, na esperança de sempre termos contato com ele no instante em que estiver se aproximando do segundo grau na escala da compreensão, para que ele nos leve para as alturas, nos aproxime da verdade (ODK, 147).

Essa escala ascensional que manda ir e voltar nos degraus do tempo-espaço da obra, como se em vez do tempo cronológico houvesse a eternidade e o retorno, instaura uma experiência bem diferente da leitura evolutiva e linear. Várias camadas (paratextual e metaficcional, simbólica, mítica, alegórica, filosófica, mágica, surrealista) e *tópos* de leitura (em cima, abaixo, esquerda e direita) não

[5] Presentificando o tempo de manusear a obra em diferentes direções, essa metáfora coloca as obras de Pávitch em transdiscursividade ao antecipar uma forma hipertextual que o autor executaria quase uma década depois, com a publicação de seu terceiro romance *The inner side of the wind or a novel of hero and leader* (Belgrade, 1991, 115+98), não traduzido para o português. Simulando a operação de uma clepsidra (um velho instrumento que media o tempo marcando o fluxo regulado da água através de uma pequena abertura), a narrativa se desenrola até a metade do livro, quando então o leitor deve virá-lo e recomeçar a partir da contracapa, percebendo que a mesma história apresenta dois inícios e dois finais diferentes.

hierarquicamente articulados, solicitam uma andança descontínua pela cartografia das páginas, ultrapassando o tempo e o espaço.

Não basta entrelaçar os verbetes para recompor o sintagma, mas há que se descascar a cebola em direção ao paradigma. É preciso ter olhos semelhantes aos "chifres do caramujo, que só conseguem ver quando estão completamente esticados" (ODK, 284), para enxergar os muitos caminhos narrativos que se superpõem no tecido da verdade. Como os sinais dos bastões dos kazares indicando instantes de clarividência aos caçadores de sonho, os paratextos movimentam o livro no sentido vertical (do "corpo" do texto para os índices, apêndices, observações preliminares e finais) e horizontal (de um verbete para outro).

Desse modo oscilante, comparável à estrutura dos jogos de *video game*, a leitura acompanha a escalada ascensional de Adão Ruhani, vagando de um estágio para outro, na procura eterna de alcançar Deus (sentido):

> Os caminhos que atravessam os sonhos alheios escondem, por vezes, sinais nos quais pode-se ler se Adão, o precursor, está subindo ou descendo a escala. Esses sinais são as pessoas que se sonham mutuamente. Por isso, o objetivo final de todo caçador de sonhos é descobrir essas duplas de sonhadores e conhecê-los o melhor possível. Pois esses seres representam sempre parte do corpo de Adão em estágios diferentes, e encontram-se em níveis diferentes da escala da compreensão. Mas nunca, seguramente, no grau mais alto, no segundo, naquele onde Deus cuspiu na boca de Adão, envolvendo sua língua com quatro salivas (ODK, 148).

A utopia kazar de reunir "essas parcelas em um todo que chamam de dicionários kazares" e que permitiria recriar na terra o imenso corpo do Adão (ODK, 147) contradiz, na falhança de personagens e leitores, a crença em uma obra finita ou acabada. Totalidade, parece nos dizer mais de uma vez o paratexto, só é acessível a Deus: "O último mortal passará toda a sua vida rodando no interior da cabeça de Adão, procurando uma saída, mas não a descobrirá, pois o Cristo foi o único a encontrar a entrada e a saída do corpo de Adão. Este imenso corpo de Adão não jaz no espaço, mas no tempo", diz a Nota sobre Adão, Irmão de Jesus, no Apêndice I (ODK, 282).

Em uma cadeia semiótica ilimitada, a totalidade sempre alusiva, mas nunca concretizada, leva sempre a outra totalidade maior: um texto leva a outro, um livro a outro e assim sucessivamente. Dessa maneira, o corpo de Adão remete ao corpo-reino, que remete ao dicionário, que remete ao "Dicionário dos dicionários", que remete ao grande livro dos projetos de Mallarmé e dos contos de Borges. Aliás, a um certo narrador borgiano estimulava mais a idéia de que "o Todo-Poderoso está à procura de Alguém, um Alguém de Alguém superior e assim, até o Sem-Fim do Tempo", do que a idéia de um Deus unitário que se acomoda a todas as desigualdades.[6]

Nessa dimensão do não-tempo, a areia escorre para um lado e para o outro e avisa que é hora de virar o livro do avesso. O tempo foi suprimido e dilatado, não por uma "viagem" propiciada pelas obras que buscam a ilusão do real, mas porque esse tempo de leitura não pode ser mensurado, como um dicionário, "um livro que pede pouco tempo a cada dia, mas que toma muito no decorrer dos anos". Esse tempo expande-se mesmo quando a obra está fechada: no momento justo em que se quer descansar da leitura, ela recomeça na memória maquínica, que não pára de fazer manobras e conexões, de traçar sentidos cruzados entre as palavras e personagens dispersos pela narrativa. Por conta da metaficção, a leitura é, agora, parafraseando o próprio Pávitch,[7] metástase. Do grego *metástasis*, que significa "mudança de lugar", a metástase consiste no aparecimento de um foco secundário, a distância, no curso da evolução de um tumor maligno ou de um processo infla-

[6] BORGES, Jorge Luis. A aproximação a Almotásim. In: *Obras completas I,* trad. Carmen Cirne Lima. Globo, São Paulo, 1999, p.461-462.

[7] "I believe the novel is a kind of cancer – it lives of it's metastasis". PÁVITCH, Milorad. The official Milorad Pavic homepage. <http://www. khazars.com.\ authobiographic.htm>.

matório, transmitido através de células cancerosas pelos vasos linfáticos. Uma história gera vários focos remotos interligados, como a amante que planta rosas nas botas de seu amado e vê o goivo crescer em seu chapéu (ODK, 234). Por conta da metaficção, a narrativa não cessa de refletir e produzir sobre si mesma, de gerar novas células cancerosas, impregnadas de novas narrativas.

A leitura ruminante funciona como o aparelho digestivo da vaca: a carne das palavras passa de um cérebro-estômago para outro, para ser mordida, mastigada, digerida, processada, em uma, duas, três ou mais releituras, antes de ser paradoxalmente absorvida pela circulação sangüínea e eliminada do organismo. Melhor, talvez, que a minha egocêntrica experiência pessoal, o relato de um consumidor do Amazon books, identificado apenas como "a reader", pode ser interessante: "I can't think of a better description of this book's effects than the fact that I read all in one sitting, the put it down for six months, rereading sections over and over".[8] E, ainda, o depoimento do escritor e crítico literário do *New York Times*, Robert Coover. "It's fun to chase down all the linkages between entries; but as they are conjoined more by the bubbling repetition of motifs and the repetition the motifs and the requirements of the formal devices than by real narrative event or development".[9]

Lembrando a consulta aos dicionários e obras de referência,[10] o tempo de leitura estende-se no espaço como uma totalidade fragmentada e, para entendê-lo, seria profícua a lembrança de Hayles de que os kazares pensam o tempo como espaço.[11] Ensejados no suporte impresso, esse espaço ilimitado e esse tempo suspenso, diferente do tempo mensurável por nosso calendário cristão, bem simulam a aparência de infinitude do *living space*. Sobre a supressão da dimensão temporal de leitura, Hayles compara a experiência de ODK à apreciação de uma paisagem ou de uma pintura.[12]

[8] Amazon. Customer: *Dictionary of the Khazars: A lexicon novel in 100.000 words*, October 1, 1995.<http://www.amazon.com>.

[9] COOVER, Robert. He thinks the way we dream. *The New York Times Book Review*, November 20, 1988.

[10] "Um dicionário é um livro que pede pouco tempo a cada dia, mas muito no decorrer dos anos" (ODK, Observações Finais, 297).

[11] "Os kazares imaginam o futuro no espaço e não no tempo. Seus templos são construídos segundo uma disposição rigorosa e determinada de antemão. Se o ligamos entre si, formam a imagem de Adão Ruhani, o terceiro anjo" (ODK, 132).

[12] Seria particularmente interessante analisar a relação entre a obra de Pávitch e as artes visuais em *Paisagem pintada com chá*, traduzido para o português diretamente do servo-croata, ao contrário de ODK, que foi traduzido por Herbert Daniel a partir das edições francesa e estadunidense e comparado ao original servo-croata por Alecksandar Jovanovic. O romance provoca um deslocamento estrutural e semântico no campo de visão do leitor, propondo um jogo de palavras cruzadas com a leitura horizontal e vertical dos capítulos.

> Rather, the text works more like a random-dot painting that you can look at for a long time without seeing any overall pattern. Then, just when you have given up and are ready to leave, you shift your focal point and suddenly a mermaid (sereia) or a mountainscape jumps out at you.[13]

É tempo de inverter a leitura, adverte a ampulheta, metáfora que ajuda o metanarrador a enfatizar suas queixas contra o comodismo do "leitor atual" no item 2. Composição do Dicionário das Observações Preliminares. Ele reconhece que a atual edição não pôde conservar certas peculiaridades da primeira, mas não vê sérios problemas no fato de a ordem dos verbetes ter sido alterada quando o mítico dicionário, impresso em três alfabetos diferentes, foi traduzido para um só idioma:

> Todos esses defeitos, entretanto, não devem ser encarados como um grande prejuízo: o leitor capaz de desvendar o significado secreto do livro, lendo-o na ordem certa, há muito deixou esta terra, pois o público atual considera que a imaginação é competência exclusiva do escritor, não sua. Sobretudo quando se trata de um dicionário. Para tal público, o livro não tem necessidade de conter uma ampulheta que indique o momento em que é preciso inverter o sentido da leitura; o leitor de hoje jamais modifica seu modo de ler (ODK, 19).

A "ordem certa", autoriza a dizer o tom debochado da passagem, não é aquela que manda ler tudo pelo lado direito, invariavelmente de uma obra para a outra. Puxões de orelha contra a passividade do leitor, às vezes ríspidos, como esse, lembram do lado avesso da leitura. Na estética de Pávitch, a ordem a ser buscada é antes aquela que se reinventa a cada corpo/livro, subverte e transgride a linearidade do suporte impresso, experimenta de acordo com a arquitetura da obra, seja ela construída em forma de dicionário, palavras cruzadas, clepsidra ou de um livro de tarô.[14] Assim, há uma ordem de leitura saltitante em ODK; horizontal e vertical em *Paisagem pintada com chá*; inver-

[13] HAYLES, Katherine. Corporeal anxiety in Dictionary of the Khazars: what books talk about in the late age of print when they talk about losing their bodies. In: Technocriticism and Hypernarrative. Johns Hopkins University Press, Baltimore, v. 43, Fall 1997, p.809.

[14] Procedimento utilizado em *O Castelo dos destinos cruzados* (1976) por Calvino, que entrelaça várias narrativas em redor de um grupo de viajantes medievais "on the road", ou melhor, "on the river". Conforme orienta o próprio narrador, a parte inicial, composta de figuras das cartas de tarô, deve ser lida de modo combinado com a segunda parte, que contém trilhas de palavras que ajudam a reconstruir e interpretar as estórias das gravuras. *Last love*, de Pávitch, vem acompanhado de um pacote com 22 cartas de Tarô, correspondentes ao título dos episódios que compõem capítulos no conjunto ou pequenos contos separadamente. Ao terminar a obra e fechá-la, um ou mais leitores poderão abrir o baralho, colocá-lo em cima da mesa e ler a própria sorte ou a sorte do outro, pulando de carta em carta e procurando o capítulo correspondente à figura. Enquanto jogam, lerão o romance de muitas outras formas, orientando-se pela sorte na escolha dos percursos narrativos. Além de possibilitar a multiseqüencialidade, está presente a

sa, da direita para a esquerda, da esquerda para a direita, de cima para baixo e de baixo para cima em *The inner side of the wind* e ao azar em *Último amor em Constantinopla*, caminhando para o destino e a direção indicados pelas cartas do baralho que alguém joga, todas experiências que têm em comum uma ética da escrita hipertextual, preocupada em produzir uma leitura lúdica, interativa e reversível.[15] Calvino, Pávitch e, antes deles, Cortázar valorizam o aspecto lúdico e estrategista da literatura, que se aproxima dos jogos de computador.

Nesse mosaico de histórias escritas do avesso, se o início narra como a primeira edição do *Dicionário Kazar* foi destruída, o final, com a confissão do padre Teoktist Nikólski, explica como ela foi viabilizada (ou melhor, finge que explica, como veremos mais adiante). "A desgraça, minha querida Dorotéia, a desgraça nos ensina a ler nossa vida ao contrário...", escreve Dorotéia a ela mesma, ao investigar suas origens e descobrir que seu pai pode ser o irmão de sua mãe. Só depois de ler o Apêndice II, com o Extrato Judicial e depoimento das testemunhas relativo ao assassinato do Doutor Abu Kabir Muaviya, somos capazes de regressar ao verbete de Dorotéia para entender o que a alucinada pesquisadora já havia antecipado. Na inversão do sentido, o canhoto e o destro, o direito e o avesso se revelam. Aos poucos, muito aos poucos, vamos nos familiarizando com essa lógica envessada de leitura e desconfiando de qualquer sinal repetido que possa nos fazer retroagir, em um processo de aprendizagem semelhante ao de Bránkovitch, que aprendeu em sonho com seu "Kuros" a ler da direita para a esquerda, da maneira judia, e a sonhar sonhos do fim para o começo (ODK, 46).

Analisava a capa quando, muitas páginas atrás, a discussão enveredou para o esqueleto da narrativa. Se viramos o livro de cabeça para baixo (ou seria para cima?), atentos para sua fisionomia, constatamos que capa e contracapa são, em todos os detalhes, uma o espelho da

preocupação em romper com o isolamento e a individualidade da leitura proposta pelo período iluminista.

[15] Ver o ensaio de Pávitch *Beginning and the end of the novel*, no Anexo 2. O autor aponta para as possibilidades hipertextuais do romance, argumentando que não é o gênero romance em si que está em crise, mas a forma de leitura.

outra. Ao transpor a capa, somos recepcionados, na face esquerda do frontispício, por uma figura humana que bem pode ser a representação de um corpo adâmico, o homem primordial, tantas vezes evocado no romance, ou uma recriação da estátua do rei David, profeta adorado por cristãos, judeus e muçulmanos e, nesse sentido, portador da idéia de totalidade plural.

Um homem de pé, entregue a pequeninos seres mitológicos e organismos híbridos, metade humanos, metade animais, identificáveis aos signos do zodíaco, mapeando e dividindo as partes desse corpo. Um Adão andrógino, com a balança de libra, signo que harmoniza as tendências contrárias, localizada na pélvis, fundindo-se com o signo de escorpião e um touro, símbolo da força da criação, alojado em sua coluna cervical. Seus pés encontram as águas superiores de peixes, e as águas inferiores, representadas pelo caranguejo de câncer, alojam-se no coração. Agindo um à revelia do outro, como os personagens na caça errante aos fragmentos do *Dicionário Kazar* e ao corpo do homem primígeno, as figuras bestiais brincam e se apoderam de partes do corpo maior que, como Adão em sua trajetória oscilante, para baixo e para cima nos degraus do tempo, parece não-onisciente (cego) da própria totalidade. Dois pequenos homens, um carregando um menorá judeu e outro carregando uma foice (símbolo associado à lua, ícone das fontes islâmicas), escalam o corpo nu pelas laterais opostas, e a cabra, signo da comunicação com o cosmos, vai-se aninhar nos seus cabelos (fios). Representando a natureza ambivalente do capricorniano, entregue às duas tendências da vida, em direção ao abismo ou às alturas, a cabra encerra as possibilidades inversas, evolutivas e involutivas.[16]

Alguns desses signos, apropriados, das mais diversas formas, de todos os tipos de crença e mitologias, vão abrir os portais dos três livros e identificar as páginas de cada um. Caracterizando a heterogeneidade de recursos

[16] Fonte sobre a simbologia do zodíaco: CHEVALIER, Jean; GHEERBRANT, Alain. *Dicionário de símbolos:* mitos, sonhos, costumes, gestos, formas, figuras, cores, números. 13. ed, trad. Vera da Costa e Silva et al. José Olympio, Rio de Janeiro, 1999, 678p.

verbais e não-verbais marcante nas obras de Pávitch, permitem um leque de leituras icônicas associadas ao texto.

A face direita da folha de guarda traseira (página anterior à contracapa), espelho da falsa folha de rosto, traz a mesma ilustração humano-bestial, como se indicando a duplicidade de entradas, característica de publicações ou obras de arte reversíveis, que podem ser lidas também de trás para frente, como sugerem as metáforas da escrita árabe, do caranguejo e do tordo.[17] Continuando a transpor as páginas, depara-se com outro tipo de duplicidade: duas capas internas se sucedem, não mais espelhadas, mas sobrepostas. A primeira se refere à edição atual e a segunda à edição de 1691. Essas simetrias físicas do livro permitem tantas leituras articuladas com a trama quantas são as formas de se recompor uma paisagem de areia. Tento desenvolver algumas.

Na narrativa, similaridades físicas identificam pares de humanos e de demônios. Entre os demônios, os sinais de simetria correspondem à duplicidade de partes idênticas: um rosto formado por duas metades iguais, como o do demônio Ackchani, ou ainda dois polegares em cada mão (uma mão igual à outra) e um nariz sem septo nasal (sem distinção, portanto, entre a narina direita e a esquerda), marcas de todos os personagens capetas. Entre os humanos, ocorrem simetrias invertidas[18] que produzem assimetrias, como um polegar direito e outro esquerdo, marca da procedência de Adão. Sonhando à noite o dia do outro e vice-versa, os duplos Cohen e Bránkovitch[19] adquirem cada um o sinal do parceiro.

Trocam, assim, uma perna manca e outra boa, uma suja de lama e outra limpa, uma barba metade ruiva, metade negra, marca da coexistência das linhagens masculina e feminina (hermafroditismo) dos ancestrais de Bránkovitch que reaparece no bigode ruivo e prateado de Cohen, como um sinal de que dois tempos, passado e futuro, correm em

[17] "Tudo que sei é que se apresentava como um dicionário, ou um glossário, na ordem alfabética árabe, quer dizer, que avançava como um caranguejo, e que devia ser lido como voa o tordo, para trás..." (ODK, 175).

[18] Hayles classifica as simetrias encontradas nos humanos e nos kazares de simetrias reflexivas, como as do reino kazar, cujos rios têm duas margens, uma correndo da direita para a esquerda e outra da esquerda para a direita, enquanto as simetrias dos demônios seriam simetrias de superimposição.

[19] "De noite, ele sente como se estivesse sendo acordado pela fadiga de um outro, e de manhã sente que vai adormecer, pois um outro, em algum lugar, desperta sentindo-se plenamente descansado . Suas pálpebras fecham-se, enquanto alhures se abrem os olhos de um outro" (ODK, 47).

seu corpo. Demônios, portanto, apresentam duplicidades simétricas, enquanto corpos humanos produzem duplicidades assimétricas.

Dotado dos dois tipos de simetria física, o livro integra no seu corpo o confronto entre o humano/divino e o sobrenatural/demoníaco – duas forças que, ao interagir no ato de leitura, reunindo e fragmentando a obra, insuflam na narrativa movimento e ânimo. Os opostos sagrado e profano, masculino e feminino são, como demonstrou Mircea Eliade, baseado na teoria de Jung sobre a natureza dupla de Cristo, dimensões unas do "mistério da totalidade" encerradas na *coincidentia oppositorum, complexio oppositorum* ou simplesmente reunião dos contrários.[20]

Capas duplicadas e capas espelhadas apontam para dois modos básicos de leitura possíveis: do tipo palíndromo, reversível, da direita para a esquerda e vice-versa, ou do tipo palimpsesto, em que os dicionários em *mise en abyme* (o da princesa Ateh, o de Daubmannus e o atual) e os três Livros (o Vermelho, o Verde e o Amarelo) se encaixilham. Mesmo os verbetes podem ser lidos como camadas de informação suplementares, que operam entre si a sintaxe de uma oração coordenada aditiva (e...e...e...) ou alternativa (ou...ou...ou...) muito mais do que de uma oração subordinada causal ou predicativa, quando os elementos da frase estão subjugados um ao outro e hierarquizados pelo verbo ser.

Por exemplo: no primeiro livro, Bránkovitch sonha com um rapaz que tem a metade do bigode prata, como se tivesse envelhecido ao meio, e no Apêndice I, padre Nikólski descreve um jovem de olhos vermelhos com um bigode metade prateada **e** metade ruiva. As três entradas kazares reiteram e adicionam informações sobre o sonho do kaghan e o colóquio religioso que o soberano convocou para interpretá-lo, mas desdobram-se em caminhos optativos com a conversão dos kazares **ou** ao cristianismo **ou** ao islamismo **ou** ao judaísmo.

[20] ELIADE, Mircea. *Mefistófeles e o andrógino*: comportamentos religiosos e valores espirituais não-europeus, trad. Ivone Castilho Benedetti e Marina Appenzeller. Martins Fontes, São Paulo, 1991, p.81.

As relações paratáticas, que subentendem igualdade entre as partes, predominam sobre as relações hipotáticas, que estabelecem ordem e hierarquia na subordinação de um evento a outro, como nos enredos realistas convencionais. A cada fragmento, os narradores caem em reiterações e contradições, como se reabilitassem o direito do leitor de iniciar a leitura por qualquer entrada, como se não tivéssemos obrigação de ter lido o que foi dito antes. Dessa forma, embora promíscuas em ligações, as partes têm autonomia – a um só tempo, interconectam-se e suplementam-se, em uma narrativa franzida de pregas, que, ao se desdobrarem, revelam o que antes a estrutura ocultava.

No reino das multiplicações e dos espelhos, há também capas internas em *mise en abyme*. A primeira traz o título, o subtítulo, o nome do autor e o selo da editora Marco Zero compondo um retângulo cercado por uma faixa de arabescos, sem qualquer referência ao ano de publicação. A segunda, em formato fac-símile (qual é a original?), traz dentro do retângulo o título em latim e o nome do tipógrafo Daubmannus no lugar do nome do autor. Como se auferindo autenticidade ao fragmento, uma placa, à moda dos pergaminhos antigos, contém a data da publicação. Na base inferior da página, mais uma observação intrigante:

Capa da edição original (destruída)
do Dicionário Kazar, publicado por
Daubmannus, em 1691
(Reconstituição).

Há aqui um contra-senso gritante: como é possível fazer a reconstituição de uma capa destruída? À medida que se adentra o recinto da obra e se transpõe uma *página-umbral* após a outra, os paratextos se acumulam, preparando terreno para uma terceira capa-título, onde se instala outro aviso, discretamente sentado ao pé da folha, abaixo do título da obra em latim, como a seguir:

LEXICON
COSRI

(DICIONÁRIO
DOS DICIONÁRIOS
SOBRE A QUESTÃO KAZAR)

RECONSTITUIÇÃO DA PRIMEIRA
EDIÇÃO DE DAUBMANNUS (1691)
(DESTRUÍDA EM 1692) AMPLIADA
ATÉ OS DIAS DE HOJE

Apreciemos melhor esse paratexto, dividindo-o em duas partes. A primeira informa que a obra é uma reconstituição da primeira edição de Daubmannus, publicada em 1691 e destruída em 1692, e, com ela, o livro parte de um grande hiato, que permanecerá após virada a última página: de onde provém a edição atual? Nas Notas Preliminares, o narrador avisa aos puristas da História estar consciente de que o material da edição de Daubmannus "não é garantido, que é, em grande parte, baseado em lendas, que representa o mesmo que uma refeição consumida em um sonho" (ODK, 18). Com uma honestidade irônica, adverte que seu livro não procura apresentar um ponto de vista moderno sobre os kazares, mas é uma tentativa de reconstituir a edição perdida de Daubmannus e que "os conhecimentos atuais sobre os kazares só são utilizados como complemento indispensável aos fragmentos da fonte desaparecida".

Observações em tom de *nonsense* ao mesmo tempo disfarçam e chamam a atenção para as incongruências da narrativa. Uma delas acentua que a subdivisão tripartite do Dicionário também é o princípio desta segunda edição: "O lexicógrafo tomou esta decisão, apesar das dificuldades inauditas decorrentes da falta de documentos originais, depois de ter lido esta frase na enciclopédia kazar 'O sonho é um jardim do diabo, e todos os sonhos deste mundo já foram há muito sonhados. Hoje, eles são apenas trocados pela realidade igualmente gasta e usada, assim como as moedas e notas são trocadas de mão em mão...'" (ODK, 18).

À maneira de Borges, que pedia desculpas ao seu leitor por ter-lhe usurpado previamente algum verso feliz,[21] o "autor atual" abre mão de qualquer pretensa originalidade que não se funde nas ruínas circulares da escrita. Remete-se aos seus antepassados e se coloca como um usurpador dos sonhos alheios. De que outra maneira, a não ser nos sonhos, poderia o "lexicógrafo" ter lido a mítica "enciclopédia kazar?" Acrescentam-se detalhes precisos que parodiam a ciência e sustentam o engodo narrativo, incluindo fontes e superfícies de escrita extraordinárias utilizadas pelos autores para elaborar a primeira edição da enciclopédia kazar vários séculos depois do seu desaparecimento:

> Estudaram-se espécimes de moedas tricornes, os nomes inscritos em antigos anéis, os motivos gravados em jarros de sal, a correspondência diplomática, retratos de escritores tendo, ao fundo, desenhos de livros cujos títulos foram atentamente transcritos; escutaram-se os relatórios dos espiões, os testamentos, as vozes dos papagaios das margens do mar Negro, que se acreditava falarem a língua kazar desaparecida, as pinturas com cenas musicais nas quais decifraram-se as notas inscritas nas partituras, e até

[21] "A quem ler: Se as páginas deste livro consentem algum verso feliz, perdoe-me o leitor a descortesia de tê-lo usurpado eu, previamente. Nossos nadas pouco diferem; é trivial e fortuita a circunstância de que sejas tu o leitor destes exercícios, e eu seu redator." BORGES. Jorge Luis. Fervor de Buenos Aires. In: *Obras completas I*, Globo, São Paulo, 1999. (Epígrafe).

> mesmo uma pele humana tatuada, sem contar os arquivos de origem bizantina, judaica e árabe (ODK, 14).

A bem da verdade, a "primeira edição" já não é a primeira, mas uma multiplicação de livros em *mise en abyme*. Antes do dicionário editado por Daubmannus, houve o *Libre Cosri*, de Halevi, muito semelhante, que, por sua vez, inspirou-se no dicionário ou enciclopédia dos kazares, organizado anteriormente pela princesa Ateh como um ciclo de poesias em ordem alfabética. Essa antologia, chamada *Da paixão das palavras* (sempre segundo "uma fonte"), também desapareceu junto com as runas da língua kazar após o ato de conversão.

Pressentindo o perigo de sua língua desaparecer com a conversão, Ateh ensinou os poemas do *Dicionário Kazar* aos papagaios para que espalhassem aos pássaros nas florestas à beira do Mar Negro. No século XVII, o diplomata Avram Bránkovitch descobriu que os versos recitados por seu papagaio, capturado à margem do Mar Negro, eram na língua kazar. Esperando reencontrar os poemas da princesa Ateh, ordenou que um de seus escribas anotasse todos os sons que a ave pronunciava. Desse modo, escreve o narrador do verbete da princesa Ateh no Livro Amarelo, "parece" que os poemas puderam ser integrados na edição de Daubmannus (ODK, 185).

Mas essa é apenas uma das trajetórias possíveis para o dicionário da princesa. Em um labirinto de histórias simultâneas e múltiplos percursos, enquanto personagens aqui caminham em uma direção, no verbete adiante já seguem para o lado oposto. Se saltamos quase 200 páginas ouviremos do padre Teoktist Nikólski, "redator da primeira edição do dicionário kazar" que o demônio Sevast pegou o papagaio e cortou sua língua em duas com uma faca (ODK, 281).

O Livro Verde, com as fontes árabes, traz mais uma contraversão. Um velho acorda Maçudi no meio da noite e conta-lhe que as obras da princesa sobre os caçadores de sonho foram queimadas pelo califa Mostandji junto com os livros da cátedra islâmica dessa escola e os escritos de Avicena, impedindo que a edição original do dicionário kazar fosse conservada (ODK,145). Maçudi ganha do velho uma versão árabe do dicionário, mas acaba vendendo-a no mercado principal ao padre Teoktist Nikólski, contratado por Bránkovitch. Esses escritos foram, agora segundo Nikólski, lançados ao fogo pelo demônio Sevast, junto com a parte grega, que estava sendo escrita por Bránkovitch. Contratado por Daubmannus, o padre transcreveu tudo o que decorara desses manuscritos, incluiu a parte hebraica largada por Cohen ao cair em sono comatoso, e, assim, teria sido viabilizada a "primeira edição".

A edição de Daubmannus não teve destino menos acidentado do que as anteriores. Conta o metanarrador nas Notas Preliminares que a tiragem de 500 exemplares foi queimada pela Santa Inquisição, só restando dois exemplares, o de ouro, envenenado, e o prateado, de controle. As páginas do exemplar de ouro foram consumidas uma a uma pelo herdeiro da família Dorfmer para enxugar a gordura de sua sopa, poupando apenas as páginas ilustradas, que deixavam um gosto amargo no prato. No século XX, pesquisadores supunham que o exemplar de controle estivesse com um professor de Arqueologia e Orientalística, "um certo Doutor Isailo Suk" (ODK, 17), mas nada foi descoberto entre suas coisas depois de sua morte.

Em meio a tantas contradições e linhas narrativas divergentes, pode passar despercebido que a obra é a reconstituição dos fragmentos de um livro queimado, destruído e perdido durante a história que lemos. A menos que o "autor atual" tenha furtado o exemplar que Dr. Suk inexplicavelmente guardava antes de ser sufocado com o próprio travesseiro, temos nas mãos um simulacro.

Na segunda parte do paratexto, que há muito ficou para trás, o detalhe "ampliada até os dias de hoje" marca o caráter interativo da obra, deixando implícita a possibilidade de uma nova edição e de novas autorias se incorporarem a ela. Pávitch fixa as bases da escrita hipertextual, construindo um romance que se completa com a contribuição que cada *escrileitor* terá de acrescentar ao ler e compor a narrativa.

É em alusão a esse *escrileitor* que nas Observações Preliminares o metanarrador nos chama de "público atual". Tão polissêmica quanto a denominação "autor atual", a expressão lembra que há edições anteriores e reitera a idéia de que a leitura atualiza a obra. Acrescido da contribuição do leitor, que poderá ser o próximo autor, "um livro pode ser transformado, engordado ou violado" (Observações Finais, 297). Cada leitor ativo, ao criar sua trilha, passa a fazer parte também da seita de caçadores de sonhos, que "transmitiram esse dicionário de geração em geração, e cada um deles tinha o dever de completá-lo" (ODK, 145).

Referências insistentes à revisão e ampliação da obra reforçam o aspecto móvel e não conclusivo da escrita. No contexto em que foi escrito, quando o uso doméstico do computador apenas começava a se popularizar, o romance encerra um certo tom premonitório em relação à literatura contemporânea. Transportados para o meio eletrônico, os livros sujeitam-se hoje a alterações *on-line* e a obra não adquire fixidez nem depois de publicada. Mas a história da escrita mostra que, desde o tempo dos pergaminhos, a literatura impressa não se curvou à primeira versão. Atualizada pela leitura ou pela revisão do autor, a obra não pára nem mesmo depois de publicada.

Os exemplos mais ilustrativos que encontro: a Bíblia, alterada desde a Antiguidade até hoje por incontáveis versões e traduções, supressões e acréscimos de originais perdidos, e o ensaio "A obra de arte na era de sua reprodutibilidade técnica", em que Walter Benjamin cria sucessivas versões com diferenças significativas entre si para falar justamente sobre a serialidade da arte na Idade Moderna.

Mesmo quando assinados por um editor, dicionários e enciclopédias são elaborados por equipes, somando à idéia de atualização permanente, a de autoria coletiva. Trazendo para a ficção essa multiplicidade autoral própria do enciclopedismo, Pávitch cria uma profusão de narradores que são, ao mesmo tempo, personagens e autores. Críticos do espaço cibernético costumam associar a escrita virtual à idéia de simulacro, mas, com essa estratégia, a hiperficção impressa é que simula a impressão que só o hipertexto eletrônico, através das experiências com poesia digital, parecia capaz de produzir: a simultaneidade entre o que está sendo lido e o que está sendo escrito.

Uma teia de sonhadores coletivos "envolvida numa rede de ilusões de diferentes eras" surge, então, derrubando as fronteiras entre autor e leitor. A reprodução especular de narradores e a reflexividade entre as duplas leitor/autor lançam a escrita em uma autoria múltipla e fazem esquecer (ou relativizar) a autoria individual de Pávitch em uma enciclopédia em que até os sonhos são *borgianamente* coletivos:

> Maçudi compreendeu que gerações e classes sociais inteiras sonhavam, às vezes, o mesmo sonho com as mesmas pessoas. Mas também compreendeu que alguns sonhos mudam pouco a pouco e se desgastam, e que eram mais freqüentes no passado do que no seu tempo. Esses sonhos coletivos estavam, aparentemente, envelhecendo (ODK, 152).

Ao leitor da hiperficção (impressa ou eletrônica) pede-se, assim, muito mais do que manter a avidez para seguir em frente, uma linha de enredo. Há um investimento maior de tempo e de trabalho intelectual para compor um todo que não está dado, acidentado por recuos, avanços e leituras cruzadas. O desafio inicia na escolha da forma de ler os três livros, a partir das três sugestões básicas propostas pelo autor nas Observações Preliminares: em linha reta, diagonal ou em ziguezague, navegando sob a guia dos ícones-*links*. A leitura convencional, única e em linha reta, mostra-se, na minha experiência, pobre e incapaz de investir sentidos, pois as possibilidades de associações ficam à mercê de uma memória totalitária (satânica) da qual não dispomos.

Sempre que o leitor reler a obra e estabelecer associações entre partes distantes, fará um percurso único pela sua geografia, porque formado pela reunião de um número de percursos variáveis, que não se repete duas vezes obedecendo à mesma configuração. Em um romance cujo enredo não está evidente e cujas partes podem ser arrumadas em diferentes arranjos, a co-participação do leitor na autoria da obra não se limita à tarefa hermenêutica comum a qualquer texto. A interpretação é carregada de uma responsabilidade autoral que não se basta à exegese do enredo. Interpretar aqui é também estruturar e desestruturar, construir e desconstruir, montar, arquitetar, jogar.

Em sincronia entre o enredo, a estrutura narrativa e o procedimento de leitura que ela exige, os personagens são indistintamente leitores e autores de uma obra que espelha a obra. "Não esqueças de depositar o texto de teus relatórios e contribuições no dicionário kazar, onde todo caçador de sonhos eficiente os deixa — na mesquita de Bassorá, dedicada à profetiza Rabia..." (ODK, 148), adverte o velho que aconselha Maçudi a abandonar a música e a seguir a arte dos caçadores de sonho. "Qualquer um pode arranhar um alaúde, mas tornar-se caçador de sonhos somente é concedido àquele que é eleito, é um dom do céu!" (ODK, 145).

Na linha de Borges, um autor que se fingia de leitor e dizia ironicamente orgulhar-se não tanto dos livros que escreveu quanto dos que leu, a função do leitor é valorizada, enquanto o autor procura estruturalmente minimizar a sua função dentro da ética da *escrileitura*. Ouvindo as palavras do velho, o célebre alaudista árabe deixa de compor no instrumento e passa a acrescentar no *Dicionário Kazar*, as biografias de suas caças oníricas, mas cessa as anotações quando Ackchani sopra-lhe nos ouvidos como uma serpente sedutora: "Todo mundo pode fazer música ou escrever um dicionário. Deixa isso para os outros, pois somente os seres raros e excepcionais como tu podem ver, através da fenda aberta entre dois olhares, o reino da morte" (ODK, 161).

Influenciado pelo demônio árabe, Maçudi deixa de contribuir para o livro e, tendo já abandonado a carreira de músico, encerra sua caça aos sonhos que compõem o corpo/livro para viver a experiência da morte através da invasão *voyeur* da mente de Cohen. Em sua errância e permanente convolação, o quixotesco Maçudi passa de uma profissão a outra, sem se dar conta de que, sendo músico, autor de dicionário ou leitor de sonhos, age em torno de tarefas equivalentes de interpretação do mundo. Em outras palavras, o desastrado Maçudi, perde mais uma vez sua melhor oportunidade, deixando de colaborar na reconstituição da vida (o corpo/livro de Adão) para se ocupar da morte.

Escadaria-parede

Como é próprio das enciclopédias ou dicionários, cujo autor é o editor, as informações editoriais merecem o devido destaque de uma obra que valoriza a paratextualidade. Na nota "A Propósito da Edição Brasileira", que ocupa toda a última página, à moda francesa, tudo o que se refere ao livro importa: o nome dos editores, no alto da página, o esclarecimento de que as ilustrações e vinhetas fazem parte da edição servo-croata, a família, o corpo e até as origens do tipo oitocentista em que o romance foi composto, sem omissão do nome dos artistas responsáveis – os anteriores e os atuais.

Dentro do espírito "livresco" da obra, os detalhes incluem a informação de que a capa foi recriada a partir do padrão usado nas Cartas Cirílicas, nome da correspondência do monge filósofo e lingüista Cirilo ou Constantino de Salônica, um dos personagens do romance. Entrando no jogo paratextual, os editores fazem, entre travessões, uma observação que remete ao enredo e ao caráter fantástico da obra: "A tradução dos textos em hebraico e latim – **para facilitar os sonhos dos leitores** – foi feita por Maria Luiza Jovanovic, especializada em Línguas Orientais e Modernas". Embebido da paratextualidade pavitchiana, o detalhe técnico se integra ao conteúdo narrativo do texto grifado, formando um chão comum em que discursos de natureza e lugares distintos se entrelaçam.

Pouco comum na literatura que separa texto e paratexto, a evidência das questões editoriais não causa estranhamento se já estamos familiarizados, no texto, com as constantes referências a Daubmannus. De acordo com o narrador de sua biografia-verbete, o tipógrafo interfere tanto na obra quanto os autores, cronistas e personagens:

> A matéria desse dicionário, composto ele próprio de três dicionários sobre a questão kazar, foi-lhe fornecida, por sua vez, por um certo monge cristão ortodoxo. Mas Daubmannus completava o material recebido, de modo que aparece não apenas como editor do *Dicionário Kazar* mas também como seu autor. Isto se evidencia igualmente pela escolha das línguas utilizadas na edição. O autor do texto de acompanhamento em latim é certamente o próprio Daubmannus, pois o monge, sem dúvida, não conhecia latim (ODK, 212).

Mas falava de paratexto e já adentro o texto, arrastada pela insidiosa dialética que os encadeia. Retornemos à capa. No reino das imposturas, até o título da obra pode ser uma armadilha para flagrar o leitor em suas pré-concepções de gênero – literário e sexual. O complexo de informações da capa integra uma espécie de triângulo-arapuca, onde cada elemento tem seu grau de ironia e verdade: o título *O Dicionário Kazar*, o subtítulo "romance-enciclopédia em 100.000 palavras", o nome do autor, inscrito na mesma fonte, de forma a embaralhar título e autoria e, na base do triângulo, a especificação "Edição Masculina" ou "Edição Feminina". Como é próprio do livresco privilegiar a relação corpo/livro, o título se refere mais às características físicas da obra e menos ao enredo.

O subtítulo "romance-enciclopédia" encerra uma contradição de gênero. Na edição da Penguin, uma etiqueta com o código de barra na contracapa traz a insígnia "Fiction", que procura tristemente pôr fim à ambigüidade paratextual, esclarecendo o leitor sobre o tipo de livro que ele quer comprar – em curtas palavras, para evitar a famosa troca "gato por lebre". Independente da tarja, um leitor que julga saber separar ficção de não-ficção pode ficar confuso diante de um romance com corpo de enciclopédia ou de um livro com um corpo feminino e outro masculino.

Tantas incongruências impõem uma questão premente: o título da obra é ou não confiável? Até que ponto é sincero e até que ponto mente? Em seu ensaio *sobre O Dicionário Kazar*, Ivam Callus mostra a importância da paratextualidade na obra de Pávitch, detendo-se mais demoradamente na análise do título da obra, que diz funcionar como um índice enganoso de leitura. Seu principal argumento é que um dicionário não se presta ao gênero narrativo, apesar da estrutura léxica (e nesse ponto o título é coerente, pondera Callus).

> As the reader weights up the title he or she might well protest, inwardly, that dicitionaries are not narratives, or that they are not supposed to be. Dictionaries are preeminent within the ranks of the non-fictive. They are supposed to be functional, to be dipped into a need rather than read.[22]

[22] CALLUS, Ivam. *Cover to cover*. October 8, 1999. <http://www.altx.com/ebr/ebr8/8Callus.htm>.

A pequena inscrição "romance-enciclopédia" que segue o título poderia ser classificada, de acordo com o ensaísta, como uma isca falsa, recurso típico das narrativas pós-modernas, cujos títulos enganosos nada têm a ver com o enredo que suportam ou mesmo são desmentidos pela história. Callus cita os exemplos de *Vie, manual d'emploi*, de Perec, which, "though it may provide an edifying read, is probably rather less successful in guaranteeing its readers a happier existence". Cita também o *Lemprière's dictionary*, de Lawrence Norfolk (1991), que rouba o título do *Charles Lemprière's classical dictionary*, criando um efeito similar ao que seria produzido por um romance chamado *Roget's thesaurus* (em referência ao físico britânico Peter Market Roget, que no século XIX compilou o *Thesaurus of english words and phrases*) ou Fowler's modern english usage. Outras obras de ficção inglesa que servem como exemplos de romances cujos títulos parodiam o gênero ou a categoria que ostensivamente extrapolam incluem *Learning to swim* (1982), de Graham Swift's; *A History of the world in 10 ½ chapters* (1989), de Julian Barnes e *Boating for beginners (1985)*, de Jeanette Winterson. Na linha de títulos que confundem o gênero ou a forma, lembro alguns títulos da ficção portuguesa: *História do cerco de Lisboa* (1989), *Manual de pintura e caligrafia* (1993), *Ensaio sobre a cegueira* (1995), todos de José Saramago, e *Notícia da cidade silvestre* (1987), de Lídia Jorge.

Mas voltando à questão inicial proposta por Callus – o título é enganoso? –, tento refletir sobre ela com outra provocação: quem compra *O Dicionário Kazar* leva para casa um dicionário ou uma ficção, um romance ou uma enciclopédia? Justamente porque não ignora a arquitetura da narrativa, a obra de Pávitch consegue manter-se híbrida. Adotando estruturas sempre fixas, como se a seqüencialidade fosse por excelência a forma do romance, a ficção enclausura o leitor em uma lógica naturalizada e inconsciente que impõe limites e coerência. Sempre que foge a essa linearidade invariável, o autor costuma ser classificado como estilista ou formalista, quando estilistas e formalistas, a rigor, são também as obras que impõem uma convenção.

Enquanto casa da narrativa, o corpo não aprisiona a obra. Do contrário, liberta-a para múltiplos devires, como o romance-labirinto-jardim de Ts'ui Pen. Ao dar à ficção uma casa específica, o formato dicionário não a tranca nas paredes do suporte impresso. Dependendo da fachada que se olha, as linhas fazem um novo agenciamento e surge uma nova arquitetura. O livro é, então, um organismo aberrante: tem o corpo de dicionário e pertence ao gênero da não-ficção; tem "alma" de romance e alia-se ao gênero ficção e vice-versa, porque aqui até corpo e alma são reversíveis: "– É a primeira, a mais jovem das almas de Cohen que chora por seu corpo, e seu corpo chora por sua alma" (ODK, 197). Como romance-enciclopédia, produz uma leitura fragmentada (diabólica), como nos livros de consulta, e uma leitura aglutinadora (missionária), que tende a reunir as partes, como nos romances, fazendo rizoma sempre.

Proteiforme, a obra persegue a simultaneidade de caminhos que pode haver entre um romance e um labirinto, já sugerida pelo sinólogo Albert em "El jardín de senderos que se bifurcan": "Ninguém pensou que livro e labirinto eram um só objeto". Dentro da *protocasa* em que habitam as obras de Pávitch, cabe sempre uma forma excedente; ao mesmo tempo um romance e um dicionário, um romance e um livro de palavras cruzadas, um romance e um jogo de cartas.

E já que o fio da discussão é a paratextualidade –, e aí se articulam as relações de metatextualidade – seria dialógico remeter-nos ao Anexo 2 e trazer para dentro deste texto um paratexto do próprio Pávitch sobre a importância que ele atribui à estrutura do romance. Um pequeno e denso ensaio do autor, intitulado *Beginning and the end of the novel*, que traz comentários breves sobre seus quatro romances, ajuda a entrever o conceito de forma na obra de Pávitch. As imagens do corpo ou da arquitetura, como metáforas para a estrutura narrativa, indicam que a preocupação com a "casa" do romance não se limita aos aspectos estilísticos normalmente considerados (pessoa do narrador, marcação de vozes, pontuação, ponto de vista, método pictórico ou dramático etc.).

A forma é o que determina a produtividade do texto, o produto e o processo, o aparato material e intelectual. É o suporte de inscrição e o *software* de leitura determinando modos transdiagonais de movimentar as páginas, indecisos, fora do folhear mecaniquinvariável das narrativas que só mandam seguir em frente. Em Pávitch, como em Joyce, Calvino e Cortázar, o romance habita a forma, lugar onde o hipertexto opera e respira. A forma é, enfim, a própria obra.

Quando o procedimento da ficção não se subjuga às estruturas naturalizadas e claustrofóbicas, quando a arquitetura é móvel e o corpo reversível, a obra alcança essa conjunção de formas. Quanto mais explícita a estrutura, mais aberta e cambiável, como se fosse possível uma "construção rigorosa que se desfaz à menor batida de unha nas paredes do tubo, para ser substituída por outra em que os mesmos elementos convergem num conjunto diferente".[23] Mesmo que essa composição frouxa seja apenas a revelação definitiva e provisória, "peremptória e lábil", como disse Calvino, de uma estrutura que secretamente anuncia outra.

O dicionário-enciclopédia é o *plateau* de uma miríade de formas heterogêneas que se recombinam, como num caleidoscópio. Mudando-se os ângulos da leitura, as partes dão a ver um romance em forma de labirinto, uma história de realismo fantástico, uma metaficção historiográfica, um romance de amor, um romance policial, um livro de poemas, um livro de contos, um livro de histórias de demônios, santos e vampiros, um livro santo, uma cabala, um livro de charadas, de parábolas. Entre tantos devires, o livro con-

[23] CALVINO, Ítalo. *Se um viajante numa noite de inverno*, trad. Nilson Moulin. Companhia das Letras, São Paulo, 1999, p.165.

têm um *tornar-se* enciclopédia bibliográfica, hagiográfica ou ilustrada, no que mistura nomes próprios, designadores de sujeitos, a nomes comuns, indicadores de objetos, porque as enciclopédias têm essa propriedade de, no ato da consulta, interligar a subjetividade e a objetividade de quem, investigando os atores e fatos do passado, investiga a si próprio.

A "forma kazar" do livro tem a fisionomia-camaleão da princesa Ateh, que, todas as manhãs, senta-se para compor os traços de seu rosto diante do espelho, de modo que apresenta sete rostos: um para cada participante do colóquio religioso. Daí vem a expressão "rosto kazar", entendida como o dom, comum a todos os kazares, "de acordar a cada manhã metamorfoseado, com um rosto novo e desconhecido, o que dificultava o reconhecimento da pessoa mesmo entre os parentes mais próximos" (ODK, 27).

Travestimento de formas nessa obra lembra a parede-escadaria que Cohen precisava atravessar para ir até o quarto de sua amante Efrosínia Lukárevitch, uma escada deitada de lado, com seus degraus verticais colocados à esquerda dos pés, e não sob eles, fazendo-o escorregar e cair, como de um mar que não se deita no horizonte, mas permanece em pé, deixando para trás um abismo. Esse mar vertical que se agita como uma cortina e faz a gente tombar estando ainda de pé, leva-me a pensar na estrutura do romance como uma aparência dúbia, que é do objeto e é do olhar, como se fosse possível a um corpo atravessar seus próprios limites e contornos e assumir um outro devir, sem abandonar o anterior.[24]

Caiu sobre uma das colunas-degraus e, como tentava levantar-se, compreendeu que não podia mais usar o chão como suporte, pois este tinha-se tornado uma parede, sem por isto mudar de aspecto. Do mesmo modo, a parede-escadaria tinha-se transformado numa escadaria normal, continuando, porém, idêntica. (...) Sem dificuldade, subiu a escadaria até a

[24] Embora nessas notas sobre a forma do romance não cite Deleuze como meu paratexto, é evidente que me agarro a sua pena quando as páginas no computador ainda estão em branco.

> luz e chegou diante de um quarto no andar superior. Antes de entrar, olhou por sobre o parapeito e percebeu o mar embaixo, tal como tinha costume de ver: murmurando no fundo do abismo sob seus pés (ODK, 191).

A beleza dessas linhas remete à flexibilidade da estrutura do romance. Sob esse prisma, o título da obra é sincero no que se refere às possibilidades híbridas e maleáveis das formas literárias e é mentiroso enquanto as pré-concepções sobre gênero são também, em grande medida, redutoras e mentirosas. O consumidor que compra *O Dicionário Kazar*, ou o empresta em uma biblioteca, leva para casa todas as aparências do romance-enciclopédia e nenhuma isoladamente.

Cem mil palavras

Outra informação poderá ainda confundir-nos nessa "paquera mercadológica" *entremediada* pelos paratextos: o subtítulo propagandeia o número total de palavras e não de verbetes (que seriam 55). Callus acentua o tom bizarro dessa informação, supondo inscrever-se aí uma ironia ao procedimento dos dicionários lingüísticos, que se vendem pela quantidade de vocábulos-entradas e não pela qualidade dos verbetes. Como o título principal, a indicação do número total de palavras sustenta, entretanto, uma relação "sincera" com a estrutura do romance, onde tudo o que é escrita está em interconectividade. Aludindo à operatividade do famoso poema de Queneau, uma rede alfabética, semelhante a que a alma de Cohen visualiza para procurar seu corpo nos manuscritos, forma um diagrama onde todas as letras se recombinam (ODK, 197).

Por conta da miríade de palavras desse "romance léxico", os percursos narrativos podem ser construídos mapeando-se no texto séries ou famílias de vocábulos inter-relacionados. Ao analisar a cópia *hardware*, ninguém chegaria ao detalhismo absurdo de contar o número de palavras do livro, mas a cópia *software*[25] permitiria apreciar melhor a coerência do subtítulo, já que a incoerência salta aos olhos.

Pode ser ingênuo, contudo, pensar que nem o próprio autor seria tão detalhista só para dar ao leitor esse requinte borgiano se os livros, muito antes da hiperficção eletrônica, já vinham sendo gerados em computador, fundindo técnicas manuais e "maquínicas" de escrita. Amante confesso do uso do computador, Pávitch, autor de hipertextos em formato impresso e eletrônico,[26] teve, sem dúvida, imenso trabalho para arquitetar seu dicionário ao longo de cinco anos, mas seus predecessores, sejam reais ou imaginários, certamente tiveram muito mais (Joyce, como sabemos, levou 16 anos para "interromper" seu *work in progress*).

No século XVII, sem instrumentos para classificar e compartimentar a informação, Samuel Cohen era obrigado a carregar um saco com cento e trinta e duas bolsinhas em tecido vermelho, azul, negro e branco, onde colocava, separadas por cor e ordem alfabética, as páginas manuscritas com as biografias que ele próprio redigia ou aquelas reunidas por outros autores antes dele. Menos engenhoso, Maçudi lia e escrevia simultaneamente o *Dicionário Kazar* em um grande rolo, o "rolo kazar", à maneira dos antigos pergaminhos, em que é preciso raspar a escrita anterior para sobrepor a atual.

A presença da informação do número total de palavras denuncia que o autor dispunha de uma ferramenta para contar vocábulos "com um pé na frente e outro nas costas", o que já estabelece uma diferença entre o modo que o autor gerou a escrita e o leitor da cópia *hardware* realizará a leitura.

Da mesma forma, dispunha de recursos eletrônicos – não importa se mais precários do que os atuais – para

[25] Uma empresa iugoslava chamada Centargroup efetuou recentemente a conversão da obra para o formato digital, mas o CD-ROM não está disponível para o mercado exterior.

[26] *Damascene; a tale for computer and compasses,* produzido originalmente para computador, está disponível no sítio oficial de Milorad Pávitch: <http://ezone.org/damaskin/>.

tornar menos árduo seu labor de dividir a história em pedacinhos distribuídos ao longo de 300 páginas e, concomitantemente, dar ao leitor ferramentas (ícones-*links*, índices de página, repetição de palavras e informações) que facilitem o juntá-los depois.

Há certamente uma diferença entre a leitura desse hipertexto produzido com a ajuda do computador, mas impresso em suporte de papel e sua leitura em meio eletrônico. Analisar o específico da hipertextualidade de *O Dicionário Kazar* em meio impresso e em meio digital me parece uma tarefa desafiante e necessária diante da cópia *software* que está por vir e que, tudo indica, já era o devir do livro quando foi escrito.

Epitáfio

Após ultrapassar a sobrecapa e a capa interna da "edição atual", mais um livro sai de dentro do jogo de *emboîtages* e chega-se à "edição de 1691". Para adentrar esse recinto misterioso, lê-se, no canto esquerdo, as inscrições de uma sepultura, como um epitáfio, à maneira de Machado:

> Aqui jaz o leitor
>
> que jamais abrirá este livro.
>
> Aqui, ele está morto para sempre

Inscrição rude, mais um epitáfio do que uma epígrafe. Uma vez que os sentidos no livro caminham seguindo a errância kazar, a epígrafe se move em várias direções. Traduz em um primeiro sentido, a vingança simbólica do autor que morre ao nascer o leitor. Por uma lógica de similaridade, remete ao Histórico do Dicionário e à descrição do exemplar de ouro impresso por Daubmannus com tinta venenosa. Se, por um lado, o exemplar envenenado fulminava os infiéis e insubmissos que ousavam ler o livro, por outro, driblava a Santa Inquisição, permitindo que a obra escapasse da censura e da destruição completa.

> Assim, os insubmissos e os infiéis que ousavam ler o dicionário proibido expunham-se a um perigo mortal. Aquele que abria o livro paralisava-se rapidamente, aguilhoado pelo seu próprio coração como se fosse um alfinete. O leitor morria, efetivamente, na nona página, ao ler as seguintes palavras: Verbum caro factum est (O verbo se fez carne) (ODK, 15).

Ao se expor ao perigo mortal, os heréticos viabilizavam a obra como um agenciamento que só se concretiza na leitura. O leitor que morre na epígrafe não é, portanto, o leitor que se arriscou, mas o que não correu risco algum porque nada leu. Não existem possibilidades de o livro realizar-se entre aqueles que não o leram e por isso estão mortos para a obra. O dicionário que contém a história de um povo desaparecido seria, então, o jazigo, a escritura de todos os que deixaram de existir e, por isso, jamais serão "aguilhoados" pelo livro. A impossibilidade de agenciamento livro-leitor "sufoca o espírito da obra", pois um livro não lido é como um sonho não sonhado, diria, invertendo, como Cohen, o que diz Rabbi Hisda: "O sonho que não é interpretado é como uma carta que não foi lida" (ODK, 202).

Para impedir que gerações inteiras da família Dorfmer, herdeira da primeira edição do dicionário, continuem morrendo, seus membros enfiam uma cruz de madeira na fechadura do dicionário, como as que se põem na boca das donzelas metamorfoseadas em vampiros, evitando que seus espíritos matem os habitantes da casa durante a noite. Em vez de suspender o efeito do veneno, a simpatia desencadeia um surto de mortes por sufocamento. Paradoxalmente, o subtexto da epígrafe traz uma mensagem otimista: para todos os que estão vivos o dicionário será sempre uma possibilidade.

O temor diante de um objeto que transita entre o sagrado e o diabólico lembra o gesto de afastamento do bibliotecário de Borges diante de seu livro de areia. Ao compreender que o volume em forma e aparência de *Bíblia* corrompe a realidade estática, decide "perdê-lo" em uma das úmidas prateleiras no sótão da Biblioteca Nacional, tratando de "não fijarme a qué altura ni a qué distancia de la puerta". Mesmo sem a presença física, o livro continua produzindo sentidos, melancolia e perturbação, e mesmo perdido, o atormentado bibliotecário sempre poderá resgatá-lo. "Siento um poco de alivio, pero no quiero ni pasar por la calle México".[27]

Em *O Dicionário Kazar,* o veneno tenta conter a perspectiva do livro vir a ser resgatado, enquanto a imagem assombrosa do leitor morto aponta para a ameaça da obra encerrar-se em si mesma. Correr o risco do envenenamento ou morrer para a obra: quase uma sentença cármica quando a leitura é vista como atividade perigosa, que quer marcar e mudar a vida.

De volta à superfície

Chego ao Sumário, sem deixar de me guiar pelas páginas que contam, mas não são numeradas, depois de tantas idas e vindas da superfície para as profundezas. Assim faz o caçador kazar, quando emerge dos sonhos para lançar uma olhadela às margens do mundo e descobre, antes de tornar a mergulhar, que é também o ser de fora (ODK, 59). Uma "olhadela" nesse índice basta para mostrar que o que convencionalmente seria chamado de paratexto responde por uma parte muito significativa do texto (**ver** Anexo 1). Pelas definições convencionais, o texto estaria compreendido entre os três dicionários, e todos os itens que o antecedem e o sucedem constituiriam apenas protocolos livrescos. Contudo, o modo de Pávitch subverter os limites

[27] BORGES, Jorge Luis. El libro de arena. In: *Narraciones*. Ediciones Cátedra, Madrid, 1983, p.231.

entre as margens e o centro da obra, estabelece uma dinâmica textual, na qual pode-se ler fora o que está dentro e de dentro remeter-se ao fora.

Nesses termos, o "autor atual" faz um comentário particularmente capcioso quando, nas Observações Preliminares, refere-se à Polêmica Kazar como o acontecimento central do livro.[28] Se é verdade inquestionável que os três livros enfatizam esse acontecimento e que para ele confluem os fatos, é ilusório tomá-lo como um foco narrativo convencional. Afinal, que centralidade é essa, na qual o mesmo episódio "central" desdobra-se em três versões diferentes? Nessa obra em que tudo se desdobra em multiplicidades, o texto, o livro, os personagens e até o centro sofreu descentramento.

Episódio em torno do qual há apenas especulações, imprecisão de datas, de local, de personagens e detalhes, que culmina na conversão de um povo praticante de uma religião desconhecida para outra também desconhecida, a Polêmica Kazar é uma miragem do navegador que se deixa ver por um segundo para, em um piscar de olhos, tornar-se invisível. No desvão em que a história se insinua, o centro já não é um centro, mas um buraco negro entre o acontecido e o narrado, abismo onde se produzem bifurcações e versões à tontura. Multiplicam-se aí centros provisórios, porque há outros, também ilusórios e enganadores: a verdade, as origens, a totalidade, a memória, a escrita, as superfícies de inscrição, o mundo-livro, a criação, a literatura, o narrar.

Parodiando e sabotando a estrutura do romance clássico, fundada em cima de uma trama central da qual tudo parte e para a qual tudo desemboca, Pávitch funda a arquitetura da narrativa sobre falsos pilares. Espécie de centro ausente, "triângulo das bermudas", essa força centrífuga traga todos os percursos narrativos e condena ao extermínio os protagonistas kazares, sem que nenhum esclarecimento emane das águas profundas do passado histórico

[28] "Os kazares desapareceram da cena histórica no mesmo momento que o seu reino, logo depois do acontecimento que estará no centro deste livro – porque se converteram de sua antiga religião, que nos permanece desconhecida, para uma novamente não se sabe qual das três religiões praticadas tanto naqueles tempos como atualmente – o judaísmo, o islamismo e o cristianismo" (ODK, 12).

submergido. Configuração de um labirinto, realiza-se o provérbio que se realizou para Halevi: "Todos os caminhos levam à Palestina, mas nenhum sai de lá" (ODK, 218).

A artimanha literária mostra-se mais engenhosa quando inserida no contexto das teorias pós-modernas que discutem a questão da centralidade do texto e da leitura. Nos pressupostos do texto-rizoma, metáfora de um texto plural, sem princípio, fim ou centro regulador, Deleuze e Guattari propõem uma obra a-centrada e auto-reguladora. Essa rede de linhas rizomáticas, onde todos os pontos se comunicam e onde deveria vigorar um princípio de heterogeneidade, resultaria, ao contrário, em homoge-neidade se na ausência de centro-regulador cada nó equivalesse a outro, como propõem os autores.

Em uma perspectiva diferente, Derrida estabelece o centro como uma função móvel, deslocável em que a hierarquia não esteja predeterminada *a priori*. Na esteira de Derrida, Landow, ao analisar o hipertexto eletrônico à luz de algumas teorias pós-modernas sobre a textualidade, não nega a função centro, mas a coloca em um lugar de precariedade e provisoriedade, que muda de acordo com o foco de atenção do leitor. Landow[29] cita Derrida: "I didn't say that there was no center, that we could get along without center. I believe that the center is a function, not a being – a reality, but a function. And this function is absolutely indispensable".

O descentramento é assim entendido não como a ausência de centro, mas como a impossibilidade de se estabelecer um foco único e fixo de significação. Em desdobramento incessante, multiplicado e pulverizado pelas várias versões, o centro de *O Dicionário Kazar* mostra-se e esconde-se; articula-se mas não se materializa; é evocado mas não nominado. A ausência-presença insistente do dito "acontecimento central" garante que a narrativa se produza dentro de um processo de interatividade e

[29] LANDOW, George. P. *Hypertext:* the convergence of contemporary critical theory and technology. Johns Hopkins University Press, Baltimore, 1992, p.13.

intersubjetividade. Embora descentrada, a leitura hipertextual não condena o leitor ao solipsismo, em que tudo demanda de sua individualidade incomunicável, como se o ato criativo pudesse ser resumido a uma matemática combinatória de signos.

Centros provisórios e fragmentados, paratextos, índices, ícones-*links* que **um outro** está propondo permitem, em um processo dialógico com o autor, estabelecer hierarquias momentâneas e *importâncias* oportunistas que dão ordens ao caos. Por detrás da caótica e aparente homogeneidade entre as linhas e nós, há esses pontos estelares orientando e propondo rumos à navegação, comunicando vários eus e colocando em diálogo permanente uma estrutura prevista e uma leitura única. Salvo da indiferenciação total, do fora absoluto, divino e destituído de sentido, pois o que caracteriza um significante é justamente a diferença, alguém de fora se pode instalar em mirantes rotatórios para organizar a obra-rizoma.

Como parte desse jogo de significantes, os centros moventes evitam que o leitor, perdido como Maçudi em uma floresta escura, navegue a esmo, pois o mar kazar, com seus ventos salgados, pode ser a alegoria do universo. Se os kazares escrevem a cartografia da humanidade, se o mundo inteiro cabe no livro e se, como disseram Deleuze e Guattari, não há mais distinção entre o mundo e a obra, entre história e ficção, entre interior e exterior, há essas instâncias paratextuais fronteiriças entre o dentro e o fora, assegurando que o leitor faça seu recorte/incisão através do gesto da escolha e do mapeamento de seu percurso.

Comparável a uma melodia cujas tensões se encaminham para um tom que não é executado, mas insistentemente evocado, esse centro ausente lembra o contraste que Wiznik faz entre músicas tonais e convencionais e centradas e experiências pós-tonais e seriais. O exemplo que ilustra estas últimas é a faixa “Thomaas”, do disco *Tutu,* de Miles

Davis. Ao contrário da música tonal e cadencial, que se estrutura sob a tensão e repouso em torno de um centro tonal, o *jazz* de Davis retoma um desenvolvimento escalar modal de forma descentrada, no que Wiznik chama de "metamorfose moderna". O resultado é uma melodia não cadencial que, embora modal, estrutura-se em torno de uma tônica fixa ausente, "como um centro desinvestido dessa posição". "O trono da terra existe, mas está desocupado, vazio e em torno dele gravitam escalas de freqüência em galáxias precisas de timbres".[30]

A mesma mola propulsora da ausência-presença está por trás da busca da totalidade que anima (no duplo sentido de que dá alma e movimento) o livro e impulsiona os personagens no sentido da união ou dispersão. Simbolizada pela metáfora do corpo-reino de Adão, a busca da recomposição do todo está em permanente devir, nunca estacionária, embora faça uma aparição nas Observações Finais, onde não se realiza, simula, projeta-se para um encontro externo entre as duas edições.

Nesse descentramento, onde nada é secundário *a priori*, números de páginas, datas de nascimento e de morte, títulos, intertítulos, índices, têm seu estatuto próprio de sentido e *linkam* uma parte a outra, deslocando nossa leitura do centro habitual para as margens. Grande parte das revelações está justamente localizada nas áreas periféricas das páginas, como o cálculo encontrado pela polícia em um rascunho sobre a mesa da família Van der Spaak, trazido no Apêndice II .

$$\begin{array}{r} 1689 \\ +\ 293 \\ \hline =1982 \end{array}$$

A soma interliga o assassinato de Muaviya, em Istambul, no século XX, à ameaça profética dirigida pelo

[30] WIZNIK. *O som e o sentido*. 2. ed., Companhia das Letras, São Paulo, 1999, p.215 e 216.

demônio Sevast a Bránkovitch, às vésperas da batalha de Constantinopla, no século XVII: "(...) em 293 anos exatamente vamos encontrar-nos de novo, nesta mesma estação do ano, aqui, em Constantinopla, no desjejum, e o senhor me julgará então como me julgaria hoje..." (ODK, 55). Além de indicar o ano do reencontro entre Nikon Sevast e Bránkovitch, a senha numérica revela que Van der Spaak é a reencarnação de Sevast e Muaviya a de Bránkovitch.

O autor, o puma e o leitor

Voltemos às Observações Preliminares, onde há outras referências dissimuladas aos hiatos da história. Em cima desses buracos, a narrativa se constrói e por eles escapa, fazendo com que escritor e leitor se mantenham próximos um do outro sem vencer a distância que os separa. Embora se esforcem, o autor não consegue prender o leitor, nem o leitor consegue enjaular o autor, quando um é a presa que o outro não poderá comer, porque entre eles há as lacunas da obra, impedindo leituras e interpretações totalitárias.

Escritor e leitor, dois animais atados por uma coleira, um seguindo o rastro do outro, lutam na imagem da corda puxada por dois homens com um puma ao meio, que faz parte dos Fragmentos Conservados do Prefácio da Edição Original de Daubmannus, publicada em 1691 e destruída (traduzidos do latim), outra parte de procedência inexplicável:

> Imaginem dois homens que puxam uma corda em cada uma de suas extremidades, mantendo desse modo um puma no meio. Se querem se aproximar simultaneamente um do outro, o puma vai atacá-los, pois a corda não mais ficará esticada; é preciso, então conservar a corda bem estendida a fim de que o puma permaneça a igual distância de cada um deles. É por esta mesma razão que o escritor e o leitor dificilmente chegam a se aproximar: seu pensamento co-

> mum fica amarrado por um fio que cada um puxa para seu lado. Se perguntássemos ao puma, ou seja, ao pensamento, como ele vê os outros dois, ele poderia dizer que duas presas comestíveis puxam, de cada extremidade da corda, aquele que não vão poder comer (ODK, 22).

Esse jogo é tão ou mais complexo quando Averkye Skila, preso entre a dupla de sonhadores Cohen-Bránkovitch, foge desse círculo reflexivo abrindo uma fenda/saída no corpo do leitor/caçador de sonhos Maçudi.[31] Minada de armadilhas, a narrativa insinua suas fendas e saídas em lendas pouco confiáveis, como a história do "Grande pergaminho", na qual um mensageiro deambulante que trazia tatuadas em seu corpo as imagens e a história dos confrontos kazares com outros impérios. A probabilidade de a versão do pergaminho humano ser conseqüência de uma leitura equivocada da fonte histórica não impede a narrativa de prosseguir: ela se desdobra justamente de seus impasses, objeções e buracos:

> Entretanto, certas fontes recusam essa história do mensageiro tatuado evocada por Daubmannus. Pretendem que se tratava de um cântaro de sal ricamente decorado e enviado como presente ao imperador bizantino, para que ele pudesse aí ler a história kazar, e que toda a lenda do "Grande pergaminho" é, na realidade, apenas conseqüência de uma leitura equivocada da fonte histórica. Esta objeção levanta, no entanto, uma dificuldade. Se se aceita a hipótese do cântaro de sal, não se pode compreender a continuação da história do "Grande pergaminho" (ODK, 71), que é a seguinte:

E a história continua por muitas outras páginas, tropeçando em intervalos, omissões, buracos e imagens turvas. Torna-se um enigma perpétuo na parte do assalto kazar contra Kiev, em 862, porque o polegar do mensageiro, ferido nesse assalto duas décadas antes, infeccionava constantemente, turvando as imagens do futuro que previa. O "Grande pergaminho" só começa a contar a história do ter-

[31] Ver capítulos "Porvir de criatura, devir de criador" e "E o verbo se fez carne".

ceiro grande ano de guerra, porque os primeiro e segundo anos kazares foram perdidos quando o mensageiro da "carta que anda" teve uma parte do corpo amputada por punição. A história sobre a carta ambulante termina/é interrompida nesse ponto-buraco do polegar, porque a fonte grega que a relatou omitiu todos os fatos referentes às relações bélicas dos kazares com outros impérios. O narrador pára de escrever e o mensageiro deixa de se deslocar para cumprir sua missão em outros países, em uma associação marcante entre literatura e movimento (que analiso mais de perto no capítulo "O pergaminho *griot*").

Tanta obscuridade, quebras de continuidade e incongruências, quando as regras de verossimilhança requerem que as coisas no mundo fictício se ajustem e fluam em direção a um só eixo (como os rios não-kazares), parecem satirizar e pôr obstáculos à pretensão crítico-literária que se arrogue a tudo explicar ou a libertar o sentido preso na obra. "Quanto aos que julgam um livro, os críticos literários, são como os maridos traídos: sempre os últimos a ficarem sabendo..." (Observações Preliminares, 22).

Na mesma linha auto-reflexiva, os hiatos parecem ironizar a velha obsessão acadêmica em esclarecer as origens, como se para cada mistério houvesse um "pergaminho achado" ou fosse possível encontrar os "manuscritos do Mar Morto". Obcecados pelas fontes, pesquisadores universitários procuram pateticamente os originais kazares, mas, por trás de cada documento, há sempre outros, por trás de cada fonte, uma nova versão e, à porta da verdade histórica, um abismo.

O "acabado interrompido"

Tratemos agora do início e do fim. Se, nas narrativas tradicionais, essas convenções compõem o corpo principal da obra, em *O Dicionário Kazar*, elas se fingem e se disfarçam nos índices e anexos, onde o metanarrador implantou-as artificialmente. O início, como ponto de largada da corrida em busca da união dos fragmentos do dicionário, foi instalado nas Observações Preliminares, *dentro* da qual o autor descreve o Histórico do Dicionário Kazar, a partir de um obscuro acontecimento que já tem seu lugar e seus registros também *fora* do livro. Por conta da transitividade das estruturas convencionalmente fixas em um romance, o fim também se localiza em um entrelugar, que oscila das Observações Finais sobre as vantagens deste Dicionário e a passagem em itálico no verbete de Dorotéia Schultz. Aqui o paratexto remete os leitores, ao mesmo tempo, ao texto, dentro, e ao encontro da leitora com o leitor, fora.

Assim como o pai-criador de Petkútin introduziu as doenças e a morte no peito de seu filho adotivo para enganar os vivos, Pávitch cria um final feliz, romanesco e açucarado. Satisfaz ironicamente a ansiedade corporal e os hábitos consumistas de leitura usando os paratextos, que são, afinal, iscas para prender o leitor e vender a obra. Por esse ardil, enquanto o leitor é fisgado pelos preâmbulos e epílogos, o corpo da obra, propriamente dito, fica solto para que os verbetes, livres das amarras do começo e do fim, agenciem-se e movimentem-se.

Mas, se como diz o narrador de *Se um viajante numa noite de inverno* (1979),"Tudo começou desde sempre, a primeira linha da primeira página de todo romance remete a alguma coisa que já sucedeu fora do livro", quem pode determinar o momento exato em que começa uma história?[32] E quem pode determinar, em uma ficção hipertextual, na forma de dicionário, onde os acontecimentos formam uma grande teia, o momento em que o leitor desiste de perseguir os *links*? Com mil percursos, mil entradas e mil saídas, o começo é apenas um ponto distante e obscuro na história de um povo perdido, e o final é o momento em que a história *ad infinitum* do juntar e dispersar fragmentos do

[32] CALVINO, Ítalo, ob. cit., p.157.

livro foi interrompida de um modo pelo autor, mas pode ser interrompida de inúmeros outros pelo leitor.

Em *Se um viajante...,* Calvino também explora a ambigüidade narrativa dos paratextos. O romance é composto da reunião de inícios de romances interrompidos, produzindo um efeito que ele sintetiza no oximoro "acabado interrompido"[33] e que só compõem um corpo gramaticalmente coeso no final, quando o leitor e a leitora se casam e todos os títulos dos capítulos, em seqüência, formam uma narrativa.[34] Com a disfarçada unidade temática dos fragmentos e a propriedade *composível* dos títulos, Calvino vale-se da interrupção para criar um todo fragmentado e interativo. E institucionaliza o trauma romanesco da interrupção na estrutura da sua obra, conservando, a cada novo fragmento, a expectativa criada pelo título de um romance que se inicia.

Nessa obra, Calvino estabelece desde os primeiros capítulos um diálogo com o leitor-protagonista – duplo, porque clivado em leitor e leitora. Os fragmentos de romance interrompidos são intercalados por capítulos em que a leitora anuncia o romance a seguir, como se fossem correlatos "femininos" para cada exemplo de romance "masculino" que o autor experimenta em sua coletânea de exercícios de estilo. Uma indefinição marca o romance: um capítulo comenta a obra, referindo-se ao autor e ao leitor como personagens, enquanto, no seguinte, desenrola-se uma narrativa interconectada com as demais, porém inédita.

No romance-enciclopédia, Pávitch também aproveita a interrupção para dinamizar a leitura, conservando a cada nova entrada com o nome de um personagem ou objeto diferente, ou ainda, a cada história interpolada, a expectativa do início. O que impulsiona a leitura não é tanto a ansiedade em torno do que acontecerá, como na economia folhetinesca, mas a novidade do desconhecido e a esperan-

[33] *Ibidem, idem,* p.268 (Apêndice).

[34] A seqüência dos capítulos é esta: Se um viajante numa noite de inverno, Fora do povoado de Malbork, Debruçando-se na borda da costa escarpada, Sem temer o vento e a vertigem, Olha para baixo onde a sombra se adensa, Numa rede de linhas que se entrelaçam, Numa rede de linhas que se entrecruzam, No tapete de folhas iluminadas pela lua, Ao redor de uma cova vazia, Que história espera seu fim lá embaixo?

ça de que o próximo verbete esclareça o que aconteceu nos fragmentos anteriores. Saltando de paratexto em paratexto e de texto em texto, o leitor perfaz a complexa teia do romance.

Enquanto em Calvino os romances inconclusos são abandonados pelo caminho para reconstituírem, ao final da leitura, um todo fragmentário com uma tênue unidade temática, em Pávitch, as narrativas aparentemente concluídas em um verbete são retomadas em outros, para serem reiteradas, desdobradas ou contraditas. Como parte do gesto de intervenção que caracteriza a interatividade da obra, a interrupção não aborta o processo narrativo ou o fluxo da história. Ao contrário, incorpora a ele uma atitude de reiniciar ou *reencetar* a história, como se cada fragmento formasse um conto separado.

Em obras marcadas pela linearidade, onde tudo se desencadeia teleologicamente para um desfecho, a interrupção pode ser traumática para a narrativa e por isso é evitada. Contudo, mesmo o ensaio, que prima pelo caráter conclusivo e pela retórica do princípio-meio-fim, pode ser subvertido pela gana do leitor de saber o que há mais adiante ou de retomar o que deixou para trás e esse é o espírito da leitura hipertextual. Montaigne, propalado "inventor" do ensaio como forma literária, dizia não ler livros, mas

> folheá-los, "sem ordem e sem objetivo preciso", "à pièces décousues", aleatoriamente, atento menos à ordem das razões e mais à desordem vívida e vital de teses e possibilidades de refutação. Lia por pedaços, abandonando-os ao sinal do menor tédio, podendo, então, sempre retomá-los. Experiência "atomista", a indicar um pensamento se fazendo, não por disjunção, mas por acréscimo e inclusão. Toda leitura é "movimento".[35]

Entre os preceitos fundamentais do hipertexto, está o de respeitar o direito do leitor de interromper a leitura em qualquer ponto e saltar de uma parte a outra, sem que sua

[35] MATOS, Olegária C.F. O sabor da vida: o saber viver. *O Estado de São Paulo*, Caderno 2, p. D-3, 1999.

intervenção comprometa a narratividade, como habitualmente ocorreria em um enredo linear-evolutivo. Daniel Pennac enumera assim "les droits imprescriptibles du leccteur":[36]

> 1. Le droit de ne pas lire. 2. Le droit de sauter des pages. 3. Le droit de ne pas finir un livre. 4. Le droit de relire. 5. Le droit de lire ne importe quoi. 6. Le droit au bovarysme (maladie textuellement transmissible). 7. Le droit de lire n'importe où. 8. Le droit de grappiller. 9. Le droit de lire à haute voix. 10. Le droit de nous taire.

Se pensarmos esses direitos à luz do hipertexto, outros itens poderiam ser acrescentados ou desdobrados da lista de Pennac. O romance multilinear deveria respeitar: 11. O direito de decidir onde a história começa e onde termina, 12. O direito de escolher o percurso da narrativa, 13. O direito de participar na construção da obra...

Propulsão ao consumo do todo (ansiedade corporal) e desejo de saltar a ordem (energia interruptiva) são duas forças paradoxais, mas não excludentes, para a leitura hipertextual, que, em sua complexidade, abarca o contínuo e o descontínuo. Normalmente sufocada pela linearidade compulsória do texto tradicional, no hipertexto a energia interruptiva deixa de ser uma desistência dramática e definitiva da narrativa para ser incorporada como parte da apreensão atomizada do todo e canalizada em proveito de uma leitura interativa e produtiva. No desafio de fazer o leitor recuar e saltar sem deixar de progredir a narrativa, os paratextos (índices, intertítulos, *links* intratextuais, indicações de uma página para outra, como em *O jogo da amarelinha*) têm uma função fundamental de estabelecer atalhos que dêem vazão aos focos sazonais e provisórios de leitura.

Abandonar a narrativa aqui, para retomá-la lá, no entroncamento das linhas, ou perseguir um *link* até esgotar todas as remissões, conectar ou quebrar o rizoma[37] – Calvino

[36] PENNAC, Daniel. *Comme un roman*. Paris, Éditions Gallimard, NRF, 1992, p.145, citado por BERNARD, Michel. Hypertexte: la troisième dimension du langage. In: *Texte.* Revue de critique et de théorie littéraire. Trinity College, University of Toronto, n.13/14, 1998, p.17.

[37] "Un rhizome peut être rompu, brisé en un endroit quelconque, il reprend suivant telle ou telle de ses lignes et suivant d'autres lignes." DELEUZE, Gilles; GUATTARI, Felix. Introduction: Rhizome. In: *Mille plateaux*. Editions de Minuit, Paris, 1980, p.16.

e Pávitch ativam a dialética da interrupção e da conexão de um modo que preconiza a dinâmica de leitura do navegador do hipertexto eletrônico. Com sua tendência a desistir da linha e abraçar a rede, mas dispondo de ferramentas para marcar o histórico de suas pegadas, de modo que possa retomar o caminho dos nós abandonados, o leitor da *Web* é um adepto radical do direito à interrupção e do corte.

Na forma escrita ou eletrônica, a ficção hipertextual busca dar à representação do pensamento a fluidez e a promiscuidade de nossa memória na era da telemática. A utilização maquínica do inconsciente pelos caçadores de sonho kazares simula a operatividade das mensagens e narrativas oníricas, que se interconectam e se interrompem justamente nos momentos de clímax e estrangulamento do subconsciente. Como grande parte dos sonhos, que podem ser retomados de qualquer ponto assim que o consciente volta a adormecer, também na hiperficção as partes estão sempre aptas a retomar a narrativa em qualquer seqüência.

A escrita fere a pele do papel a faca, mas, nessas narrativas fluidas, a fenda funde-se à fugacidade da fala. Desembalsamada pela alta rotatividade e velocidade da informação, a escrita guarda uma ampulheta de areia, porque agora o que conta para a referência de um sítio eletrônico não é mais tanto o que está escrito, mas por quanto tempo permaneceu exposto. A possibilidade/ameaça de apagamento, intrínseca a qualquer traço, foi, assim como a interrupção, institucionalizada pela escrita eletrônica. Mas Pávitch, presentificando em *O Dicionário Kazar* um pouco da história de rasuras, adulterações, censuras, versões, traduções/traições, destruições, fogueiras, farsas, inautenticidade e fragilidade das superfícies impressas, desmistifica a ilusória perenidade do livro e como que redescobre, na esteira de Borges, Eco e Calvino, o germe do apagamento na escrita.

Adão e Lilith, um livro *gendrado*

Enquanto os títulos dos verbetes animam o corpo da obra com a dinâmica da interrupção e continuidade, novidade e repetição, a clivagem das duas edições produz um outro efeito. Como se adquirindo um corpo masculino e outro feminino, o livro – e simultaneamente a leitura – passa por um gendramento[38] estranho à neutralidade convencional do objeto literário, mas não alheio às implicações de gênero na escrita. As indicações na capa "Edição Masculina" ou "Edição Feminina" (em algumas edições nos Estados Unidos e Inglaterra o "gênero" do exemplar está associado a certas características "biológicas", como cor) determinam que, já na compra do livro, o leitor faça sua opção. A segunda folha de rosto, emoldurada por uma faixa que imita o estilo barroco, traz, ao pé da página, depois do título da obra e nome do autor, mais um estranho aviso:

> Esta é a EDIÇÃO FEMININA do Dicionário.
>
> A EDIÇÃO MASCULINA é quase idêntica. QUASE. Você deve saber que UM PARÁGRAFO é crucialmente diferente.
>
> A escolha é sua.

Quem folhear o outro exemplar, verá o mesmo aviso, com pequena, mas significativa inversão:

> Esta é a EDIÇÃO MASCULINA do Dicionário.
>
> A EDIÇÃO FEMININA é quase idêntica. QUASE. Você deve saber que UM PARÁGRAFO é crucialmente diferente.
>
> A escolha é sua.

[38] Utilizo uma adaptação corrente no meio acadêmico do termo *gendering*, cunhado por Teresa de Lauretis. (*Alice doesn't: feminism, semiotics, cinema*. Bloomington: Indiana UP, 1984 e "A tecnologia do gênero". Trad. Suzana Funk. In: HOLLANDA Heloísa Buarque de (Org.). *Tendências e impasses: o feminismo como crítica da cultura*. Rocco, Rio de Janeiro, 1994). A divisão da obra em duas edições atribui gênero masculino e feminino ao objeto livro, gramaticalmente um substantivo masculino em idiomas como francês, alemão português e espanhol e neutro em outros como o inglês, o latim e o próprio servo-croata. Nas línguas em que o substantivo é neutro, o artigo definido não acompanha o título do livro, assim como o original perdido da primeira edição chama-se somente *Dicionário Kazar*, enquanto o romance de Pávitch é *O Dicionário Kazar*.

As indicações levam o leitor a fazer sua escolha *gendrada* (ou então, adquirir os dois exemplares) e a cair em outra armadilha paratextual: assim como sexo não equivale a gênero, não há correspondência entre o gênero da obra e o sexo da personagem que (en)gendra a diferença de uma edição para a outra. O sujeito de enunciação do parágrafo "crucialmente diferente" é a mesma voz feminina de Dorotéia Schultz. Instigando o consumidor a adquirir os dois exemplares para conhecer a "diferença crucial", a estratégia desafia as leis de mercado. Incomum no mundo livresco, a clivagem da obra sofre interferência das intempéries do mercado e, com ele, agrega novos significados, de acordo com a experiência de cada leitor.

E uma vez que se fala de poética paratextual, minha própria experiência na compra do livro vale ao menos uma nota de rodapé.[39] Dez anos depois de a obra ter sido publicada no Brasil, as distribuidoras muito raramente dispõem dos dois exemplares para a venda. Resta ao consumidor, então, procurar um outro leitor ou leitora que tenha lido a edição diferente para viabilizar o encontro das edições, o que faz parte da estratégia da obra:

Nos fragmentos da primeira edição, o monge Cirilo ensina a Metódio:

> Aqueles que estão sob o signo da Santíssima Trindade, um signo masculino, recebem, ao ler, apenas as frases ímpares, e nós, que estamos sob o signo do número quatro, números femininos, ao ler só recebemos as frases pares do livro. Tu e teu irmão não lereis as mesmas frases do mesmo livro, pois nossos livros só existem pela combinação do signo masculino com o feminino..." (ODK, 75)

Condição necessária para a reconstituição do corpo total, o sugerido encontro das duas edições depende da iniciativa do leitor em adquirir e comparar as edições masculina e feminina. O fim romântico e romanesco, paródia do mais tradicional modelo de narrativa linear, estranho a uma

[39] Tendo encontrado apenas a edição masculina na livraria, encomendei à distribuidora o exemplar feminino. Aguardei cerca de três meses e ao chegar finalmente em casa com meu "casal" de livros, fui logo procurar o parágrafo diferente, seguindo as indicações de Pávitch nas Observações Finais. Ao compará-los, contudo, descobri que as duas edições eram rigorosamente iguais. Influenciada pela intertextualidade entre o romance de Pávitch e o de Calvino, que eu acabara de ler, julgara que tivesse sido vítima de mais uma armadilha paratextual. Em *Se um viajante numa noite de inverno*, o leitor bate à porta das livrarias procurando, desesperado, a continuação de um romance que foi literalmente mutilado por problemas de edição. Confusa entre a possibilidade de um erro de impressão ou um engodo, e sentindo-me o próprio (L)otária, de Calvino, telefonei para a Marco Zero e confirmei a primeira hipótese – com alívio, porque paratextos podem ser ardilosos, mas nunca definitivamente mentirosos.

narrativa caracterizada pela multiplicidade de saídas, enfatiza, às avessas, o caráter artificial das estruturas naturalizadas de encerramento. O final feliz disfarçado, que se autodesconstrói, em vez de garantir a necessidade psicológica de clausura, contida na inevitabilidade de um fim, leva à releitura e abre-se a novas perspectivas. Uma vez que leitor e leitora são encarregados do desfecho, a obra torna-se variável e aberta, lançada em um oceano de possibilidades externas. Refaz-se a dupla auto-reflexiva do exemplar de ouro envenenado e o exemplar de controle com uma fechadura de prata que o acompanhava.

As convenções de início e fim em uma obra têm a função de dar um sentido de fechamento e completude ao que é de fato aberto e inacabado, porque a narrativa, enquanto produção e jogo de sentidos, remissão de um significante a outro, tende ao movimento e à inconclusão, à digressão e à expansão. Essa obsessão por limites que deixem claro onde tudo começa e termina parece fazer parte, na psicologia, de um complexo claustrofóbico, cuja superação é um grande desafio para a narrativa hipertextual, conforme argumenta Christopher Keep:

> Writerly texts attempt to frustrate the death-drive of closure (recall that for Freud each of us seeks to return to the inorganic state from which all life begins). However, even a novel which does not resolve the enigma that opens its plot still ends – even the most radical act of incompletion may invest a text with a sense of completion and wholeness.[40]

Remetendo o leitor de volta ao texto à procura do parágrafo diferente, as "Observações finais sobre as vantagens deste Dicionário" carnavalizam o que Keep chama de "teleologia da clausura" e mostram que o autor, ao contrário do Deus totalitário, não acabou sua obra no sétimo dia, no sentido de estabelecer, ali, um ponto final. Como não pode impedir que a última página seja estabelecida como o

[40] KEEP, Christopher. *Closure*. 1995. <http://uvic.ca/~ckeep/hfl0239.html>.

lugar do fim, Pávitch investe nesse encerramento as sementes da sua autodesconstrução:

> Que a bela mulher, de olhos rápidos e cabelos lânguidos, que se sentir sozinha lendo este dicionário, correndo através do seu medo como através de um quarto, proceda da seguinte maneira: vá, então, com o dicionário sob o braço, na primeira quarta-feira do mês, ao meio-dia, diante da confeitaria da praça principal de sua cidade. Ali, esperando por ela estará um jovem homem que, como ela, sentiu a solidão, gastando seu tempo enquanto lia este mesmo livro. Que eles se sentem juntos, diante de uma xícara de café, e comparem os exemplares masculino e feminino de seu livro. Eles são diferentes. Quando compararem a breve passagem da última carta da Dra. Dorotéia Schultz, impressa em itálico, em um e outro exemplar, o livro formará para eles um todo, e não será mais necessário. Então repreendam como quiserem o lexicógrafo, mas que se apressem, pois o que vai lhes acontecer a seguir só a eles diz respeito e vale mais do que qualquer leitura" (ODK, 298).

E o breve e último capítulo de *Se um viajante numa noite de inverno*:

> Agora vocês são marido e mulher, Leitor e Leitora. Um grande leito matrimonial acolhe suas leituras paralelas.
>
> Ludmila fecha seu respectivo livro, apaga sua respectiva luz, abandona a cabeça no travesseiro e diz: – Apague você também. Não está cansado de ler?
>
> E você:
>
> Só mais um instante. Estou quase acabando *Se um viajante numa noite de inverno*, de Ítalo Calvino (263).

Além de marcar o caráter parcial e de gênero de toda interpretação, essas duas narrativas põem em xeque a (gener)alização do leitor masculino, que parece ser sempre o sujeito pressuposto da leitura. Mas enquanto no romance de Calvino o encontro entre os leitores e a união dos fragmentos do livro se realizam dentro da narrativa, em *O Dicionário Kazar* a união dos corpos feminino e masculino dos leitores e do dicionário remete-se ao fora. Pertencendo, ao mesmo tempo, ao interior e ao exterior da diegese, o leitor e a leitora representam, com sua possibilidade de encontro, a restauração do corpo despedaçado da narrativa.

Na procura do parágrafo "crucialmente diferente", cuja localização só é revelada pelo autor nesses comentários finais, o leitor incorpora seu papel auto-reflexivo e transforma-se em mais um personagem empenhado na recriação do corpo/livro. O texto ultrapassa os limites da obra para agenciar o que está no mundo e pertence ao domínio não só do outro leitor, mas da outra, leitora. Inclui-se no interior da narrativa uma circunstância externa que busca romper a individualidade e a solidão sobre as quais se fundou o hábito de leitura no período romântico. Propondo um intercâmbio de leituras, a estratégia tende a materializar a instância coletiva e polifônica de toda produção literária.

A edição masculina e a feminina remetem uma a outra, chamando a atenção para a alteridade da leitura. Com o mínimo de sucesso, essa estratégia interativa consegue uma colaboração do leitor na composição da obra e, com um pouco mais, o diálogo entre diferentes intérpretes, quando pode, então, inventar o que parecia impossível: uma forma de "leitura a quatro mãos" (ODK, 297). Idéia aparentemente absurda, essa leitura a muitas mãos começa a ser materializada na *Web*, não só a partir dos fóruns virtuais e grupos de discussão, mas também de projetos de criação coletiva *on-line,* que se valem da quase simultaneidade entre a escrita e a fruição da obra no meio eletrônico.

Sob um olhar simbolista, a promessa de união dos dois corpos/livros traz a esperança de reintegração da essência humana, marcada pela bipolaridade do masculino e do feminino, o *yin-yang*, expressão do dualismo e do complementarismo do ser. Simbolizando a busca desse duo, a união carnal traz um alívio para a tensão interna dos corpos, pois, de acordo com o *I-Ching*, *yin* e *yang* só existem um em relação ao outro.[41] A união de dois corpos em um só, como reintegração dos contrários, representa um retorno à androginia originária. Caracteriza um daqueles instantes de que fala Bránkovitch, em que uma parte do imenso corpo-reino de Adão pode, em cada um de nós, renascer (ODK, 284).

Como indicadora de presença da bissexualidade divina, a androginia é, no imaginário religioso de muitas tradições, "forma de uma totalidade originária na qual todas as possibilidades se encontram reunidas".[42] Para Eliade, muitas seitas gnósticas que atribuíram à idéia da bissexualidade divina uma posição fundamental em suas doutrinas acreditam que a perfeição espiritual entre os descendentes de Adão consiste justamente em encontrar em si mesmos essa androginia. A expectativa que move a unidade humana plural, representada pela alegoria kazar, ilumina a passagem da anotação de Bránkovitch, no Apêndice I:

> Eis porque os kazares procuravam o corpo de Adão, e também porque os livros femininos e os livros masculinos dos caçadores de sonhos kazares formavam uma espécie de ícone de Adão, os femininos sendo o corpo, e os masculinos o sangue. Os kazares sabiam, é claro, que seus magos não podiam aproximar-se do corpo de Adão por inteiro, nem representá-lo nos seus dicionários-ícones. Pintavam inclusive, às vezes, ícones sem rosto, mas com dois polegares – esquerdo e direito, o polegar masculino e o polegar feminino de Adão. Pois cada parte capturada nos dicionários só podia ser animada e viver juntando-se os dois polegares, o masculino e o feminino. Os kazares estavam, portanto, particularmente atentos para conquistarem essas duas partes do corpo de Adão (ODK, 284).

Mas afinal, o que encerra o misterioso parágrafo,[43] encontrado no verbete de Dorotéia Schultz? Só o leitor dotado de uma memória satânica, capaz de recordar vidas

[41] Uma leitura mais voltada ao sentido místico-filosófico do romance deveria levar em conta que a obra se estrutura simbolicamente na operação combinatória dos princípios masculino-feminino do livro em uma nova unidade triádica: um dicionário composto de três dicionários, com três línguas, três etnias e três religiões. No ocultismo chinês, que remonta o século XXIV antes de Cristo, a partir do desenho do traço contínuo e descontínuo que simbolizam respectivamente o *yang* e o *yin*, exprimem-se todas as possibilidades de combinações ternárias – portanto perfeitas – em que os dois pólos concertam-se e harmonizam-se. Separados pelas duas edições, os princípios que compõem a unidade mística bipolar só se restabelecem quando um exemplar é justaposto ao outro, reintegrando, assim, a unidade triádica. Fonte: CHEVALIER, Jean; GHEERBRANT, Alain, ob. cit.

[42] ELIADE, Mircea, ob. cit., p.115.

[43] Transcrevo os dois parágrafos: **Edição Masculina**: "E estendeu-me algumas das páginas xerocadas que estavam sobre a mesa. Poderia ter apertado o gatilho naquele momento. Não poderia haver ocasião mais propícia. No jardim havia apenas uma testemunha, e era uma criança. Mas tudo se passou

de maneira diferente. Estendi o braço e peguei aquelas páginas inquietantes que te envio junto a esta, pelo correio. Pegando-as ao invés de atirar eu olhava aqueles dedos sarracenos com unhas parecidas a amêndoas e pensava na árvore da qual fala Halevi em seu livro sobre os kazares. Pensava como cada um de nós é uma árvore daquelas: mais nos erguemos em direção ao céu e a Deus, através da chuva e dos ventos, e mais somos obrigados a cavar com nossas raízes através da lama e das águas subterrâneas em direção ao inferno. Foi com tais pensamentos que li as páginas entregues pelo sarraceno de olhos verdes. Elas deixaram-me estupefata, e perguntei com descrença ao doutor Muaviya onde ele obtivera esses textos:"

Edição Feminina: "E estendeu-me algumas das páginas xerocadas que estavam sobre a mesa. Quando me deu o rolo de papéis, seu polegar roçou o meu e estremeci com esse contato. Tive a sensação de que nossos futuros encontravam-se em nossos dedos e que se tinham tocado. Foi por isto que, quando comecei a percorrer o texto, em certos momentos eu perdia o fio de minha leitura, misturando-o com meus sentimentos. Nesses curtos instantes de esquecimento de mim mesma, para cada uma dessas linhas lidas sem realmente compreendê-las ou recebê-las, séculos transcorriam. Pouco

passadas, estaria livre de reler a obra para perceber a interferência dessa passagem, que não muda propriamente a trama, mas (en)gendra uma complexidade de pontos de vista na enunciação e leitura da obra.

A trama caminha pelo século XX. Novamente três pesquisadores movimentam-se para resgatar os originais perdidos do Dicionário Kazar. Sua origem étnica e religiosa parece ainda menos definida e mais entrecruzada do que a dos antepassados: Dra. Dorotéia Schultz, polonesa, descendente de judeus, é autora de uma tese de doutorado sobre literatura eslavista e de uma biografia dos monges cristãos Cirilo e Metódio; Dr. Isailo Suk, apesar da origem cristã, é arqueólogo arabista e professor da Universidade de Nova Sad, enquanto Dr. Abu Kabir Muaviya, embora árabe, dedica-se ao ensino do hebraísmo na Universidade do Cairo depois de ter lutado na guerra egípcio-israelense.

Quando sai da Polônia para Israel, acompanhando o marido, Isaac Schultz, Dorotéia começa a enviar de Tel Aviv cartas dirigidas a ela mesma, para o seu endereço em Cracóvia, na Polônia. Em um estranho jogo de especularidade, as correspondências, sempre sem respostas, trazem como remetente Dra. Dorotéia e como destinatária Doroteiazinha: os dois eus partilham características paradoxais: a primeira é casada, a segunda solteira; uma aprendiz da vida, a outra cientista; a que tem o futuro e envelhece e a que tem o passado e rejuvenesce; a que ama o marido e a que tem um amante. "Você, em Cracóvia, continua a ocupar-se com a ciência, e eu, aqui, aprenderei a viver" (245), escreve Dra. Dorotéia em uma das cartas. Transformando-se em sua própria confidente, Dorotéia se diz horrorizada com o fato de não poder fazer amor sem que Muaviya (autor) intrometa-se no corpo (livro) do marido por um ferimento (escrita) que lhe causou na guerra. Em uma das cartas, ela propõe à outra: "vamos dividir a tarefa: você leva esse árabe para seu leito, aí na Cracóvia, e eu vou tentar abraçar Isaac..." (ODK, 250).

Compondo um diário íntimo de quase duas décadas, as cartas prosseguem nessa surda cumplicidade até a chegada de Muaviya a Istambul, onde ele, Dorotéia e Suk participarão de um congresso intitulado "A civilização às margens do Mar Negro na Idade Média". Dorotéia está sozinha diante de Muaviya, pronta para vingar-se da sua intromissão. Um modo de pontuar a diferença entre os dois parágrafos é comparar os verbos empregados (e daí entende-se a importância da sentença "O verbo se fez carne"). Na edição masculina, ao relatar o que se passou nesse dia, ela emprega predominantemente verbos da razão (em francês, os chamados, *verbs de la tête*), imagens verticais e uma noção de espacialidade racional (alto-Deus-céu e baixo-inferno-raízes). No momento em que Dr. Muaviya lhe estende as páginas xerocadas que fariam parte da primeira edição do *Dicionário Kazar*, Dorotéia desiste de apertar o gatilho e estende o braço para pegá-las. Ao ler aquelas páginas, pensa que cada ser humano cresce para o alto e para o fundo da terra, como a árvore da qual fala o cronista judeu Halevi em seu verbete. Nessa árvore, os ramos, folhas e flores representam a cristandade e o islã, enquanto as raízes pertencem ao judaísmo. Tentando compreender o significado dos textos, Dorotéia pensa: "(...) mais nos erguemos em direção ao céu e a Deus, através da chuva e dos ventos, e mais somos obrigados a cavar com nossas raízes através da lama e das águas subterrâneas em direção ao chão e ao inferno".

A imagem da árvore movendo-se paradoxalmente para o alto na direção das folhas e para baixo, em direção às raízes, remete à história pessoal de Dorotéia. Durante a ocupação alemã na Polônia, o irmão de sua mãe, judia, converte-se ao cristianismo e casa-se com ela para salvá-la da perseguição nazista, conseguindo-lhe documentos falsos de uma não-judia. Quando o irmão é levado aos *progroms*, a mãe rapidamente se divorcia dele e se casa com um não-judeu para escapar mais uma vez. Cavando

mais tarde, quando voltei a mim e retomei contato com o texto, eu sabia que o leitor que voltava ao porto não era mais aquele que, pouco antes, lançara-se ao oceano dos seus sentimentos. Ganhei e aprendi mais não lendo essas páginas do que se as tivesse lido e, quando perguntei ao doutor Muaviya onde as encontrara, sua resposta espantou-me ainda mais".

suas raízes judias, Dorotéia descobre, em um misto de horror e alegria, que seu pai é o corajoso tio Achkenaz Cholen, o que a faz aproximar-se do pai e desprezar a mãe. Dividida entre o corpo do marido, o judeu Isaac Schultz (ícone da estrela) e o árabe Muaviya (ícone da lua), repete o que a mãe previra em uma anotação enigmática: "Meu coração é minha filha; enquanto me oriento pelas estrelas meu coração se orienta pela lua e pela dor que espreita no final de todas as velocidades...".

Na edição feminina, a leitura de Dorotéia é turvada por um rompante de sentimentos e sensações. Ao apanhar o rolo de manuscritos, seu polegar roça o de Muaviya e ela estremece: por um mecanismo proustiano, o objeto se desrealiza para constituir-se em uma ponte de memória e história que conduz à passagem mítica do polegar masculino de Adão tocando o feminino. O roçar de polegares rompe a distância entre tempos e espaços, parte e todo da narrativa, e faz visualizar, na Conferência de Istambul, século XX, todos os encontros vividos entre os personagens durante a Batalha de Constantinopla, no século XVII, e durante a Polêmica Kazar. Em vez de árvore genealógica, onde gerações e acontecimentos históricos se sucedem cronologicamente, rizoma e eternidade interligando personagens em tempos simultâneos: "*Tive a sensação de que nossos futuros encontravam-se em nossos dedos e que se tinham tocado*".

A frase também ecoa a promessa que, 300 anos antes, Efrosínia Lukárevitch (demônio feminino judeu) fizera a seu amante Samuel Cohen, o caçador de sonhos. "Vamos nos ver em uma vida futura", garante ela, avisando que virá na forma de macho mas terá a mesma deformidade nas mãos. Pela enigmática lógica das similitudes, Manuel, o filho da família Van der Spaak (que tem dois polegares em cada mão), é a reencarnação de Efrosínia; Dorotéia é Samuel Cohen; Suk é Maçudi e também Mokadaça, Muaviya, Bránkovitch; Van der Spaak, o demônio árabe Akchani, e sua esposa, a Sra. Spaak, o demônio cristão

Nikon Sevast. Mas todos trocam identidades e migram para uma instância coletiva.

Seguindo a metáfora corpo/livro, os parágrafos das edições masculina e feminina precisam se tocar, para que o corpo total se recomponha. Mas à medida que as duas partes tanto se combinam e se ajustam quanto se excluem, o todo não é a simples somatória, mas requer uma remissão ao livro como um todo e um novo agenciamento entre os verbetes. Se, por um lado, a imagem dos polegares invoca uma complementaridade heterossexual, de outro, aponta para a própria ambivalência da unidade de origem. Como ocorre em relação a Adão, a idéia de o livro que lemos retornar ao hermafroditismo de origem está apenas no domínio da esperança. Tanto um quanto outro continuarão a ter dois corpos (Adão e Eva ou Adão e Lilith), assim como, na leitura e na vida, guarda-se a esperança de resgatar uma alteridade perfeita: "Ao ler, não absorvemos tudo que está escrito. Nosso pensamento tem ciúmes do pensamento de um outro, e a cada instante ele o encobre, porque não há em nós lugar suficiente para dois odores simultâneos" (ODK, 75).

A quebra de estruturas dicotômicas que marca todo o romance impede que se estabilizem axiomas nítidos e fixos na questão de gênero. Como lembra Hayles,[44] as ambigüidades de gênero servem tanto para constituir categorias quanto para confundi-las, apartando-nos das classificações arrumadas em prateleiras. Ela cita a passagem em que Maçudi, prestes a encontrar a princesa Ateh nos sonhos, diz estar como "uma chave feminina, de eixo oco, procurando uma fechadura masculina, com uma haste no fundo de sua abertura (ODK, 150)". A expressão ao mesmo tempo confirma e refuta a velha noção do encaixe masculino-feminino.

Mas esse mesmo objeto, funcionando como *link* entre épocas e personagens distintos, vai retornar outras vezes, apresentando muitas outras configurações. Ao desper-

[44] HAYLES, Katherine, ob. cit., p.816.

tar numa manhã de abril no século XX, Dr. Suk retira de dentro de sua boca-fechadura uma chave com aro de ouro feminina – similar à chave de quarto que a princesa Ateh enviava ao amante através dos sonhos, na era mítica dos kazares (ODK, 95). Essa chave, encontrada no quarto de hotel em que Suk é assassinado, é reconhecida pela polícia de Istambul como correspondente à fechadura do quarto da garçonete Virgínia Ateh. Aqui a imagem remete mais à idéia de senha de acesso e passagem que parte do pólo feminino e retorna a ele do que à noção do encaixe invertido feminino-masculino. Linhas se recombinam e mostram uma nova face, conforme o ângulo que se as vê ou a ligação que se faz entre elas e é sempre perigoso estabilizar sentidos para as imagens: "Les multiplicités se définissent par le dehors: para la ligne abstraire, ligne de fuite ou de déterritorialisation suivant laquele elles changent de nature en se connectant avec d'autres.[45]

O "parágrafo crucial" também é marcado por uma complexa postura de Dorotéia em relação ao texto e ao paratexto. Na edição masculina, a pesquisadora tenta interpretar os *Discursos Kazares,* combinando o corpo humano (as unhas de Muaviya, parecidas a amêndoas) à metáfora da árvore das religiões de Halevi para pensar a História (e também a história). Quanto mais cristãos e islâmicos tentam se distinguir, mais têm de descer para buscar suas origens comuns no judaísmo, assim como quanto mais tentamos alcançar o futuro, mais temos de voltar na narrativa, em recuo progressivo. De fato, ela lê o documento e despreza o paratexto: "Foi com tais pensamentos que li as páginas entregues pelo sarraceno de olhos verdes. Elas deixaram-me estupefata, e perguntei com descrença ao doutor Muaviya onde ele obtivera esses textos". Na edição feminina, Dorotéia interessa-se mais pela gênese dos escritos do que por seu conteúdo em si e perde o fio da leitura, misturando-a com seus sentimentos, ao mesmo tempo que se esquece de si mesma. Não preocupada em sobrecodificar o que passa por

[45] DELEUZE e GUATTARI, ob. cit., p.15.

seus olhos, sobrevoa as páginas sem realmente "compreendê-las ou recebê-las", apenas deixando-se levar pelo cruzamento das linhas da escrita (passado, presente e futuro) com as linhas da vida. Seria negligente não trazer o intertexto que essa passagem evoca:

> On ne demandera jamais ce que veut dire un livre, signifié ou signifiant, on ne chercera rien à comprendre dans un livre, on se demandera avec quoi il fonctione, en connexion de quoi il fait ou non passer des intensités, dans quelles multiplicités il introduit et métamorphose la sienne, avec quels corps sans organes el fait lui-même converger le sien.[46]

O paratexto da capa é, de certa forma, sincero quando diz que a passagem muda crucialmente a narrativa: na edição masculina, Dorotéia lê o texto e tenta interpretá-lo, enquanto, na feminina, ela abandona o corpo do livro e volta-se para o corpo externo que a toca. Misturam-se e confundem-se, aí, dois modos de leitura complementares: um, mais racional, objetivo e arborescente; outro, mais poético, subjetivo, que escapa em forma de rizoma dos dois lados da dupla de sonhadores (leitor e autor) e vai compor um excesso ("filho dos sonhos") resistente ao domínio da razão. "Os livros pregam a Palavra e o Espírito" (ODK, 82), ensina o filósofo Cirilo.

Nas catorze linhas que destoam em um total de 300 páginas, repousa uma diferença que ecoa e desencadeia toda a diferença de ponto de vista na leitura de cada edição. Ao clivar-se em duas, a personagem Dorotéia Schultz dirige-se com uma fala aos leitores do exemplar feminino e com outra aos do masculino. Um imbricado cruzamento de vozes e interlocutores, não apenas intuídos, mas historicamente implicados, entra em cena, supondo-se inclusive que a leitura possa ser combinada entre um leitor/homem da edição feminina e uma leitora da edição masculina. A partir do atrito entre as versões masculina e feminina, cristãs, islâmicas e judias, gregas, árabes e hebraicas, vislumbra-se um ema-

[46] DELEUZE, Gilles; GUATTARI, Felix, ob. cit., p.10.

ranhado indissociável de interpretações étnicas, religiosas e de gênero. O hipertexto passa a agenciar, além de suas relações de intertextualidade interna (entre as partes) e externa (com outras obras), as relações que o leitor historicizado faz com a obra.

Como queria Bakhtin, aqui a polifonia vai além da mera contraposição da voz interior à voz exterior dos personagens, além do monólogo entre um eu e seu duplo. Dialogismo não é um conceito abstrato, um valor implícito nas entrelinhas das falas, na ironia ou ambigüidade das vozes, mas um percurso a ser cumprido e o que constitui a estrutura do romance.

Arte útil e inútil

"Então, repreendam como se deve o lexicógrafo (...)", escreve o metanarrador ao concluir as "Observações finais sobre as vantagens deste Dicionário", no último paratexto que quero comentar. Valendo-se da ambigüidade do termo, que tanto significa o lingüista que estuda a lexicografia quanto o redator de um léxico, a passagem equipara o autor do romance a um redator de dicionários, gênero "pertencente à segunda categoria". Ao aconselhar o leitor a usar o livro como quem consulta uma obra de referência, mais uma vez promove a confusão entre os gêneros. E, afinal, que vantagem ou utilidade tem esse Dicionário, como insinua o título do fragmento, se ele não for complementado ao exemplar do "gênero" oposto?

"Quando compararem a breve passagem da última carta da Dra. Dorotéia Schultz (...) o livro formará para eles um todo, e não será mais necessário", continua. Quando se fala em vantagem e necessidade, não apenas a forma do romance está em questão, mas a ruptura debochada com as infindáveis discussões que tentam classificar a obra de arte como "útil" ou "inútil", "alta" ou "baixa cultura". *O*

Dicionário Kazar, *Last love* ... e *Paisagem pintada com chá* apresentam um produto funcional no estrito sentido burguês, pois é enquanto livros de consulta e consumo que eles mostram sua irônica dimensão de utilidade. Mas é enquanto formas não consagradas de leitura (que não fazem parte da "primeira categoria") que essas obras assumem também o senso comum de inutilidade ou de "ocupação duvidosa", como sugere o metanarrador.

Então obras com uma camada estilística, que discute profundamente a forma do romance e o modo de leitura, e outra camada conteudista, que tematiza questões filosóficas como verdade e identidade, mostram uma lúdica e descomprometida superfície. Nesse nível, trazem a leveza de um mero passatempo, "literatura de entretenimento" ou obra de consulta, como um livreto de palavras cruzadas, um baralho ou um dicionário – todos com seu grau de "alta" e "baixa cultura", "primeira" e "segunda categoria", com seu aspecto de utilidade lúdica e inutilidade estética. Embaralhando todos esses valores, o romance coroa sua mistura entre gêneros e categorias de leitura.

O autor que chega à última linha situando sua obra no tempo e no espaço – *Belgrado, Ratisbona, Belgrado (1978-1993)* – e, com isso, nominá-la é o mesmo que relativiza a função do autor e enaltece a do leitor. A sutileza de Pávitch no tratamento dos paratextos aparece em grandes detalhes, como essa assinatura que marca a autoria no tempo e no lugar da genealogia da obra. Como o *leitmotiv* do livro é um acontecimento perdido na história, o espaço em que ele a referencia também é intervalar – Ratisbona, entre a Iugoslávia e a Alemanha[47] –, como o tempo, um intervalo de cinco anos, o mesmo período que Cortázar levou para escrever seu *O jogo da amarelinha*.

Não poderia instaurar um fim nesse longo ensaio, cheio de digressões, intertítulos, anexos, referências bibliográficas e notas de rodapé, a não ser concluindo que fracassei

[47] Aliás, uma curiosidade histórica: é em Ratisbona que houve uma espécie de Polêmica Kazar, quando, no século XVI, o imperador Charles Quint empreendeu o primeiro esforço para restaurar a unidade entre católicos e protestantes e conciliar as duas igrejas.

redondamente no seu objetivo introdutório de perseguir os paratextos do romance. Falhei como Maçudi falhou (e certamente meu camelo me cuspiria nos olhos), ao não reconhecer a princesa Ateh. Ou como Suk, ao quebrar com atraso o ovo do tempo que enganaria sua morte em mais um dia. Nesse movimento pivotante de territorialização e desterritorialização kazar, escorrego para o texto, da superfície para as profundezas, da estrutura para o suplemento, do centro para a periferia, sem conseguir fixar a análise nos protocolos de entrada. Não é sequer possível percorrer esses paratextos em seqüência, porque um convoca o outro por um princípio de interconectividade. Mas se com meu deambular consigo mostrar o quanto esses dois elementos, texto e paratexto, poeticamente integrados e articulados, compactuam com a leitura hipertextual, meu fracasso pode ser também minha vitória, assim como os fracassos de Maçudi (que significa em árabe felizardo, pessoa de sucesso) trouxeram uma lição aos outros caçadores: a importância de ir às margens para interpretar os sonhos mais profundos.

Capítulo 5

Porvir de criatura, devir de criador

A reciprocidade entre o ato de criar e o de ser criado guarda uma interdependência analógica à que entrelaça escrita e leitura em um processo de reassimilação e troca de funções, hoje acentuado pelo hipertexto – e é dessa delicada operação que quero tratar aqui. Desde o mito de Adão e Eva, a ameaça de a obra voltar-se contra o criador espreita o imaginário da literatura. O perigo sempre latente de o autor/criador perder o poder sobre sua obra/criatura e vê-la apropriada ou devorada pelo leitor alimenta narrativas de caráter metafictício ou fantástico, às vezes com atmosfera de pesadelo. Criador e criatura, autor e leitor, escritor e obra, narrador e personagem protagonizaram duplas antagônicas e chegaram a embates de vida ou morte na disputa pela paternidade e pelo controle da criação.

No exemplo clássico de *Frankenstein*, de Mary Shelley, o monstro luta com o pai-criador pelo livre-arbítrio, exige-lhe uma noiva e, ao final, derrotam-se mutuamente. Em *Misery*, de Stephen King, Annie Wilkes seqüestra e tortura seu autor favorito, chegando a decepar-lhe dedos e pé para que não escape sem escrever o que ela deseja. Paul dera por encerrada uma série *best-seller* de grande sucesso e duvidosa qualidade ao "matar" a protagonista.

Pretendia iniciar uma fase mais artística de sua obra, mas é assaltado por essa leitora insana, investida das prerrogativas de escritora, que o obriga a ressuscitar a criatura no volume *Misery, the return,* na esperança de ter ela própria, através da personagem com quem se identifica, uma chance de final feliz.

Na bainha das teorias da recepção e experiências literárias que valorizam a interatividade a favor de um *escrileitor*, o poder do leitor e a autonomia da obra continuam rendendo metáforas brincalhonas, macunaímicas e antropofágicas alusivas à gênese artística. Sob o efeito de alucinógenos, o escritor/personagem de *Naked lunch,*[1] de Burroughs, vê sua máquina de escrever tornar-se um ânus carnívoro, triturar e devorar as folhas de papel com seus escritos, simulando o método *cut-up* de recortar os textos em pequenos pedacinhos para colá-los em novas ordens, de modo a destruir o controle da seqüencialidade sobre a narrativa. A técnica *beat* e *cut-up* de compor textos a partir de fragmentos justapostos de outros textos já pretendia que a literatura mostrasse sua criatura da forma monstruosa como ela é concebida, em *bits*, em pedaços, atravessados por memórias e fantasias e nunca cortada de um tecido inteiro.

Queneau procurou diluir ao máximo os limites entre autor e leitor, oferecendo-lhe, em *Cent mille milliards de poèmes*, uma miríade de versos como material básico para um processo de recombinação e criação de sonetos que preconiza a criação literária assistida por computador. Os hiperficcionistas Cortázar e Pávitch buscaram a interatividade e a multisseqüencialidade dos jogos e das obras de referência, deixando para o leitor tarefas e decisões estruturais, como unir fragmentos, estabelecer percursos, reconstituir e propor ligações entre as partes. É claro que, no último caso, possibilitar múltiplas escolhas está muito mais em questão do que dar margem ao azar, como no exemplo da brincadeira surrealista de Quenau. Nesse

[1] BURROUGHS, William S. *Almoço nu,* trad. Mauro Sá R. Costa e Flávio Moreira da Costa. Círculo do Livro, São Paulo, 1987.

sentido, as experiências eulipianas têm sido criticadas porque a participação do leitor no aspecto lúdico não lhe dá direito a interagir na construção de sentidos.

> Daí a suspeita de Eco de que o interesse de obras dessa espécie se esgota quase inteiramente na sua idéia construtiva e de que o contato direto com elas resulta decepcionante, por falta de um empenho inovador assumido no próprio corpo da escritura.[2]

Na era da ciberficção, o fantasma da criatura continua ao mesmo tempo deslumbrando e assustando o criador: o leitor e a máquina assumem prerrogativas perigosas no processo criativo que ameaçam seu controle e, até mesmo, complicam uma ética literária baseada na defesa dos direitos autorais. Em tempos de produções não mais apenas interativas, mas também iterativas, constituídas na geração de circuitos automáticos e repetitivos que simulam uma (aparente) simultaneidade entre a produção e a fruição da obra, como na poesia digital, escrever parece desencadear uma atividade suicida – uma auto(r)destruição.

Por detrás desse campo ainda nebuloso e não sedimentado, trabalha um processo de reassimilação recíproca de funções, de um leitor que se constitui concretamente como co-autor no ato da leitura e de um autor que cada vez mais se explicita como leitor e *bricoleur*. Embora o leitor, a máquina ou o meio eletrônico pareçam engolir o criador, ocorre muito mais uma confusão produtiva de papéis (cada vez mais intensificada pela escrita eletrônica) do que uma fusão ou eliminação de funções. No ensaio que encorajou inúmeros teóricos a escreverem sobre o esvaziamento da autoria, Foucault já sinalizava para o apagamento do autor enquanto representação da pessoa do escritor, mas nunca decretou o fim da sua função discursiva:

> (...) o autor deve apagar-se ou ser apagado em proveito das formas próprias aos discursos. Entendido isto, a ques-

[2] MACHADO, Arlindo. *Máquina e imaginário*: o desafio das poéticas tecnológicas. São Paulo, EDUSP, 1993, p.184.

> tão que me coloquei foi esta: o que é que esta regra do desaparecimento do escritor ou do autor permite descobrir? Permite descobrir o jogo da função do autor. (...) Definir a maneira como se exerce essa função, em que condições, em que domínio, etc., não quer dizer, convenhamos, que o autor não existe.[3]

O autor de um hipertexto é, pois, esse escritor-zangão que se retira do mundo para deixá-lo recriar, pois a arte de escrita não pode roubar a liberdade da arte de leitura. "Deus também se retirou para dar lugar ao mundo", pensa o filósofo Constantino de Salônica (ODK, 61), o personagem de Pávitch. E escreve o próprio autor: "I tried to change the way of the reading increasing the role and responsibility of the reader in the process of creating a novel", lembrando, borgianamente, que no mundo "there are much more talented readers than talented authors and literary critics".[4]

Em última análise, mais do que assinar uma obra pronta e acabada, autoria na era da informática implica o ensejar/ensaiar uma criação daquele que arma oportunidades e oferece ocasião como flagrante do desejo de esperar um ato criativo simultâneo ou subseqüente. O autor é, ao modo de Pávitch, um distribuidor de sonhos, como a princesa Ateh, "autora primígena" do *Dicionário Kazar*. "A mulher servia com uma concha o conteúdo do caldeirão às crianças e aos animais, e Maçudi compreendeu imediatamente que ela distribuía sonhos" (ODK, 154).

É nesse sentido que o romance de Pávitch evoca a função do autor de dicionários, reabilitando, metonimicamente, aquele que dá as ferramentas, oferece caminhos, mas se abstém de traçar as rotas. Fazendo uma analogia entre a pintura e a escrita, o personagem Nikon Sevast esboça uma visão radicalizada sobre a autoria dentro da abertura estética de uma obra interativa:

> – Não sou eu quem misturo as cores, mas teu olho – respondeu-me. – Apenas espalho-as na parede, uma ao lado

[3] FOUCAULT, Michel. *O que é um autor?* Lisboa, Vega, 1992.

[4] PÁVITCH, Milorad. "Beginnings and the end of the novel". In: *The official Milorad Pavic homepage*. <http://www.khazars.com./end-of-novel.htm>.

> da outra, assim como são, e aquele que olha mistura as cores no seu olho, como uma massa de pastel. Nisto reside o segredo. O que fizer a melhor massa obterá a melhor imagem, mas a massa pode desandar se se utilizar farinha da má qualidade. A paixão de olhar, de escutar e de ler é mais importante que a paixão de pintar, de cantar ou de escrever.
>
> Pegou a cor azul e a vermelha, colocou-as uma ao lado da outra para pintar os olhos de um anjo. E vi que o anjo tinha olhos violeta.
>
> – Apenas trabalho com uma espécie de dicionário de cores – acrescentou Nikon-e é o espectador quem cria, a partir desse dicionário, frases e livros, ou seja, imagens. Tu também poderias proceder do mesmo modo escrevendo. Não se poderia oferecer ao leitor um dicionário cujas palavras constituiriam um livro, deixando-lhe a tarefa de compor um conjunto a partir dessas palavras? (ODK, 89-90).

Em seu excêntrico diabolismo, *Sevast* quer apenas que o impulso criador do pintor/escritor na escolha das tintas perpasse também o receptor da obra na construção de suas próprias imagens e percursos.

O autor, o leitor e o puma

A idéia da antropofagia parece estar ligada ao momento em que a arte é colocada em xeque e a criatura é devorada pelo seu criador. Mas na trama de *O Dicionário Kazar*, assaltada de mordidas canibais, ninguém sabe, como pondera Hayles, quem será o devorador ou o devorado: "In this book filled with scenes of violent eating that rend and tear the Flesh, it is always an open question who will eat whom".[5] O leitor, pronto a devorar vorazmente uma obra do princípio ao fim, poderá perder um dedo ou o pedaço do braço em sua aventura arriscada por esse corpo livresco despedaçado.

[5] HAYLES, ob. cit., p.806.

Brincadeiras de mosca e aranha na literatura finissecular metaforicamente discutem esse jogo de aproximação e distância entre autor e leitor, além de pôr em evidência a fragmentação do sujeito na especularidade narrativa. Em *O risco do bordado*, de Autran Dourado, o personagem/autor quer encurralar o leitor em um intricado jogo de imagens. Por meio de armadilhas narrativas, vai atando-o de ponto de cruz em ponto de cruz, até torná-lo sua presa na trama da agulha e da linha.

Em *Se um viajante numa noite de inverno*, o autor, metamorfoseado e multiplicado em muitos personagens, cria, no fragmento "Numa rede de linhas que se entrecruzam", uma câmara catóptrica para esconder-se em meio a uma profusão de imagens ilusórias de si mesmo. Especularizando sua identidade e a de suas amantes, tenta despistar em uma só a leitora e a mulher e assim impedir que encontre "O Pai das histórias". Como é o único a conhecer a disposição dos espelhos, julga tornar-se incapturável, mas no momento em que é descoberto se pergunta: "Seria ela prisioneira juntamente comigo? Ou seria ela minha prisão?".[6] Acabando encurralado em sua própria jaula de espelhos, o autor sente reconstituir-se como um todo justamente no momento em que não consegue mais ver seu reflexo, mas apenas o da imagem de sua amante e de sua mulher, "retalhadas como paisagens feitas de carne".[7]

Em *O Dicionário Kazar*, perseguições autor-leitor ocorrem no sentido mão dupla. O escritor/esgrimista Averkye Skila está borgianamente preso entre a dupla de sonhadores Cohen-Bránkovitch, como a narrativa que renasce das sobras de outra e fica atada a ela por uma intertextualidade circular. Autor de um livro intitulado *As mais belas assinaturas com espada*, onde estão registrados todos os movimentos de esgrima estudados e experimentados por ele em carne viva, Skila inscreve com um golpe de mestre uma incisão no corpo/livro do leitor/caçador de sonhos Maçudi e por ela alcança a liberdade.

[6] CALVINO, Ítalo. *Se um viajante numa noite de inverno*, trad. Nilson Moulin. Companhia das Letras, São Paulo, 1992, p.171.

[7] *Ibidem, idem*, p.172.

Por esse rasgão na carne, o escritor foge à "prisão astral" do ciclo reflexivo leitor-autor e da ditadura da representação, escapando da armadilha de espelhos que ele próprio criou e na qual acabou enredado. Atrás das fendas, onde não há espelhos procriando imagens como coelhos, encontra a liberdade ("*Copulation and mirrors are abominable*", apregoa a doutrina gnóstica do heresiarca de Uqbar[8]). Fora da "câmara de espelhos" não há multiplicação assintótica de eus e acontecimentos. De acordo com o romance,

> Skila não elaborava sua coletânea de ataques de espada por razões militares ou para aperfeiçoar seus conhecimentos nessa arte, mas porque procurava desesperadamente um golpe que o tiraria do círculo vicioso onde se debatia, esperando que seus torturadores chegassem, enfim, ao alcance de sua espada (ODK, 94).

Ao abrir uma brecha no homem-espelho, em um "vôo zangão" para a vida e para a morte, porque mata uma parte de si mesmo para deixar renascer outra, esse escritor-esgrimista parece querer quebrar os limites de sua individualidade. Em vez de serem uma defesa para manter distante o mundo exterior, os livros são "pontes que você lança pra fora".[9] Pela passagem talhada na carne do corpo/livro de Maçudi, Skila foge para fora de si, como que libertando-se da representação de seu próprio eu na prisão do personagem duplo. (Buñuel também retalhou indiretamente a retina do espectador em *Um cão andaluz,* como se barbarizando qualquer possibilidade de identificação narcisista entre o olho, ponto de contato, com o espelho da tela.)

Skila escapa feliz através dessa boca/ferimento com uma prega interior e outra exterior, que é como a fenda do lábio leporino de Bránkovitch: para escondê-lo, deixa crescer o bigode, mas onde existe a falha é possível ver-lhe os dentes, mesmo quando se cala (ODK, 35). Seu último e mais perfeito golpe ficou registrado no livro *As mais belas*

[8] Ver BORGES, Jorge Luis. Tlön, Uqbar, Orbis Tertius. In: *Obras completas*, v.1. Globo, São Paulo, 1999.

[9] CALVINO, Ítalo, ob. cit., p.146.

assinaturas..., não por palavras, mas por movimentos de arma e diagramas, compondo uma assinatura que se torna, de repente, legível:

> De todo modo, na edição veneziana do livro de Averkiye, *As Mais Belas Assinaturas com Espada*, o último diagrama mostrava Averkiye Skila numa jaula formada por linhas descontínuas, traçadas pelos movimentos da arma e, sob o signo de Áries, um golpe que, serpenteando, traçava uma espécie de passagem que permitia escapar da jaula ou da rede. Desse modo, Averkiye Skila é representado, no último diagrama do seu livro, saindo da jaula de sua arte marcial através da abertura serpenteante e recobrando, como se atravessasse uma porta, a liberdade. Sai dessa fenda como de um ferimento, deixando sua prisão astral para nascer para o mundo e para uma vida nova. Entre seus lábios exteriores, mudos, os outros, os lábios interiores, sorriem alegremente... (ODK, 94).

É o escritor abrindo seu lugar na clausura do corpo da narrativa, Átopos cortando o fio do novelo com sua tesoura-espada, Teseu cavando uma saída nas galerias do livro-labirinto. A relação de afeto e perversidade que se estabelece entre os múltiplos em sua perseguição mútua é um pouco a relação ambígua do criador com sua criatura. Os personagens que cria são, ao mesmo tempo, feitos à semelhança e diferença do modelo original. "Odeia tanto seu 'Kurus' que seria capaz de engolir os olhos dele como se fossem ovos de pássaro. Assim que o apanhar..." (ODK, 50), diz Bránkovitch sobre o duplo Cohen.

Em outra cena, o árabe Muaviya intromete-se entre o corpo de Isaac Shultz e a esposa Dorotéia através do ferimento/boca que inscreveu no peito do seu marido durante a guerra israelo-egípcia. Pela incisão cesariana, Muaviya também renasce e liberta-se da impotência física que Shultz lhe causou quando *escreveu*-lhe, com o rifle, uma ferida na cabeça. Ao mesmo tempo, brotam dessas fendas mais histórias e mais personagens que nascem não na extremidade de cada parte, em seqüência, mas "por cesariana", com uma história saindo do meio da outra.

Por essas bocas com um lábio interno e outro externo, o escritor atravessa os espelhos, com um gesto prenhe de intencionalidades, que renega a criação de personagens como imagem idêntica de si mesmo. Skila luta virtuosamente em sua jaula e é como se lutasse para que os duplos não retornem a sua própria imagem e semelhança. Alteridade é um tema caro à obra de Cortázar. Detrator ferrenho do romance narcisista e monológico, Cortázar encontrou um meio textual propício para desdobrar a voz do autor na forma fragmentada e multisseqüencial de *O jogo da amarelinha.* Nessa metaficção hipertextual e interativa, que permite a circularidade das posições de quem escreve e de quem lê, o personagem/escritor Morelli/Traveller propõe vários desdobramentos do herói – o viajante e o homem de residência –, enquanto o livro também se desdobra em duas velocidades: uma leitura linear e outra saltitante.

Enquanto a interatividade rompe a separação operacional entre a dupla de sonhadores kazar na construção da narrativa, a corda que os mantém eqüidistantes do puma-pensamento garante a distância intransponível entre as intenções do autor e a leitura, como no sonho do kaghan. E não é contraditório que a diferença seja no primeiro sentido evidenciada e no segundo apagada, se esse jogo de aproxima-afasta faz a leitura e a escrita, por isso mesmo duas funções intercambiáveis mas distintas.

Essas estruturas catóptricas e labirínticas que povoam a literatura contemporânea, não por coincidência, inserem-se em obras de estrutura labiríntico-hipertextual, que prenunciam em sua forma a impressão de clausura dos textos eletrônicos. Um personagem duplo do outro, uma situação similar a outra, um ícone-*link* levando a outro dentro de um forte aparato intratextual e auto-referencial, colocam a trama em constante giroverter, sem que a obra atinja o fim saciável das narrativas lineares. A teia de percursos determinados pela interconectividade parece produzir a sensação de asfixia do aberto-fechado da *Web*. É como em uma máquina que se opera automaticamente, sem conhecer-se o segredo para desligá-la.[10]

Em uma trama que faz do leitor e do autor duas presas comestíveis puxando uma corda com um puma ao meio e onde todos os sujeitos se falseiam atrás do tabuleiro de espelhos, leitura é atividade arriscada (ODK, 22). A cada verbete, é preciso verificar se ainda temos todos os dedos, como Constantino de Salônica fazia depois de cada aperto de mãos em suas viagens missionárias a tribos selvagens (ODK, 61). É no sentido canibal que o leitor, com seu apetite livresco de mastigar a carne das palavras, pode morrer na nona página, ao "morder" a sentença do Evangelho segundo São João: "O verbo se fez carne".

O leitor morreria aguilhoado pelo veneno ao "mastigar" a obra, quase configurando-se autor, no intervalo entre a autoria e a leitura, antes que a criatura se torne criador e um polegar do livro/corpo de Adão seja paradoxalmente recomposto – pois o verbo só retorna à carne quando partes do livro/corpo são reconstituídas. "O intérprete está morto? – perguntou quase com alegria o paxá turco aos seus soldados, e Maçudi respondeu-lhe em árabe – Não, ele apenas adormeceu!". Condenado como Deus e o(s) kaghan(s) a morrer com suas intenções em favor da interpretação de seus atos ou de suas obras,[11] o autor pode matar o leitor com o veneno do livro e por isso lhe recomenda vigilância redobrada. As intenções são como a voz do anjo mensageiro, uma voz sem corpo que se encerra em si mesma, e tendem a morrer.

* * *

Interpolada no segundo verbete de *O Dicionário Kazar* (como esse fragmento em meu texto), a "História de

[10] Sobre o paradoxo da clausura no meio eletrônico, um dos temas mais complexos das teorias do hipertexto, ver DOUGLAS, J. Yellowlees. How do I stop this thing?: closure and indeterminacy in interactive narratives. In: *Hyper/text/theory*, editor: George Landow, Johns Hopkins University Press, Baltimore, 1994, p.159-188.

[11] Refiro-me, é claro, à mensagem do anjo que o kaghan quer ver interpretada: "O criador aprova tuas intenções, mas reprova teus atos" (ODK, 129).

Petkútin e Kalina" concentra, em pouco mais de oito páginas, as imagens antropofágicas que persistirão durante todo o romance, remetendo ao processo de produção textual. A metáfora criador e criatura está matizada pela relação reflexiva entre leitor e autor, enquanto o gesto reincidente da mordida alude ao processo estratificado da leitura, que suscita morder fundo o corpo da narrativa, despedaçá-lo e fragmentá-lo ou ainda descascar a obra como a uma cebola para chegar, ao modo kazar, à "carne do verbo".

Nesse conto, o tema da hereditariedade associa-se à "angústia da influência",[12] em que o autor é ele próprio criatura, produto de leituras alheias, como na imagem da oração Ave-Maria da princesa Ateh, que fala da pilhagem sucessiva das filhas por suas mães. As oposições nascimento/morte e criação/destruição, como forças do homem em sua interação com o mundo, evocam a dinâmica união/dispersão que envolve a leitura em um ritmo quase alucinante de ações violentas. O *escrileitor* que reconstitui a obra é barbarizado, porque a interpretação, enquanto ação de um corpo de percepção sobre o corpo alheio, também exerce sobre o texto uma violência que o suporte da leitura devolve mutilando simbolicamente o personagem-leitor.

Como todo livro, *O Dicionário Kazar* tem um pai mas não tem uma mãe. Foi gerado no silêncio de muitas leituras alheias, da junção maquínica de fragmentos diversos, sem o vínculo biológico materno. No entanto, à diferença dos livros santos, que têm um pai eterno para lhes ditar as leis e os versículos, o pai-zangão morre após o ato de criação, no momento em que a criatura nasce e o leitor, fecundado, passa a gestar a obra. Essa criatura *frankensteiniana*, que já não tinha mãe, fica, então, órfã de pai.

O binômio criador e criatura ajuda a pensar as relações do próprio *autor* com seu romance-dicionário, composto de livros, índices, verbetes, anexos, partes e também com seus antepassados e contemporâneos Homero, Shelley,

[12] Segundo a teoria de Bloom, a originalidade se produz dentro da tradição literária e do confronto entre obras novas e precursoras, por um sentimento histórico que ele chama de "ansiedade da influência". Cada obra nasce como uma resposta às anteriores, mas trata-se menos de uma resposta apreciativa do que defensiva, em uma relação conflitante determinada pela sina humana de ler e interpretar "criativamente errado". BLOOM, Harold. *O cânone ocidental,* trad. Marcos Santa Rita. Objetiva, Rio de Janeiro, 1995, p.17 e 18.

Joyce, Cortázar, Calvino, Borges, Perec... Como o Corão, livro santo "feito da união de dois pernetas" (o judaísmo e o cristianismo, a Bíblia e a Tora), o que o autor gerou com sua arca de palimpsestos funda-se na costura de diversos corpos. Ao fabricar a obra-Adão, o humano cria o humano, a natureza é cultura e ficção, a criação se desnaturaliza.

> – Todo livro tem um pai e uma mãe. Um pai que morre ao fecundar a mãe, e que dá seu nome à criança. E uma mãe que da à luz a criança, dá-lhe o seio e solta-o na vida. Quem é a mãe do vosso Livro Santo? (ODK, 238).

Em tom de charada, o desafio que a princesa Ateh dirige ao delegado muçulmano durante a Polêmica Kazar será decisivo para que o kaghan, segundo as fontes hebraicas, do Livro Amarelo, opte pelo judaísmo. "Nós sabemos caminhar, porque somos feitos da união de dois pernetas, enquanto vós mancais ainda" (ODK, 238). Com essas palavras, a poderosa princesa rebate os argumentos do delegado muçulmano, que quer convencer o kaghan a adotar o Corão, alegando que os kazares, como pagãos, não têm um livro santo.

Frutos da autoridade paterna,[13] os livros sagrados são criaturas-Petkútin. O filho adotivo de Bránkovitch, feito do barro, protótipo de Adão, tem um pai-criador, mas não tem uma mãe e um pai biológicos. Sua matéria primordial é a lama e não o sêmen, o que o animou e o alimentou foi o sopro da leitura e não o leite materno. O pai insuflou-lhe a vida lendo o quadragésimo salmo, deu-lhe um nome e soltou-o no mundo, não esquecendo antes de introduzir em seu peito-livro o embrião do fim, ou seja, da morte. Já selando a associação entre corpo e livro, o corpo aparece como superfície de inscrição, organismo que fala, arquivo vivo, *Livro de cabeceira*: "Ele se arranhava e sua unha escrevia em sua pele letras que podiam ser decifradas" (ODK, 38).

Criatura disforme, composta de partes desiguais, Petkútin aprendeu com Bránkovitch a ler uma página de

[13] "O pai figura na simbologia menos como genitor igual à mãe do que como aquele que dá as leis." RICOEUR, Paul. *De l'interpretation*. Paris, 1966, p.520, citado por CHEVALIER, Jean; GHEERBRANT, Alain. *Dicionário de símbolos*: mitos, sonhos, costumes, gestos, formas, figuras, cores, números, trad. Vera da Costa e Silva et al. 13.ed. José Olympio, Rio de Janeiro, 1999, p.678.

um livro com seu olho esquerdo e a outra com seu olho direito, a escrever em sérvio com a mão direita e em turco com a mão esquerda.[14] Graças à costura intercultural de Bránkovitch, Petkútin tem inscrita no corpo a assimetria histórica de seus ancestrais, fugidos de sua terra com a queda do Império Sérvio sob dominação turca (ODK, 30). Mas todo homem, ainda que monstro, precisa de uma noiva. Ao ficar órfã, Kalina (que, no momento de nascer, toma toda a beleza da mãe, deixando-a feia para sempre) torna-se a noiva ideal para Petkútin.

Em uma recriação do Gênesis, Eva e Adão no paraíso e a mordida fatal no fruto proibido (aqui envenenado, como a maçã de Branca de Neve), a união de Kalina e Petkútin é celebrada com um piquenique de primavera, espécie de festim antropofágico e autofágico que equipara o ato sexual ao ato comensal. A linguagem (verbo) é eroticamente fundida à carne, quando Kalina pede ao noivo que inscreva esse amor em seu corpo, implorando-lhe que urine dentro dela, morda um pedaço de sua orelha e coma-o (ODK, 41).

A lua-de-mel acontece, como de hábito, nas ruínas antigas, em meio à "obscuridade grega", onde se instala a sombra do teatro romano com seus bancos de pedra. Os recém-casados simulam um jogo surrealista, construindo o cenário e a realidade em volta a partir dos fragmentos de uma tragédia mitológica. É assim que ao ler a palavra sombra no que parece um trecho do *Édipo rei*, Kalina, ela mesma criatura crescida no silêncio feminino dessa leitura masculina,[15] vê o teatro romano lançando sua sombra (espelho) sobre a estrada. Ao transporem a passagem dos artistas, as criaturas Petkútin e Kalina começam a representar. "Entraram pela porta dos artistas, colocaram sobre a pedra no meio do palco a garrafa de vinho, os cogumelos e o chouriço que tinham trazido e retiraram-se rapidamente para a sombra" (ODK, 42).

[14] Um gesto arriscado hoje, diante do doloroso passado histórico de lutas entre turcos e eslavos, o reconhecimento da herança cultural turca por um sérvio fica expresso nessa passagem. Ódio racial e disputa por poder e território entre sérvios e muçulmanos têm levado não só à balcanização do território da ex-Iugoslávia, como também à balcanização das línguas eslavas. Mesmo entre línguas irmãs, como o sérvio e o croata, cujas raízes se confundem, a ordem é separar. O purismo começa a ser exigido pelos governos nos exames escolares, embora nem mesmo lingüistas e historiadores se mostrem capazes de distinguir as raízes e obedecer a essa imposição. Ver DJUKIC, Dejan, *Balcanização lingüística*. <http://www.udc.es/dep/ix/cac/novanng.html> (mensagem enviada à lista eletrônica de discussão LINGUIST em 11/09/96).

[15] "Ela era silenciosa porque crescera no mutismo das intermináveis leituras paternas de uma única e mesma oração, em torno da qual tecia-se sempre o mesmo silêncio" (ODK, 41).

Enquanto aguarda o chouriço e o cogumelo assarem sobre o palco, Petkútin lê em voz alta os nomes romanos dos antigos proprietários dos lugares escritos nos degraus do palco. A palavra novamente encarna o corpo: como se invocados de seu sono milenar, 120 pares de ouvidos mortos passam a participar do banquete, imitando todos os ruídos e gestos de deglutição dos jovens, inclusive os beijos. Cada mordida do casal é acompanhada por essa platéia-orquestra invisível e faminta.

Por descuido, Petkútin se corta, e o sangue cai sobre a pedra quente, espalhando o odor... O sangue humano – vinho e corpo de Cristo – perturba a serenidade dos espectadores romanos, com sua conhecida tradição "civilizada" de dominar, deglutir e apoderar-se de culturas "selvagens", como os etruscos e os gregos. Comensais de Cristo,[16] devoradores de gentes colonizadas, os romanos fizeram de Roma sede do império ocidental, a capital do cristianismo católico-apostólico-romano, que se constituiu no Oriente. O soberano kazar bem observou as marcas dessas dentadas helenistas ao jantar com comerciantes gregos: "Voltando à sala, olhou por acaso os restos do jantar: os sinais das mordidas dos gregos eram enormes, dir-se-ia de gigantes, comparadas às suas, pequeninas como as de uma criança" (ODK, 68).

Impulsionados por sua sede duas vezes milenar, os espectadores precipitam-se sobre Kalina gritando e berrando como leões soltos na arena diante de digladiadores. Estraçalhada, ela também se junta ao festim diabólico, devorando com gulodice os restos de seu próprio corpo. Kalina, que agora pertence ao mundo dos mortos, aparece para Petkútin cobrindo-se com sua capa vazia e, querendo experimentar na carne a sina à intersubjetividade da existência humana, diz que só pode reconhecê-lo depois de beber uma gota do seu sangue. Desesperado, Petkútin corta seus lábios com a faca e oferece-os à noiva. Passando de devorada para devoradora, Kalina despedaça-o e come-o avidamente. Os amantes integram-se por fim aos romanos,

[16] Em uma concepção crítica do flagelo de Cristo, Jesus teria sido morto pelo governo romano, que incitou os judeus sob o ardil de que Cristo, como agitador das massas, representava uma ameaça de desestabilização política.

que, pela liturgia católica, comensalizam o corpo de Cristo. Ecoa mais uma vez a renitente sentença-trovão: "O verbo se fez carne".

Como já anunciara a oração da Ave-Maria da princesa Ateh no primeiro verbete do livro,[17] o teatro aqui é espelho (palco e sombra) em que o público se projeta, imitando todos os gestos e ruídos dos atores. Na catarse final, quando os espectadores mortos avançam sobre o palco e devoram os atores, o teatro é o espelho da narrativa que devolve uma imagem traiçoeira no processo de auto-reconhecimento do público.

O teatro grego clássico tem uma função litúrgica e iniciática – anotam Chevalier e Gheerbrant em seu *Dicionário de símbolos,* com base em *Le théatre et son double*, de Artaud – e um sentido metafísico que vai além do significado psicológico do teatro moderno. Nesses termos, o teatro preserva o caráter sagrado dos templos, a ponto de as representações dramáticas substituírem as cerimônias de culto a uma divindade. E, como os templos, o teatro revela os mistérios medievais que representam os três mundos: o céu, a terra e o inferno; os anjos, os homens e os demônios. Esses planos são encarnados no conto pelas forças humanas que constroem a criatura Petkútin e a unem a Kalina e pelas forças demoníacas dos mortos que os despedaçam.

Sob o aspecto da interpretação teatral, Chevalier e Gheerbrant escrevem: "De forma mais geral, o teatro representa o mundo e manifesta-o aos olhos do espectador e nesses termos o ator, nos seus papéis, é ainda o Ser manifestado em uma série de modalidades que, para se tornarem reais, aparecem como instáveis e mutantes".[18] Mais do que a representação do mundo, contudo, o teatro aqui é o mundo. Ao mesmo tempo que tem acesso ao mundo do teatro, ao assistir a uma representação, o homem está inserido no teatro do mundo, de que é parte integrante, sempre conforme os autores.

[17] "Aprendi de cor a vida de minha mãe, e todas as manhãs, durante uma hora, interpreto-a diante dos espelhos, como no teatro" (ODK, 28).

[18] CHEVALIER e GHEERBRANT, ob. cit., p.871.

Se é certo que o espectador se projeta no ator, identificando-se com os personagens e dividindo com eles seus sentimentos, é certo também que a própria expressão das paixões e o desenrolar das situações o libertam do que permanecia fechado nele a partir da catarse, quando o espectador é purgado, purificado, de tudo aquilo que não consegue libertar-se. O momento catártico é vivido durante o festim canibal, quando os atores atravessam o espelho e integram o teatro ao mundo, os vivos aos mortos, criador e criatura. Essa teatralidade seria uma representação simbólica da comensalidade entre autor e escritor e do que Arnaud Gillot chama, referindo-se ao espaço de escrileitura, de dialética original do hipertexto, "celle d'un théâtre de l'écriture où acteurs, actants s'inter-assimileraient dans l'acte de création".[19]

O criador coletivo, simbolizado pela ode de atores romanos, devorando suas criaturas, lembra a antropofagia que ocorre nos países Bálcãs: grandes impérios vizinhos que se alternaram no domínio da região (Alemanha, Áustria, Hungria, Itália, Turquia) aguardam o menor sinal de sangue para se lançarem sobre o território balcânico e despedaçá-lo. Uma rede de sutis alegorias conduzem especularmente a uma alegoria maior e geral, que reflete sobre o corpo-livro-reino que lemos.

A imagem do banquete antropofágico retorna no último fragmento de *O Dicionário Kazar*, produzindo circularidade. Nas "Observações finais sobre as vantagens deste Dicionário", o *autor* propõe que o leitor e a leitora rompam sua solidão e se encontrem para comparar a passagem da última carta de Dorotéia Schultz, onde se inscreve a diferença entre os corpos feminino e masculino do livro. Sugere que façam um lanche enquanto discutem a obra.

Nessa transposição maliciosa de corpos – do corpo do livro para o corpo dos leitores –, Pávitch dá o golpe final em sua criatura, assim como Bránkovitch introduziu

[19] GILLOT, Arnaud. La notion d'ecrilecture à travers les revues de poésie électronique kaos et alire (1989-1995). In: VUILLEMIN, Alain; LENOBLE, Michel (Org.). *Littérature informatique lecture:* de la lecture assitée par ordinateur à la lecture interactive. Pulim, Paris.

a morte em seu filho adotivo, "pequena e imatura", "temerosa e um pouco tola", este "embrião do fim", para que tudo nele "fosse como entre os vivos". Como Adão, Frankenstein e Petkútin exigiram uma companheira de seus criadores, o corpo/livro não morre sem antes ganhar uma noiva. A noiva do livro é a edição feminina e o leitor também pode ter a sua. Unidos, os dois corpos poderão celebrar sua conjunção carnal com um piquenique. A oposição entre criador e criatura mais uma vez se desfaz no teatro gastronômico: como parte do elenco de personagens, os leitores são criaturas do autor e criadores da obra.

A bem-sucedida experiência de criação de Petkútin encoraja o autor Bránkovitch a empreender um projeto ainda mais perigoso, a "preparação livresca de uma grande ação". Tarefa de "conseqüências incomensuráveis", a reconstituição do corpo de Adão entrevê, no mesmo movimento, o objetivo de Bránkovitch de recriar *O Dicionário Kazar,* anunciado pelo narrador Nikon Sevast com um certo tom metadiegético:

> No mesmo dia em que isso aconteceu a Petkútin, Kyr Avram Bránkovitch anotou as seguintes palavras: "A experiência com Petkútin foi coroada de sucesso. Ele desempenhou tão bem seu papel que conseguiu enganar tanto os vivos quanto os mortos. Agora, posso empreender a parte mais difícil. Passar da pequena para a grande experiência. Do homem a Adão" (ODK, 45).

* * *

Desde então, Bránkovitch incorpora a totalidade multifacetária e imaterializável do corpo/livro, ao presentificar, em relâmpagos de tempo, a visão de todos os personagens no mesmo corpo. Com seu título grego (Kyr = senhor ou cavalheiro), o prenome judeu Avram (versão ortodoxa de Abraão), o sobrenome sérvio e um segundo título turco, efêndi[20] (designado a homens sábios e respei-

[20] Do grego medieval *aphentos*, que significa mestre, alteração do grego *authentos*, de onde derivam autêntico e autor.

tados no Oriente Próximo), Bránkovitch tem a dimensão adâmica de um HCE (Here Comes Everybody), em *Finnegans Wake*.

Em A História da morte dos filhos, interpolada no verbete de Maçudi, o demônio Akchani explica que as mortes futuras dos filhos se refletem especularmente na morte dos pais. Dessa forma, como sob efeito de uma lei reflexiva, um homem sempre vivencia sua morte através de um outro e a transforma em uma experiência coletiva. "A célula da morte – o selo da destruição – caminha em direção ao montante do tempo, do futuro para o passado, ligando assim a morte ao nascimento, o tempo com a eternidade, Adão Ruhani com ele mesmo" (ODK, 159).

Diz a Nota sobre Adão, Irmão de Jesus, que assim como a alma de Adão "migra para as gerações seguintes, todas as mortes dos seus descendentes migram e retornam à morte de Adão, construindo deste modo, grão a grão, uma imensa morte, proporcional ao corpo e à vida de Adão" (ODK, 282). Dentro da equação unidade = pluralidade, que permeia a metáfora da criação, o homem primígeno é uma alma exilada pelas gerações passadas e futuras, pois nele reúnem-se todas as parcelas de tempo. Desse modo, o precursor está condenado a morrer com cada ser humano e assim se passa com Bránkovitch, quando é atravessado pela espada de Skila e cai no campo de batalha.

Essa morte é um momento memorável para o escritor e um dos incontáveis centros do romance:

> Sou um esgrimista – Averkiye Skila assim concluiu sua nota sobre Avram Bránkovitch – e sei bem que, quando se mata, é diferente a cada vez, como na cama com uma nova mulher. Só que depois tu te esqueces de algumas delas, e de outras não. Do mesmo modo, alguns dos que mataste e algumas mulheres que possuíste não te esquecem jamais. A morte de Kyr Avram Bránkovitch era daquelas das quais nos lembramos (ODK, 58).

Através da mente de Cohen, que entra em sono comatoso sonhando a morte de Bránkovitch, Maçudi sonha a morte de Kyr Avram, que, por sua vez, revive a morte de todos os seus descendentes, passados e futuros. Pela descrição de cada morte transmitida através dos "vasos comunicantes" de Cohen-Bránkovitch para Maçudi, podemos reconhecer a identidade dos personagens, conectando-os com as biografias que constam em outros verbetes.

A primeira morte, lenta e agonizante, migra do filho Grgur Estilita, que foi abatido com 17 flechas por cavaleiros turcos, e Bránkovitch sente numerosas "outras chagas" se multiplicarem. Na segunda, *Papas* Avram perde os cabelos no sonho de Maçudi e podemos deduzir: nesse instante, ele revive a morte de seu segundo filho, o que adoece aterrorizado depois de matar inadvertidamente a própria mãe encarnada no corpo de uma vampira.

Pela seqüência esperada, Maçudi acredita que na terceira morte Avram revive o fim de seu filho adotivo Petkútin, mas percebe depressa seu engano, ao sentir que centenas de anos se passam entre esta e as duas primeiras mortes. Ao contrário das anteriores, é a morte rápida de um homem sufocado por um travesseiro, e sabemos, então, que migra para ele, do século XX, a morte de Isailo Suk, no Hotel Kingston. No momento em que o pesquisador é sufocado com um travesseiro, quebra-se a linha divisória entre passado e futuro, e o presente desaparece na eternidade, com a quebra tardia do ovo do tempo que garantiria a Suk mais um dia de vida.

> (...) compreendeu que a humanidade tinha descoberto seu ontem e seu amanhã com grande atraso, um milhão de anos depois de sua criação – primeiro o amanhã, depois o ontem. Descobrira-os numa noite longínqua, quando o presente começou a desaparecer na escuridão, imobilizado e quase interrompido entre um passado e um futuro de tal forma dilatados naquela noite que quase se fundiam. (...) O presente desaparecia, sufocado entre duas eternidades

> (...) e Bránkovitch morria pela terceira vez, no exato momento em que passado e futuro colidiam dentro dele, quebrando-o no mesmo instante em que ele ia quebrar o ovo (ODK, 209 e 210).

Novamente o número três produz multiplicidade: as três mortes de *Papas* Avram desencadeiam a morte de todos os personagens descendentes de Adão. Na queda, Bránkovitch vive antecipadamente a chaga de Maçudi, que despertará em sua morte também com o golpe de Skila. Bránkovitch vive por antecipação a morte de Muaviya, reencarnação dele próprio, e a de Cohen, cujo sonho ficou, de repente, "vazio como um leito de rio seco". Os personagens atados por essa rede de duplos e reencarnados vão caindo um a um como num jogo de dominó e retornando ao arquétipo de Adão, o homem-todos.

Essa morte coletiva, que se passa no episódio da batalha entre turcos e sérvios cristãos a caminho de Constantinopla, vai se repetir por similaridade na Conferência de Istambul, quando Muaviya e Suk são assassinados e Dorotéia é presa. Mas onde tudo retorna e extravasa do livro para o mundo, a Queda do Império Romano do Oriente, instante *ricorso* em que a humanidade cai com a tomada de Constantinopla para reingressar em uma nova era,[21] faz sua silenciosa aparição nesse pequeno-grande confronto.

> Era o momento de seu despertar, mas, estando Bránkovitch morto, não havia mais ninguém para sonhar a realidade de Cohen. (...) Maçudi viu como no sonho de Cohen, sonho que se transformava em agonia, os nomes de todas as coisas à volta dele começavam a cair como chapéus, e o mundo ficava com a mesma pureza original do primeiro dia da Criação.

"bababadalgharaghtakamminarronnkonnbronntonnerronntuonnthunntrovarrhounawnskawntoohoohoordenenthurnuk!". A passagem faz ecoar o trovão do terceiro parágrafo de *Finnegans Wake*,[22] que provoca o

[21] No forro dessa recircularidade narrativa não se pode deixar de lembrar a teoria do filósofo e historiador Giambatista Vico (*Scienza Nuova*), segundo a qual a história passa por ciclos recorrentes seguidos de um período de caos que leva ao recomeço (*ricorso*).

[22] JAMES, Joyce. *Finnegans Wake / Finnicius Revém*, trad. Donaldo Schüller. Ateliê Editorial/ Casa de Cultura Guimarães Rosa, São Paulo/Rio Grande do Sul, 1999.

momento referido por Joyce como *the Fall*, quando o mundo retorna ao estado primordial da criação. E como aqui tudo se passa na ordem inversa, do fim para o começo da vida, a criação acontece depois que morrem Todos. Caem os substantivos e retornam apenas as palavras que criam. Em um mundo vazio de nomes preestabelecidos, o Livro passa a ser um dicionário de verbos.

Sintetizando o corpo onde os outros se renomeiam, a morte de *Papas* Avram recorda a morte coletiva no livro-labirinto de Joyce. Tim Finnegan cai da escada na cena que se associa a Humpty Dumpty, com sua cabeça-ovo quebrada, de onde saem os demais personagens do romance, como se esse Corpo fosse o depositário de todos eles. O ovo morre para renascer como Here Comes Everybody ou HC Earwicker ou Humpty Dumpty ou Finnegan ou Adam.[23]

Alef, a instância que transita da unidade para a pluralidade, é ainda mais complexa quando cada personagem de *O Dicionário Kazar* pode ser lançado no fantasma coletivo das criaturas mitológicas. Reescrevendo o mito do judeu errante, condenado e banido de sua terra (Dúbrovnik, que já nem é a sua), Cohen carrega em seu bigode negro e prateado, "como se fosse uma punição no rosto" (ODK, 152), a juventude e a velhice, o passado e o futuro dos povos. Sua sede de perambulação e eternidade, associada ao movimento da história humana, tem a potência de desenraizar todos os outros que o perseguem.

Bránkovitch, como já vimos, reencarna o mito de Adão, que encerra, nas assimetrias (polegar masculino e feminino), o mistério da unidade e da totalidade, de onde todos nascem e para onde todos retornam. Efrosínia, personagem satânica do inferno judeu, libertina e dominadora, emblema da transgressão sexual feminina, recria Lilith, como o próprio romance explicita, atada através de Cohen a Ateh, amálgama, por sua vez, de muitos mitos: a Eva primígena, punida no corpo pela sedução do homem,

[23] Ver FLINT, Carl; NORRIS, David. *Introducing Joyce*. Totem Books, Austrália, 1997 e BLADES, John. *How to study James Joyce*. Macmillan, London, 1996.

Electra, complexo de castração, relação incestuosa com o kaghan (pai, marido ou irmão?), e Medusa, máscara e espelho antinarcísico, confronto rude do *eidos* em si mesmo, fulminada por sua própria imagem. E, assim, essa legião de sonhadores, com suas porções angélica e demoníaca, poderia desdobrar-se em inúmeras outras imagens ao ser associada a diferentes arquétipos. Mas o excesso mitológico fica, como diz Pávitch, para outros – é matéria apaixonante para caçadores de outros sonhos.[24]

Ilustração inspirada na morte de Tim Finnegan, representada pelo personagem-ovo de histórias populares Humpty Dumpty.

Fonte: Reprodução da página 158 de *Introducing Joyce*, de David Norris e Carl Flint, publicado pelas editoras Icon Books e Totem Books, EUA.

[24] Para uma leitura da camada mítica da obra, ver, entre outros, BRUNEL, Pierre. *Dicionário de mitos literários*. UnB e José Olympio, Rio de Janeiro, 1998 e KURY, Mário da Gama. *Dicionário de mitologia grega e romana*, Jorge Zahar, Rio de Janeiro, 1997.

Elemental e artístico

É nesse universo de seres mágicos, criaturas feitas do barro, demônios com devir animal, vampiras que mordem calcanhares, caçadores de sonhos, duendes, anjos, religiosos, reis e princesas, pássaros de olhar mordido e galinhas que botam ovos do tempo que a metaficção tece suas teias e se disfarça para refletir sobre a relação criador e criatura, autor e leitor. Para cada representação desses seres no plano mítico, como criaturas, há uma função correspondente no campo intelectual e artístico dando visibilidade à atividade da escrita e ao gesto (re)criador. Seres fantásticos, que são também escritores, cronistas, músicos, tradutores, delegados (advogados), juízes, pesquisadores, poetas, acadêmicos, mas principalmente mensageiros, intérpretes, censores, lexicógrafos, calígrafos, tipógrafos, editores, revisores, copistas – narradores de segunda mão, artífices da escrita e do corpo das letras. A narrativa relaciona o papel intelectual ou artístico, no plano do autor e criador, com o plano elemental, no campo da criatura, ambos atravessados pela escrita e pela leitura como atividades criativas e reassimiláveis.

Na evidenciação do artístico, quando todos os personagens de alguma forma materializam o ato de ler e escrever, a auto-referencialidade toma conta da história. Em "Fim do mundo do fim", um dos textos de *Histórias de cronópios e de famas*,[25] de 1962, Cortázar já imaginava um mundo inundado de fábricas de papel e de tinta, onde todos se tornaram escribas. Escribas, e não escritores, operários de atividade livresca "subalterna", lugar onde a leitura mais sutilmente confunde-se na escrita. Em *Se um viajante numa noite de inverno*, o atordoado autor, pronto a sucumbir à tentação de copiar todo o *Crime e castigo*, compreende nesse instante o sentido e a vocação de copista, que bem pode ser a metáfora do *escrileitor* de um hipertexto:

[25] CORTÁZAR, Julio. *Histórias de cronópios e de famas*, trad. Glória Rodriguez. Civilização Brasileira, Rio de Janeiro, 1973, p.69.

"O copista vivia simultaneamente em duas dimensões temporais, a da leitura e a da escrita; podia escrever sem a angústia do vazio que se abre diante da pena; ler sem a angústia de que seu próprio ato não se concretize em algum objeto material".[26]

Leitor e autor são engajados, junto com os personagens leitores e autores envolvidos na Polêmica Kazar, na tarefa de recompor as partes do livro e, assim, recriar o ser humano. Ao mesmo tempo que lêem, escrevem. Se as configurações traçadas coletivamente por essa equipe de narradores compõem um todo movente, adulterado desde as origens de cada fragmento, a noção de interpretação enquanto forma de chegar à essência da obra é abalada. Tradutores, copistas, revisores, mensageiros (o pergaminho ambulante), encarregados, cada qual no seu papel, de transcrever os episódios sobre a conversão do povo kazar, alteram os fatos de acordo com suas filiações religiosas.

Dois entendimentos distintos sobre leitura circulam entre os personagens: papagaios[27] e seres dotados de doenças memoriosas decoram o que lêem; seres normais interpretam, adulteram e recriam os livros. Recriam mesmo quando os editam, como o tipógrafo judeu Daubmannus, que "completava" o material recebido da fonte cristã (padre Nikólski), ou quando os traduzem, como Yehuda Ibn Tibon, que assina a tradução do Livro sobre os Kazares, de Halevi, do árabe para o hebreu, cujo trabalho chama a atenção pela oscilação entre o fiel e o infiel. Essa qualidade desigual é explicada pelo metanarrador por duas razões: 1) as versões impressas posteriormente foram censuradas pela inquisição cristã e 2) dependia do humor de Ibn Tibon e das circunstâncias.

Assim, a tradução era "fiel quando Tibon estava apaixonado por sua noiva; boa quando estava zangado; relaxada quando os ventos sopravam; profunda no inverno; se chovia, ele introduzia seus comentários e la-

[26] CALVINO, Ítalo, ob. cit., p.182.

[27] Como aqueles a quem a princesa Ateh ensinou seus poemas.

vava o texto original; e cometia contra-sensos quando estava feliz" (ODK, 264). De traição em traição, o livro foi "engordando", tal qual as famosas traduções d'*As mil e uma noites*, ou da *Bíblia*, que iam incorporando novos fragmentos aos originais, a ponto de não se poder distinguir o que foi acrescentado, adulterado ou retirado. E mudava de voz, como o livro que lemos: "(...) tendo partido como voz masculina, terminava sua rota como voz feminina, com apenas os verbos e os números sendo escutados ao longe".

Padre Nikólski, o monge-Funes, dotado de uma sede insaciável de lembrança, é naturalmente indicado por suas qualidades memoriosas para transcrever os manuscritos que decorou do *Dicionário Kazar* antes de ser destruído. Dono, como o personagem de Borges, de uma memória *winchester*, que se enche de futuro sem se esvaziar do passado, capaz de localizar um rosto entre muitos outros, como quem consulta os arquivos de um computador, o padre confessa os pecados que cometeu a partir do momento em que sua memória o traiu. Isso aconteceu no dia em que foi invadido por uma estranha compulsão de rasurar e ampliar os textos após encarar o demônio Nikon Sevast fixamente na boca e não se lembrar de onde conhecia seu rosto.

Ao perder por um breve instante a memória fiel e totalitária, o monge afasta-se da eternidade divina e se aproxima do tempo que, como o contrário da eternidade, pertence a Satã: "O tempo não nasce na terra, mas nos subterrâneos..." (ODK, 279). Em pouco tempo, já adquirira o mau hábito de acrescentar palavras nas obras que deveria reproduzir.

> Pus-me de novo a copiar livros, como antes. Mas, certo dia, senti que tinha mais palavras em minha saliva do que aquele que escrevera o livro. Então, comecei a acrescentar ao texto que copiava uma palavra aqui, uma outra ali; depois, frases inteiras (ODK, 272).

Enquanto copia as obras sacras, Nikólski começa a cultivar as palavras que queria acrescentar, notando que ainda estavam verdes na terça-feira, mas atingiam o completo amadurecimento no bíblico sétimo dia. Como se tivesse medo de ver seus frutos apodrecerem, o copista cristão admite que, impaciente, acrescentou à biografia de São Parascévio uma página inteira. Adulteração do original, a cópia passa à categoria de criação, e o padre recebe o *status* de autor, Deus-narrador do que já não é mais primórdio:

> Não somente meu delito não foi descoberto, como os monges me pediam cada vez mais seguidamente para fazer as transcrições, preferindo os livros com minhas interpolações aos de todos os calígrafos, aliás numerosos (...). Não somente acrescentei historietas nas biografias dos santos, como pus-me a inventar novos eremitas; imaginava novos milagres, e minhas caligrafias começaram a ser vendidas mais caro do que os livros que eu copiava. Pouco a pouco, tive consciência do terrível poder que possuía no tinteiro e que soltava no mundo, seguindo minha vontade (ODK, 272).

Não demoraria muito para que padre Nikólski descobrisse o poder de criação e mistificação do verbo. "Para matar o leitor, um ser humano em carne e osso, basta metamorfoseá-lo durante um instante em personagem do livro, em herói da biografia" (ODK, 272). E quando o monge Longuin lhe pediu que copiasse a biografia de São Pedro Kórichki, "que depois de cinco dias de jejum viu a luz que não envelhece", não resistiu ao desejo de escrever cinqüenta no lugar de cinco. Ao ler a cópia, o jovem monge iniciou um longo jejum que o levou à morte no qüinquagésimo primeiro dia (ODK, 273). Arrependido do pecado, o padre foi trabalhar com Bránkovitch na reconstituição do *Dicionário Kazar* e ditou para o tipógrafo Daubmannus a parte cristã e árabe dos documentos sobre a polêmica que havia decorado após ouvir um papagaio que recitava versos na língua kazar.

Suas confissões ao patriarca Pêtch mostram a luta interior do monge contra a vontade de desnaturar os escritos que copiava. Conta a ele que leu e reteve cada letra e cada palavra do manuscrito deixado por Maçudi sobre a Polêmica Kazar, garantindo, como um leitor-calígrafo muito pio e comportado, nada ter modificado: "Atravessei o Danúbio e, na Valáquia, no monastério de Del, li esses escritos hebraicos, esforçando-me para não compreender nada, nem interpretar o que estava anotado" (ODK, 286).

Mas é preciso desconfiar da fidelidade e do arrependimento desse monge que anda de dupla com um certo demônio copista. Aos poucos, por sua condição de calígrafos, Teoktist Nikólski e Nikon Sevast passam por um processo de assimilação recíproca das identidades de personagem e narrador, leitor e autor, santo e demônio. Em um jogo performático e onomástico, traços de personalidade vão-se intercambiando, assim como as letras dos seus nomes. Sobre a convalescença de seu comparsa satânico, anota o padre:

> Depois de ter queimado o dicionário de Maçudi e o de Bránkovitch, Nikon tornara-se um outro homem. Não se interessava por nada mais e fizera que lessem para ele em voz alta o "Quinto Salmo", o que se lê para os suicidas, e jogava na água, uma a uma, as penas com as quais escrevia (ODK, 285).

Enquanto Sevast herda a culpa, o arrependimento, a sede de lembrança e o desejo de reconstituição do livro, julgando haver tudo destruído, a ânsia diabólica de escrever, trair e destruir vai tomando conta de Nikólski. Em frente ao espelho, vai confirmar em si mesmo a identidade demoníaca de Sevast, que nós, "os outros", supostamente já conhecíamos desde a leitura das Observações Preliminares. Como se a imagem refletida desse *Teokon Nikovast* devolvesse a unidade dos opostos, o divino e o satânico que há em ambos encontram-se:

> Nikon Sevast era o próprio Satã. Aliás, nem ele mesmo negava-o, agora. Quanto a mim, não tinha examinado o interior do seu nariz, como os outros. Simplesmente olhara no espelho e descobrira aí o que os outros já deveriam saber há muito. O rosto de Nikon Sevast, que me lembrava tanto um rosto outrora visto, era quase idêntico ao meu. Caminhávamos através do mundo como gêmeos, amassando o pão de Deus com a lágrima do Diabo (ODK, 280).

Com a fome de autorar, Nikólski salva-se da sede de lembrança, porque outra vez aqui escrever é não só guardar, mas também esquecer, recortar, mistificar. "É como se estivesse me transformando em Nikon Sevast, o protocalígrafo... (ODK, 287)", confessa ao patriarca, quase materializando uma alteridade maldita, sa(n)tânica ou di(abo)vina.

Incorporada à constituição de determinados personagens, a prática islâmica e judaica de atribuir um novo nome aos fiéis em certos rituais de iniciação também contribui para a explosão do sujeito que fala em múltiplas individualidades. "Esperando que minhas palavras possam ajudar o rabino Isaac, isto é tudo que posso dizer, eu que na sexta-feira chamo-me Iabel, no domingo, Tubalcaim, e apenas no sábado Iubal" (ODK, 228). Como mais um mecanismo para acentuar o caráter mutante desses narradores, o segundo, terceiro ou quarto batismo transita do plano místico para o da metalinguagem, secularizando o ato iniciático, sem abolir seu conteúdo religioso.

De forma ainda mais complexa, as letras que giram nessa constelação biográfica da eternidade e que formam o corpo de Adão embaralham-se nos nomes de Abu Kabir Muaviya, Abu Hadrach Ibn, Ibn Yabir Akchani, Farabi Ibn Kora, Yehuda Ibn Tibon, Halevi Yehuda. Personagens partilham partes de seus nomes da mesma forma que suas biografias se cruzam. Semelhanças paranomásicas entre Samuel **Cohen** e Ana **Cholem**, mãe de Dorotéia Schultz, remetem à vida do caçador de sonhos que ela reencarna.

Os sobrenomes Kwaszniewski, Zakiewcz e Kwaszniewska confundem-se na vida de Dorotéia, turvando a confirmação de ela ser filha do casamento de sua mãe Anna Cholem com o irmão Achkenaz Cholem. Perturbando a fixidez do nome próprio, anagramas e troca de letras simulam pontos imperfeitos de tangência que se constroem entre as biografias de humanos e demônios, seres reais ou fictícios. E *O Dicionário Kazar* mostra que o romance pode enredar e construir convivências de grande intensidade entre leitor e personagem sem a fixidez psicológica de muitos clássicos.

Entrando no jogo de espelhos, referências nominais diversas aos narradores ajudam a multiplicar as imagens e a perturbar ainda mais o dono da voz. Bránkovitch, Kyr Avram, *Papas* Avram, Avram-efremdi, Avram Bránkovitch. Cohen, Kuros, Samuel Cohen, judeu errante, judeu de Dúbrovnik, homem com meio bigode prateado, jovem de olhos vermelhos, guardador de cemitérios de cavalos. Skila, Averkiye, Averkye Skila, copta, esgrimista: nomes, sobrenomes, apelidos, títulos, características físicas, partículas de nomes do mesmo personagem/narrador pulverizadas pelos três livros.

Citados sempre como se pela primeira vez, os narradores semeiam suas insígnias de salamandra, *links* camaleônicos, em um jogo de mostra-esconde, orienta-desorienta em seu eterno renascer, não mais na dualidade, mas na multiplicidade. É como se todas as vidas do romance tivessem sido divididas em pedacinhos caleidoscópicos, que, espalhados pelos verbetes, lançam os personagens na nebulosidade de ser múltiplo e não ser ninguém. Caracterizações difusas ao mesmo tempo confundem e marcam as pegadas dos caçadores de sonho no ciclo de sua perseguição mútua e despistam seus leitores, nós mesmos, no rastreamento das identidades.

Multiplicados, os "eus" ficcionais descolam-se de suas identidades, para cair no caos de uma subjetividade coletiva, onde todos são protonarradores de histórias dentro de histórias, em uma narratologia alucinatória. O descolamento desestabiliza essas primeiras pessoas, meio emprestadas, meio parodiadas dos gêneros autobiográficos, colocando em questão sujeitos locucionais quanto ao que são, o que narram e o que vêem. Ao ritmo de uma incessante constituição e desrealização do leitor em autor, porvir de personagem, devir de narrador, lemos tudo com encantamento e desconfiança. Tudo o que vem desses narradores atados pelos sonhos, que parecem ainda não ter acordado.

Em trânsito, ida e volta, de leste a oeste, norte a sul (entre Dúbrovnik e Ióvanie, Belgrado e Viena, Valáquia e Polônia), sempre de passagem (por Níkolie) e a caminho (de Constantinopla), escribas itinerantes carregam suas "penas e tinteiros através das águas e fronteiras dos reinos" (ODK, 275). Trabalham à distância na construção de inúmeros livros que embotam, sob seus muitos títulos, um único projeto: o Livro. Fluxo contínuo e gago do narrar, migração recíproca de funções e significantes que transforma engenhosamente todo o relato, ao final, numa espécie de protonarrativa, *arrière-fable*, orquestrada por aqueles que fundam e narram o mundo disfarçados de copistas.

Capítulo 6

Só os albatrozes se expressam sempre na mesma linguagem

Un rhizome ne cesserait de connecter des chaînons sémiotiques, des organisations de pouvoir, des occurrences renvoyant aux arts, aux sciences, aux luttes sociales.

Gilles Deleuze e Felix Guattari

Três livros em um só, uma obra que é, ao mesmo tempo, dicionário e romance, um livro com três religiões, três línguas, três versões e três cores básicas, dois gêneros. Território balcânico, com múltiplas nacionalidades, linguagens e alfabetos distintos. Ícones, ilustrações, sons, aforismos, poesia e prosa. Imagens que evocam cor, cheiro, música e movimento, ritmo e sonoridade. Leitura aqui é uma forma integral de produzir significações a partir da diversidade dos elementos verbais e não-verbais. Não subjugado à realidade estática e unidimensional da página, o livro agencia uma heterogeneidade de elementos lingüísticos, políticos e artísticos que constituem, na tessitura de *O Dicionário Kazar,* uma "cadeia semiótica", como falam Deleuze e Guattari.

Recurso estético buscado pela literatura contemporânea, a incorporação de elementos de natureza distinta na obra de Pávitch preconiza a heterogeneidade hoje associada ao hipertexto eletrônico. Capaz de colocar em interação som, movimento, imagens, deslocamentos, gesto e texto, o espaço virtual é apontado como o lugar para o encontro de múltiplas linguagens.

> Because of such graphical orientation devices, the visual appearance of the text assumes a new status in hypertext systems. By integrating the currently separate worlds of pictures and words, hypertext exposes our western cultural bias towards information which can be measured by pages and paragraphs comprised of words.[1]

Comemorada com algum entusiasmo exagerado, como se fizesse parte do absolutamente novo, essa propriedade não foi inventada pelo meio eletrônico. Há que lembrar o concretismo brasileiro, a poesia *haikai* japonesa, a poesia visual e a prosa de Joyce, hipersonora e plurilingüística. Obras hipertextuais como as de Cortázar e Pávitch também mostram uma tendência, precursora da escrita em meio eletrônico, em extrapolar as palavras e trazer o não-verbal para o campo da criação literária.

No afã de estabelecer marcos fundadores do hipertexto eletrônico, alguns teóricos cometem injustiça quando tratam a displicência imagética da literatura de forma generalizada: "Writers have internalized the belief that verbal information is more valuable than non-verbal information, and that non-verbal elements are the business of publishers, designers and printers, not of writers".[2] Na verdade, as possibilidades de mixar voz, imagem e movimento nas redes telemáticas e dispositivos de armazenamento (CD-ROMs, CD-Is, *laser discs*, DVD) vieram coroar uma busca pela diversidade da linguagem que já começara a mudar a literatura (poesia e romance) com o advento do cinema e ganhou vôos mais altos com o vídeo e a era da informática.

[1] SNYDER, Ilana, ob. cit., p.21.

[2] *Ibidem, idem.*

Um dos princípios do texto rizoma proposto por Deleuze e Guattari,[3] a heterogeneidade está vivamente presente em *O Dicionário Kazar*. Da estrutura básica trilíngüe do romance, cruza-se e produz-se uma multiplicidade de línguas e dialetos, sugeridos pelas referências a fontes de origens diversas e pela paixão à heteroglossia dos personagens. Mas de novo saímos do plano da mera sugestão: fragmentos, poemas, nomes de lugares, títulos, aforismos, expressões, exclamações, hesitações, sons onamatopaicos e mesmo parágrafos e páginas inteiras trazem essa heteroglossia para o campo visual.

O tripé grego, árabe e hebraico é apenas um *plateau* para inúmeras combinações e variações, como o sérvio sobreposto e semi-oculto pela escrita de um *quasi*-italiano no som manuscrito que Muaviya encontrou entre as relíquias anunciadas em jornais antigos. Nesse fragmento, Pávitch associou um sérvio arcaico dos séculos XV e XVI, mas escrito em sistema ortográfico italiano, de forma que é muito difícil reconhecer, mesmo para um falante da língua, o idioma que há por trás de tal *melange* de signos orais e verbais.

Uma breve nota histórica pode ajudar a contextualizar e a compreender esse intrincado jogo lingüístico que consegue não só confundir o leitor, mas mostrar que as línguas também desenham uma cartografia hipertextual. Muitos sérvios migraram para a Itália no século XV, fugidos das invasões turcas, e alguns escritores italianos transcreveram suas melodias folclóricas do jeito que as ouviam.[4] A escrita melódica do manuscrito de Muaviya é, então, resultado dessa técnica de transcrição fonética, que transita entre a oralidade e a escrita, como se apreendesse no ar o movimento entre a língua do imigrante e a do nativo.

Esse olhar agudo para a natureza plural do material histórico parte do princípio de que "só os albatrozes se exprimem, em toda parte, com a mesma linguagem" (ODK,

[3] Un chaînon sémiotique est comme un tubercule agglomérant des actes très divers, linguistiques, mais aussi perceptifs, mimiques, gestuels, cogitatifs: il n'a pas de langue en soi, ni d'universalité du langage, mais un concours de dialectes, de patois, d'argots, de langues spéciales. DELEUZE e GUATTARI, ob. cit., p.14.

[4] Devo as informações sobre a procedência lingüística do poema à professora e "amiga eletrônica" Vladslava Gordic, que leciona inglês, italiano e literatura americana na Universidade de Novi Sad, na Iugoslávia.

77). Sobreposição de camadas de signos lingüísticos que se intersecionam, a linguagem revela a interferência de uma escrita sobre outra, como sugere o poema:

> Plantei rosas em tuas botas e o goivo cresce em teu chapéu. Enquanto te espero em minha noite única e permanente, os dias caem sobre mim como os pedaços de uma carta rasgada. Junto-os e soletro-os às tuas palavras de amor. Decifro-te mal, porque, às vezes, uma escrita desconhecida aparece, e os fragmentos de uma outra carta inserem-se na tua, e um dia e uma carta pertencentes a outro misturam-se assim à minha noite. Espero teu retorno, que fará as cartas e os dias supérfluos. E pergunto-me: será que então aquele outro ainda me escreverá ou será apenas noite? (ODK, 234).

A noção da pluralidade da comunicação e a idéia de que "as línguas aprendem outras línguas" (63) já moviam os monges Cirilo e Metódio em suas viagens de evangelização dos povos eslavos. "Ele e seu irmão sabiam, desde a infância, que os pássaros de Salônica e os da África não falam a mesma língua, que as andorinhas de Strúmitza e as do Nilo não se compreendem, que só os albatrozes se exprimem, em toda parte, com a mesma linguagem" (ODK, 77). Naquelas vésperas do Primeiro Milênio, enfrentaram uma espécie de globalização, protagonizada pelos trilingüistas, "esses letrados alemães para quem só podiam existir três línguas litúrgicas (grego, latim e hebreu)". Logo depois de criar o alfabeto cirílico e celebrar a liturgia eslava nessa língua "domesticada como um pássaro nas jaulas das letras glagolíticas", Cirilo morreu e Metódio foi preso e torturado. Enquanto era chicoteado nu sob o gelo por ordem dos bispos alemães, o monge pensava que "um império poético como o de Homero pode ser maior do que um império como o de Alexandre da Macedônia" (ODK, 77 e 78).

Mas em meio a informações paratextuais e historicizantes sobre o manuscrito em "língua desconhecida" da coleção de Muaviya, certamente ficou uma dúvida para trás: como o leitor não versado em línguas antigas e fenômenos lingüísticos terá acesso ao conteúdo da dita melodia? É preciso observar que, no caso desse fragmento, os editores não acrescentaram a tradução ao pé da página, como fizeram com outras passagens em hebraico e latim "para facilitar o sonho dos leitores", de acordo com a nota editorial da folha de guarda traseira. (Os leitores da edição inglesa da *Penguin* não receberam a mesma gentileza: apenas o que está escrito em servo-croata foi traduzido para o inglês.)

Não se pense, contudo, que as inferências "heteroglóssicas" impedem o leitor de construir sentidos ou que isso fique condicionado à condescendência dos tradutores ou às habilidades poliglotas do leitor, muito duvidosas nesses tempos de *globalinglezação*: a versão correspondente na língua predominante (para a qual o romance foi traduzido ou no original servo-croata) está presente no próprio corpo da narrativa. Mas, como se trata de um hipertexto, dificilmente a correspondência será encontrada na mesma página ou na vizinhança próxima.

No caso do manuscrito sérvio *quasi*-italiano, é preciso saltar da página 173 do verbete de Muaviya, no Livro Verde, para a 190, do verbete de Cohen, no Livro Amarelo da edição brasileira.[5] Aí se localiza a conexão entre o manuscrito e os "versos cantados" que "o jovem de olhos vermelhos" dedica a sua amada Efrosínia Lukárevitch, durante uma "mascarada" judia.[6]

Ao contrário de outras passagens, Pávitch não propõe aí um ícone-*link* para remeter o leitor ao fragmento correspondente, mas a lógica associativista e cíclica do romance torna suspeita a idéia de que há outras referências ao manuscrito. Na ausência de um sinal mais claro na topologia das páginas, uma saída pode ser a leitura icônica e métrica do poema, o único no livro com seis versos. Como uma obra que usa multimeios, o romance obriga a reativar a leitura icônica, aquela capacidade que os kazares perdiam

[5] Na edição inglesa, o original está na página 196, e a tradução, na 215.

[6] Ver capítulo "Docuverse da História".

sempre que estavam sob o jugo de iconoclastas que reinavam em Constantinopla (ODK, 60).

As conexões são mais explícitas quando se trata do poema escrito "por um certo Yehuda Halevi" que Bránkovitch escuta nos sonhos. Fixada ao lado do nome do autor, a estrela de David remete ao verbete do poeta judeu, permitindo contextualizá-lo e associá-lo a fragmentos do famoso poema "Ode ao Sião", do líder judeu, o que dispensaria a tradução completa no rodapé da página. "Il n'ya pas de locuteur-auditeur idéal, pas plus que de communauté linguistique homogène", escrevem Deleuze e Guattari: "La langue est, selon une formule de Weinreich, 'une réalité essentiellement hétérogène...'".[7]

Na dinâmica mais fluida (e econômica) do espaço virtual, Pávitch poderia ter intensificado ainda mais o plurilingüismo da obra, superpondo as versões de cada fonte na língua e no alfabeto correspondentes. Concretizaria, assim, o "formato original", que sugeriu no item 2. Composição do Dicionário, onde explica que, na primeira edição, os três livros foram escritos em grego, árabe e latim e em três alfabetos diferentes. Mas nada impede que um hipertexto se desenhe na precariedade do papel, como de fato ocorre com os *Discursos Kazares*, de Constantino, apresentados em hebraico e latim, já traduzidos, portanto, do árabe, que, por sua vez, foi traduzido do eslavo.

Lembrando um pouco as experiências livrescas de Derrida em *Glas* (1974) e de Barthes em *S/Z* (1970) em torno do texto fisicamente descentrado, a leitura na página está dividida em duas colunas verticais e, nas últimas linhas, as escritas hebraica e latina parecem fundir-se em uma única e adâmica escrita. Os editores brasileiros fizeram uma nova intersecção no sentido horizontal da página para acomodar a tradução em português, criando uma terceira caixa de leitura na parte inferior. Cortado e diagramado como um periódico qualquer, o espaço unidimensional da

[7] DELEUZE e GUATTARI, ob. cit., p.14.

página do livro ganha quatro patamares (esquerda, direita, alto, baixo), onde correm e concorrem em igualdade três versões paralelas e entrelaçadas.

Essa escrita topológica recorda o que Derrida realizou em *Glas*[8] ao criar no suporte impresso um espaço textual "as fluid as the electronic", conforme observa Bolter.[9] Divididas em duas colunas, as páginas trazem, à esquerda, os extratos filosóficos de Hegel e, à direita, comentários sobre o romancista Jean Genet, o que permite ao leitor fazer leituras cruzadas. Compondo uma constelação de palavras, os parágrafos são circundados por outros parágrafos, em tamanhos e tipos diversos de letras, recursos que produzem o efeito de um arranjo visual em mosaico e têm como conseqüência fazer a leitura girar para todos os lados. Por meio dessas experiências, é possível romper visualmente a noção tradicional do livro-raiz como lógica hierárquica (centro-margens) e dar à obra uma estrutura que se reconcilie com a sua realidade física pivotante. "Même le livre comme réalité naturelle est pivotan, avec son axe, et les feuilles autour."[10]

Explosão de sentidos

Contrapostos e justapostos ao texto de *O Dicionário Kazar*, gravuras, vinhetas, símbolos, ícones-*links*, filigranas, deslocam-nos o tempo todo do domínio do universo verbal para uma percepção mais integrada e heterogênea do texto. Uma orquestra inaudível acompanha o leitor, querendo nos fazer ler além dos signos verbais na instauração de uma semiótica perceptiva em que tudo tem cor, cheiro e forma.

Dentro do silêncio que às vezes reina nos espaços em branco das palavras, escutam-se até os cabelos do sonhador florescerem na escuridão (150). Quase se ouvem, na melodia e no ritmo das canções, orações, odes, poesias. Sente-se Maçudi produzir novos acordes nas cordas inver-

8 DERRIDA, Jaques. *Glas*. Galilée, Paris, 1974.

9 BOLTER, J. D. *Writing space*: the computer, hypertext, and the history of writing. Hillsdale, Lawrence Erlbaum Associates, New Jersey, 1991.

10 DELEUZE e GUATTARI, ob. cit., p.11.

tidas do alaúde, e imagina-se o tom do dedilhado do demônio, nesse mundo em que até o roçar do vento no "mármore salgado" pode "esculpir" uma melodia. Enquanto Pedreiro da Música, talha muralhas de sal na rota dos ventos, compõe belas canções a partir das diferentes árias que acariciam as arestas dos blocos (175).

Esse universo verbal e não-verbal é olfativo: as bofetadas com cheiro de cebola que conduzem Suk na direção da loja de violinos, indicando que há camadas de sentido e de passado por detrás desse gesto; os olhos do cronista Farabi Ibn Kora, que parecem dois pratos rasos de sopa de cebola, novamente evocando a metáfora do palimpsesto. Lugares e temperamentos se descrevem pelo cheiro: o scriptorium de Nikon Sevast, "que cheirava a semente de abóbora e flor de salva" (274), a Loja de Violinos, onde Suk "sentia um agradável frescor e respirava um odor de verniz", ou a sala dos fundos, de onde chegava "um odor de *paprikách*", ou, ainda, o perfume de cereja que acompanha a mudança do humor de Akchani (102, 103, 104). Os odores são desagradáveis quando indicam sofrimento, como o que exala das unhas demasiado longas de Maçudi após uma noite perseguindo a morte de Bránkovitch nos sonhos.[11]

E também é gustativo, desde que a obra pode, a qualquer momento, aguilhoar-nos com seu veneno. Sons, sabores e gravuras alteram o sentido das palavras. Assim, somos informados de que o herdeiro da família Dorfmer utiliza as páginas do Dicionário Kazar para enxugar e retirar a gordura de sua sopa, mas evita as folhas ilustradas, porque as gravuras estragam seu sabor (17).

Cores alteram o paladar e o paladar altera a aparência das coisas: "seus olhos tinham uma cor de leite azedo" (103). É a preferência por alimentos e roupas em vermelho, azul e amarelo que permite fazer uma conexão entre o pequeno Manuel e Efrosínia Lukárevitch (230 e 256). Há

[11] De manhãzinha, suas sobrancelhas tinham ficado brancas, suas orelhas tremiam e suas unhas demasiado longas cheiravam mal (ODK, 66).

imagens eroticamente apetitosas, como o par de orelhas secas defumadas do amante sarraceno de Dorotéia, há olhares doces ou amargos e também sabores míticos e místicos. No universo kazar, letras, iguarias, pedras, ventos, montanhas, lágrimas, sorrisos e beijos têm um sabor sagrado, evocado pela alusão reincidente ao sal.[12]

Passagens extáticas sincronizam, na mesma frase, variados tipos de sensações: visão, olfato, tato, paladar e audição. "Reinava aí um **silêncio** tão **espesso** quanto **dentro** de um **pote de conserva de pepino**; apenas um **odor** de milho **flutuava** no ar" (102). Diante dessa explosão virtual de sentidos na fenomenologia da percepção, ler Pávitch às vezes pode ser uma experiência similar à de Suk, que nota pela janela de uma casa um jovem tocando violino, vê a partitura, reconhece o concerto para violino e orquestra de Bruch, mas não ouve nenhum som, embora a janela esteja aberta e o jovem toque enfurecido (ODK, 102). É como se, após apagar a luz do abajur, permanecêssemos com o livro aberto e pudéssemos ouvir galopar nossos pensamentos sobre as linhas invisíveis (246), escutando uma "escuridão nutritiva" palpitar dentro do peito.

Seguindo o rastro das estrelas

Na escrita imagética de Pávitch, os elementos icônicos apresentam tanto uma função narrativa ou conotativa quanto uma função discursiva e indicativa. Além de participarem na construção de sentido, orientam a movimentação do leitor sobre a topologia do livro e delimitam as diferentes instâncias textuais. Ao mesmo tempo que constituem uma unidade individual significante, operam identificando a procedência histórica, religiosa e lingüística das fontes e ajudando a localizar as ligações entre os verbetes.

Os signos da cruz, da lua, da estrela, do triângulo e do A, fixados ao lado dos nomes, funcionam como palavras

[12] Recorrente em todo o romance, o sal guarda uma simbologia divina, segundo informações do próprio ODK, no verbete Kazares do "Livro Amarelo". Os kazares acreditam no envelhecimento pela ação do olhar e que só o olhar salgado de Deus não faz envelhecer. "Chorar é a maneira de rezar dos kazares, pois as lágrimas pertencem a Deus, porque, como a concha abriga a pérola, as lágrimas encerram sempre um pouco de sal no fundo" (225). Como conservador de alimentos e destruidor pela corrosão, o sal reúne as duas forças que movem o romance: o sagrado/união/criação e o diabólico/dispersão/destruição. Conforme Chevalier e Gheerbrant, o grão do sal, misturado à água e que nela afunda, é um símbolo tântrico da reabsorção do eu no Sol universal. Simbolicamente, pode estar relacionado à capacidade kazar de conexão através dos sonhos, uma vez que tanto se aplica à lei das transmutações físicas quanto à lei de transmutações morais e espirituais. Condimento essencial e fisiologicamente necessário, o sal é também símbolo do alimento espiritual, sempre segundo os autores. Consumir com alguém o pão e o sal significa, para os semitas, uma aliança que nem Deus pode romper. "Para os gregos, assim como para os hebreus ou os árabes, o sal é o símbo-

"acesas" ou *hot links,* que na *Web* corresponderiam às palavras destacadas do texto com cor ou sublinhado, indicando conexão que liga uma página a outra ou um *tópos* do texto a outro dentro da mesma página. A função topológica desses ícones, que remetem diretamente ao verbete onde a conexão se desdobra, fica bem caracterizada quando é comparada à dos sinais físicos dos personagens, que representariam *links* invisíveis, como propostas de conexões sugeridas, mas não demarcadas.

Recorrer à simbologia e à iconografia só ajuda a abrir e complexificar ainda mais a leitura do romance, que mais se enriquece quanto mais saímos do plano puramente conteudista ou verbal. Qualquer tentativa de interpretar símbolos e ícones cai em um amplo campo de significações produzido pelos mais diversos tipos de crença e mitologias, com todas as variantes e contingências místicas, políticas, filosóficas, religiosas, históricas etc. que os cercam. Minha tentativa é mostrar alguns caminhos nessa multiplicidade, a partir das associações entre os ícones e as respectivas religiões propostas por Chevalier e Gheerbrant.

Um dos símbolos mais antigos, a cruz vai indicar as fontes cristãs que devem ser buscadas no Livro Vermelho. É a base de todos os símbolos de orientação espacial, temporal e do sujeito com relação a ele mesmo, nos diversos níveis de existência do homem. A tradição cristã enriqueceu o simbolismo da cruz, condensando na sua imagem a história da salvação e paixão de Cristo. Representando a árvore da vida e os temas fundamentais da Bíblia, a cruz simboliza o crucificado, o cristo, o salvador e o verbo.

Figura do conhecimento por reflexo, a lua predomina como o símbolo do sonho e do inconsciente e remete a consulta para as fontes islâmicas, no Livro Verde. Na tradição judia, a lua simboliza o povo dos hebreus, porque assim como muda de aspecto, o judeu nômade modifica continuamente seus itinerários. Fixada na entrada das mesqui-

lo da amizade, da hospitalidade e da comunhão e fraternidade, porque ele é repartido como o pão, e da palavra dada, porque seu sabor é indestrutível". CHEVALIER, Jean; GHEERBRANT, Alain. *Dicionário de símbolos*: mitos, sonhos, costumes, gestos, formas, figuras, cores, números, trad. Vera da Costa e Silva et al. 13.ed. José Olympio, Rio de Janeiro, 1999, p.797.

tas, ela é, como o sol, um dos signos do poder de Alá. O Deus dos muçulmanos submeteu-a aos homens para que lhes medisse o tempo por meio de suas quadraturas e de seus crescentes. O Islã adota o calendário lunar por motivos religiosos (a lua é o elemento regulador dos atos canônicos) e o solar para atender às necessidades da agricultura. No Corão, as fases da lua e o crescente evocam a morte e a ressurreição, e o eclipse lunar (união da lua e do sol) anuncia o dia do julgamento.

Emblema do judaísmo, com seus dois triângulos invertidos e enlaçados, a estrela de cinco pontas simboliza o amplexo do espírito e da matéria, a lei da evolução e da involução. Ela vai indicar que há conexões para o personagem ou objeto citado entre as fontes hebraicas, no Livro Amarelo. Tanto para o Antigo Testamento quanto para o judaísmo, as estrelas obedecem às vontades de Deus e, eventualmente, as anunciam. Na simbologia messiânica, a estrela carrega a imagem ou o nome do profeta esperado.

Ligado à simbologia do número três, o triângulo, quando eqüilátero, simboliza a divindade, a harmonia e a proporção. De acordo com os chineses, o três é um número perfeito, a expressão da totalidade e da conclusão, o que parece justificar a presença do triângulo ao lado das palavras que podem ser encontradas nos três dicionários, desdobradas em fontes gregas, islâmicas ou hebraicas.

A letra A não apenas indica a inicial da palavra Apêndice, onde podem ser localizadas as conexões demarcadas por esse ícone. Como informa o verbete Ateh do Livro Amarelo, A é a letra que está no princípio de tudo e que engloba todas as outras (*Alef*). Assim, os apêndices podem ser vistos como o lugar onde as três versões se encontram nos testemunhos do padre Nikólski e da garçonete Virgínia Ateh e onde se realiza uma síntese imperfeita, contraditória e inacabada dos acontecimentos simultâneos que movimentam o livro.

Funcionando como ícones demarcadores de espaço, os signos peixes, cabra e leão se acomodam no portal de cada um dos livros e encerram, na sua simbologia, características distintivas das três versões do Dicionário no bloco homogêneo da encadernação. Como se assinalando o endereçamento das páginas, essas figuras diminutas passeiam também entre os verbetes, no papel de vinhetas que marcam o intervalo de histórias interpoladas ou a mudança de vozes narrativas.

Como a estrutura do romance, a simbologia oferece múltiplos caminhos que dependem do percurso abraçado a cada leitura. Peixes demarca o Livro Vermelho, o que pode ser alusivo ao milagre de Cristo; o leão, que aparece na bandeira iraniana, símbolo da sabedoria santa, anuncia o Livro Verde, e a cabra, que ilustra o Livro Amarelo, pode ser associada à manifestação divina: a recordação da aparição de Jeová a Moisés no Monte Sinai é a manta feita de lã de cabra que recobria o tabernáculo.

Polissemia que não pode ser contida, a presença sugestiva das cores dos livros provoca a expansão mental do campo de visão e agrega novos significantes ao(s) corpo(s) da obra. A representação das cores varia de religião e de país e enceta tantas possibilidades de sentido quantas são as suas variações cromáticas, do escuro ao claro, do fosco ao brilhante. Além da óbvia alusão ao sangue de Cristo, o vermelho do sangue encerra a ambivalência de ser tanto o símbolo fundamental do princípio da vida, quando sagrado e secreto, quanto o da morte e da impureza, quando espalhado. É também insígnia de poder e suntuosidade: o púrpura era, em Roma e Constantinopla, a cor dos generais, da nobreza, dos patrícios e dos imperadores.

O verde é o símbolo da bandeira do Islã, cor do conhecimento, do profeta, da vegetação e das águas primordiais. Ao contrário dos cristãos, para quem a água e a verdura tornaram-se banais, os muçulmanos foram criados na imensidão hostil e ardente dos desertos e das estepes, o que justificaria a exaltação do verde como emblema da salvação e símbolo das mais elevadas riquezas, materiais e espirituais.

Resultado das interferências cromáticas entre o azul e o amarelo, o verde entra em jogo simbólico de alternância com o vermelho, que desabrocha entre folhas verdes. A vida, então, parte do vermelho e desabrocha no verde. Como os três livros no romance, as cores se misturam e engendram ambigüidades. Entre as tribos africanas, o verde é considerado uma cor secundária, oriunda do vermelho. Os pintores da Idade Média pintavam de verde a cruz, representando o instrumento da regeneração do gênero humano através do sacrifício (vermelho) de Cristo. O verde dos brotos é portador da vida, mas o verde mofo é portador da morte.

Assim como o ouro é o metal da eternidade, o amarelo é a cor da eternidade e a base do ritual cristão, mas foi associado ao judaísmo por caminhos tortos. Veículo da juventude e do vigor, o amarelo também porta maus significados quando associado à figura do enganado e do enganador. Desde o Concílio de Latrão IV, os judeus eram obrigados a levar uma rodela amarela costurada à roupa. A porta dos "traidores" era pintada de amarelo, com o fim de acusá-los para os passantes, negativismo apropriado pelos nazistas, que aplicaram a estrela amarela aos judeus. Mas estes ressignificaram o símbolo e, sempre segundo Chevalier e Gheerbrant, passaram a ver nessa estrela (de seis pontas) não um sinal de infâmia, mas a gloriosa luz de Jeová.

Cores são significantes que migram do corpo dos livros para misturar-se aos traços dos personagens e compor identidades híbridas, multicoloridas. Quando se olha no espelho, Averkiye Skila, o copta, vê os contornos de sua cabeça marcados com pontos vermelhos – cor do livro com as fontes cristãs – e os sulcos das rugas do seu rosto com pontos verdes – cor do livro com as fontes islâmicas (ODK, 92). Vermelho é a cor dos olhos dos capetas, mas é também a cor dos olhos do caçador de sonhos Cohen.

Uma grande parte dos textos que circulam em meio eletrônico, tido como o lugar do hipertexto, ainda é feita de obras compostas no modo clássico e meramente acrescentadas de índices, *links* de uma seção para outra, algumas ilustrações intercaladas e eventualmente som. Em *O Dicionário Kazar*, a matéria icônica e a multisseqüencialidade não se acrescentam à forma verbal, mas são o que constitui o romance. O icônico não está apenas reforçando o signo lingüístico, mas contrapondo-se a ele e desdobrando-o. Nesse sentido, opera de forma bem mais eficiente a potência da hipertextualidade do que muitos textos veiculados na rede, ainda produzidos de acordo com os padrões tradicionais verbalizantes e seqüenciais.

Capítulo 7

O pergaminho *griot*

Words have no legs, yet they walk.

Youssouf Tata Cisse

(*The Unesco Courier*, June 1997)

Não há praticamente cultura escrita em muitas tribos da África Ocidental. Não há nem mesmo livros. Mas isso não impede que o conhecimento seja difundido de aldeia em aldeia, e que as palavras caminhem nas canções ou nos símbolos tatuados nos corpos negros dos guerreiros-cantadores. Caminham e contam estórias, transmitem idéias, magia, linguagens, ritos, informações de guerra e levam a genealogia das tribos pelas pernas dos *griots*.[1] Assim, como a "Carta que anda", os verbetes de *O Dicionário Kazar* também caminham cada vez que a leitura segue os ícones das palavras atrás de um novo percurso. Metáfora e metonímia da estrutura do romance-enciclopédia, a imagem do pergaminho ambulante marca uma analogia entre narrativa e movimento, que é toda a alma da leitura hipertextual.

[1] Vocábulo francês, alteração de *guiriot* e possivelmente corruptela do português criado. Do latim *creatus*, particípio passado de *creare*, criar, produzir.

Na dinâmica de um dicionário, as partes do romance caminham para não deixar parar a narrativa e fossilizar o livro, assim como a história kazar viaja na pele do "Grande pergaminho" e a história dos povos de Bambara e Malinke caminha nas pernas dos *griots*, difundindo culturas ameaçadas de desaparecimento. A Literatura aqui renova seu sentido de sobrevivência, só que não se trata apenas de manter viva a Sherazade – no caso, os kazares. Nessa época em que a narração se reconcilia com o movimento no meio eletrônico, é também a sobrevivência do próprio romance como gênero literário que está em questão. Incorporando o movimento da linguagem, a narrativa ganha a leveza de um *coup de dès* e se aproxima do sonho de Mallarmé. Esse sonho era, contudo, muito mais ambicioso: durante toda a sua vida, o autor perseguiu a forma de um livro não só móvel, mas integral, de onde fosse possível gerar e encontrar todos os outros, uma espécie de "máquina poética".

> O *Livre* devia ser um monumento móvel, e não só no sentido em que era móvel e "aberta" uma composição como o *Coup de dès*, onde a gramática, sintaxe e disposição tipográfica do texto introduziam uma polimorfa pluralidade de elementos em relação não determinada. (...) a obra colossal e total, a obra por excelência que, para o poeta, devia constituir não somente o objetivo último de sua própria atividade, mas o próprio objetivo do mundo. No *Livre* as próprias páginas não deviam obedecer a uma ordem fixa: deveriam ser agrupáveis em ordens diversas, consoantes leis de permutação...[2]

Como sabemos, Mallarmé morreu sem conseguir concluir seu projeto. Na opinião de Arlindo Machado,[3] a literatura, em sua forma específica, está longe de concretizar tal sonho, mas a engenharia do *software* começa a viabilizá-lo.

Graças ao movimento proporcionado por circuitos sucessivos, o espaço eletrônico apresenta uma iteratividade que valoriza com mais ênfase o instante da percepção. Essa instantaneidade permite à obra digitalizada assumir diferen-

[2] ECO, Umberto. *Obra aberta*; forma e indeterminação nas poéticas contemporâneas. Perspectiva, São Paulo, 1971, p.52.

[3] MACHADO, Arlindo. *Máquina e imaginário*: o desafio das poéticas tecnológicas. São Paulo, EDUSP, 1993, p.186.

tes perspectivas de forma e sentido diante de um novo estímulo, como analisa Santos[4] a respeito da *Web*-instalação do artista Gilberto Prado 9/4 *Fragmentos de azul.*[5] Computadores dispostos sobre as cabeças dos participantes e uma animação interativa possibilitam "um ambiente em que os participantes são solicitados a partilhar e a explorar um mesmo espaço, através de textos, sons e imagens que se vão modificando com toques dos dedos nas telas".

Santos observa sobre essa exposição que palavras, sons, imagens, deslocamentos, gestos, textualizados de modo dinâmico, assumem na tela uma aparência proteiforme que se altera a cada incursão ou ação do visitante. Processos eletrônicos iterativos submetem o texto a uma série de operações repetitivas, de maneira que, a cada passada (ciclo), o leitor vai modificando o texto eletrônico com manipulações automáticas.

Em Pávitch, essa variabilidade instantânea está potencialmente presente na estrutura material da obra, mas, para se concretizar, depende de um processo hipertextual de leitura. É preciso que o leitor tenha um gesto desconstruidor de ultrapassar a aparente seqüencialidade imposta pela encadernação do livro e pela numeração das páginas para empreender diferentes combinações entre os verbetes e entre as múltiplas histórias que eles contêm. Não é muito diferente com *A dream with demmons*, de Edward Falco, um dos romances eletrônicos da Eastgate System: se tiver uma atitude conservadora, o fruidor poderá desprezar os 2.179 *links* que estão disponíveis em um nível vertical de leitura e seguir linearmente a história, com a mesma seqüência em que foi publicada em diversos jornais americanos, clicando qualquer palavra ou seguindo as setas horizontais no fundo da página, sempre na seqüência prevista.

Da mesma forma, o leitor de *O Dicionário Kazar* que insistir em entrar na obra seguindo sempre a numeração das páginas encontrará uma disposição idêntica das

[4] SANTOS, Alckmar dos. Novas e antigas textualidades/novos e antigos sentidos. Conferência apresentada no Congresso da Compós, abr. 2000.

[5] Instalação apresentada, segundo Santos, na Exposição Mediações, durante o evento Arte & Tecnologia, do Instituto Cultural Itaú, em São Paulo, de 23 de setembro a 26 de outubro de 1997 e na I Bienal do Mercosul, em Porto Alegre, de outubro de 1999 a fevereiro de 2000.

partes, mas terá dificuldade de produzir sentido, já que a narrativa não se desenvolve seqüencialmente. A necessidade de construir sentido em direções transversais e tornar significante a disposição fragmentada e caótica do romance estará lá, encorajando-o, e mesmo obrigando-o, a investir em novos percursos. E, a cada arranjo das partes, fará uma nova leitura e dará uma nova forma ao objeto.

Nada disso se compara à efemeridade e ao movimento que a obra adquire de uma edição para outra. Sob tal aspecto, a ordem muda literalmente e não há mais condição material que subjugue a obra aos limites da encadernação: os verbetes mudam de lugar e o livro "caminha" cada vez que é traduzido. Da leitura das Observações Preliminares, entende-se que a traição da tradução, enquanto uma forma de alterar a disposição original dos verbetes, já estava prevista na estrutura da obra quando o autor propôs a ordem alfabética. Essa ordem é movente de uma língua para outra, como o próprio metanarrador não nos deixa esquecer em seu prólogo:

> É necessário igualmente sublinhar que não se pôde, por razões justificáveis, retomar aqui a ordem alfabética do dicionário de Daubmannus, que foi escrito em três alfabetos e três línguas diferentes: grego, hebraico e árabe, e no qual as datas correspondiam aos três calendários. Aqui, conforme o autor atual, todas as datas estão calculadas de acordo com o mesmo calendário, e o texto de Daubmannus, com seus verbetes, está traduzido das três línguas em uma única. É da mesma forma evidente que na edição do século XVII as palavras eram ordenadas de modo diferente e, segundo a língua empregada em cada um dos três dicionários (o hebreu, o árabe, o grego), o mesmo nome aparecia em lugares distintos, pois as letras não ocupam a mesma posição em alfabetos diferentes, assim também como não se folheiam os livros na mesma direção, e os atores principais no teatro não entram todos pelo mesmo lado do palco (ODK, 18).

Alegando "razões justificáveis", que podem ser associadas às condições de mercado adversas a um projeto pouco econômico como o da "primeira edição", o "autor atual" torna público que não foi fiel à diversidade lingüística nem à seqüência originais. Ao admitir o "defeito" da "edição atual", confessa seu gesto de intervenção na "ordem correta do mundo" e torna presente que há muitos outros arranjos e hierarquias possíveis para ele. "Assim, verbetes importantes, da edição de Daubmannus, como são Cirilo, Yehuda Halevi, ou Yuçufi Maçudi e ainda outros, estão aqui numa disposição diferente da que tiveram na primeira edição do *Dicionário Kazar*".

O incentivo à subversão da ordem através das referências mistificadoras à primeira edição sai do plano da sugestão e assume contornos mais firmes quando a mudança das partes torna-se visível de uma edição para outra. "Este livro, aliás, não terá o mesmo aspecto em todas as traduções, pois inevitavelmente a matéria do *Dicionário Kazar* será ordenada diferentemente em cada língua e em cada alfabeto, tomando os verbetes outra posição, e os nomes uma outra hierarquia", continua o metanarrador.

Muitas previsões apocalípticas sobre o destino do livro com a chegada de novos aparatos tecnológicos de leitura, como o livro eletrônico, apóiam-se no argumento de que o suporte impresso limita as liberdades de escolha e de percurso do leitor e do autor. Aqui, contudo, a estabilidade e a palpabilidade do papel não impedem que o processo de leitura mostre concretamente sua face instável e efêmera e redescubra a dinâmica da cultura oral dos *griots*. Se a matriz que conduz a mensagem até o editor (traduzir vem do latim *traducere*, conduzir além, transferir) se move, como o "Grande pergaminho" ou como o amante de Nagiko em *Livro de cabeceira*, de Greenaway, onde está a fixidez?

Fazendo a forma descolar-se do substrato de carbono no intervalo de duas edições (duas releituras, duas reescritas), Pávitch ajuda a desfazer a confusão entre aparato material e processo de leitura, muito comum quando falamos de hipertexto, e que nos leva a equiparar livro impresso a seqüencialidade, como se formassem uma equação lógica (livro = seqüência). Dicionários, enciclopédias, palavras cruzadas, acrósticos, poemas concretos, romances hipertextuais em meio impresso mostram que esse aparato de papel, julgado por condenar o leitor a seguir folha após folha, linha após linha, da primeira à última página, pode ser subvertido e trabalhar a favor de uma processo mais expansível de leitura. Com sua presença incômoda e desestabilizadora de classificações categóricas, esses elos perdidos no tempo fazem dialogar o futuro e o passado tecnológico, produzindo uma leitura também saltitante e multilinear.

Em qualquer superfície – seja um papiro, um cântaro de sal, fragmentos de pele humana, pedras, cascos de tartaruga, a tela do cinema ou do computador –, o texto, enquanto espaço discursivo, nunca é esse objeto estático e autoritário, fetiche-texto, livro como objeto de consumo, que impõe um modo de leitura retilíneo e um conjunto de significados. A linguagem, erudita ou popular, permite uma produtividade de significações[6] que se descola do aparato obra ou livro, conforme a distinção de Barthes. A leitura "erudita não difere estruturalmente da leitura de trem (nos trens)", diz ele. "O Texto (mesmo que fosse apenas por sua freqüente "ilegibilidade") decanta a obra (se ela permitir) do seu consumo e a recolhe como jogo, trabalho, produção, prática".[7]

Assim, se de acordo com a divisão tradicional entre elementos externos, pré-textuais, pós-textuais e textuais, consideramos o corpo da obra propriamente dito,[8] as posições de princípio e fim alteram-se a cada tradução, como os astros moventes do sistema solar. Por conta dessa variabilidade, Pávitch sustenta que sua obra tem, de modo formal e explícito (e não apenas implícito), muitos finais e inícios diferentes.

[6] Refiro-me à definição de Kristeva: "Le texte est donc une productivité, ce qui veut dire: 1. son rapport à la langue dans laquelle il se situe est redistributif (destrutif-constructif), par conséquent il est abordable à travers des catégories logiques plutôt que purement linguistiques; 2. il est une permutation de textes, une intertextualité: dans l'espace d'un texte plusieurs énoncés, pris à d'autres textes, se croisent et se neutralisent". KRISTEVA, Julia. *Semeiotike:* recherchers pour une sémanalyse. Coleção Points – Essai, Editions du Seuil, Paris, 1969, p.162.

[7] BARTHES, Roland. *O rumor da língua*, trad. Mário Laranjeira. Brasiliense, 1988, p.76.

[8] O "miolo" que compreenderia os três livros excetuando-se o Sumário, as Observações Preliminares, os Apêndices I e II, as Observações Finais e a Lista de Verbetes.

Sob esse ponto de vista, a versão grega tem um fecho no verbete de Halevi Yehuda com a fala: "– Notei imediatamente – disse ele – que em mim havia três medos e não um só" (página 20 da edição brasileira). A sérvia – realizada no alfabeto latino, a sueca, a holandesa, a tcheca e a germânica terminam no verbete de Samuel Cohen, com as palavras: "Pois vossos sonhos são os dias nas noites" (ODK, 210). A húngara conclui no verbete de Isaac Sangari, com a frase: "Ele queria simplesmente relembrar-te tua verdadeira natureza..." (242). As edições italiana, catalã, portuguesa e brasileira finalizam assim, no verbete do vaso kazar: "De fato, o vaso kazar ainda tem a mesma utilidade até hoje, embora não exista há muito tempo" (264). As edições inglesa, judia, espanhola e dinamarquesa concluem no verbete de Ibn Tibon, com uma frase muito sugestiva, que comenta essa prática movente de tradução: "Depois, quando o leitor regressava, todo o processo se revertia, e Tibon corrigia sua tradução, baseando-se nas sensações experimentadas durante essa leitura andante" (264).

Na dança das cadeiras entre sujeitos e objetos que designam os verbetes, não são apenas os nomes comuns que mudam de posição, como vaso kazar – *khazar jar;* dedilhado – *fingering*; caçadores de sonho – *dream hunters*.[9] Nomes próprios também se locomovem de acordo com a grafia e as adaptações da língua de cada país por onde o pergaminho passa (Cohen – Kohen, Estilita – Stylite, Música, Pedreiro da – Music Mason, Tchelárevo – Chelarevo).

Como nos sonhos kazares, os nomes compõem uma constelação onde as letras se combinam para dar vida ao corpo de Adão. Mas não se trata de uma mera combinatória léxica: cada movimento do corpo/livro aponta novas possibilidades de agenciamento das partes e de percursos narrativos. Mais do que um recurso de estilo para brincar com as convenções de início e fim do leitor, esse jogo tem o poder de descarrilar a ordem dos sentidos na narrativa. Se os tradutores tiveram que alterar a disposição da história

[9] Nesses exemplos, tomo como referência apenas as edições brasileira e inglesa da Penguin (1989).

de uma edição para outra, o leitor também pode (ou deve) rotacionar os verbetes de uma mesma edição.

> Cada uma das letras do alfabeto terrestre corresponde a uma parte do corpo humano, do mesmo modo que cada letra do alfabeto celeste corresponde a uma parte do corpo de Adão Kadmon. Os espaços entre as letras denotam o ritmo dos movimentos do corpo. Mas, como a simultaneidade entre o alfabeto divino e o alfabeto humano não é permitida, um dos dois retira-se sempre para deixar lugar ao outro (ODK, 200).

Pávitch talvez pudesse exigir de suas editoras versões que buscassem preservar a ordem original, através de recursos empregados na tradução de poesia, como substituição de vocábulos por palavras semelhantes com a mesma inicial e manutenção da grafia dos nomes próprios em servo-croata. Mas ainda que conseguisse estabilizar a disposição dos verbetes, em 43 línguas, haveria, de qualquer forma, infidelidade no campo semântico. Traição, tradução e transcriação são assim integradas à estrutura do livro em favor da reversibilidade e da mobilidade da narrativa. O fato de que a ordem pode ser cambiável deixa implícito que não há uma hierarquia predeterminada e que as possibilidades de sentido tampouco estão atreladas à seqüência das páginas.

Nesse livro *griot*, a obra continua aberta a novos devires, caminhando como um pergaminho ambulante, entregando sua pele para a superposição de escritas mais. Enquanto outras imagens do romance remetem a um retorno do verbo à carne e do corpo ao livro, aqui o texto "decanta da obra", como quer Barthes, e é a escrita mesma que permite esse movimento. A cada novo alfabeto, a cada nova língua, o livro recupera e expande as propriedades da aludida "primeira edição".

Títulos, verbetes, números de páginas, datas tornam-se, assim, fronteira de pedras suspensa no ar e nos expiamos, através da leitura, como os kazares – enquanto o kaghan não define a religião para a qual serão convertidos – carregando as marcas fronteiriças do nosso império de verbetes e perguntando a nós mesmos e ao livro: "Onde devemos depositá-las?" (184). O povo, o reino, o corpo, a linguagem, enfim, o livro, "tornou-se o próprio movimento" (178).

Pegadas na areia

Na tradição literária, utensílios, móveis, partes do corpo, gestos, substantivos concretos, as palavras, enfim, não têm pertinência nem lugar próprio. Objetos figuram na trama sem uma função específica, meramente subordinados às ações dos personagens e à continuidade do enredo. Mas nesse romance hipertextual, em que não só os nomes próprios mas os substantivos comuns funcionam como *links*, é preciso atenção: "As palavras são para o caçador de sonhos o que as pegadas na areia são para o caçador comum" (ODK, 145).

Pávitch renova, assim, um recurso estético valorizado pelo Nouveau Roman e o antiantropomorfismo de Robbe-Grillet, que lançou um manifesto defendendo um estatuto próprio para os objetos. No ensaio "Um futuro para o romance", Robbe-Grillet anunciou que contra a prática literária que reduz os objetos e gestualidades ao desenvolvimento da trama, no futuro romance, eles terão um lugar.[10] Nesse nouveau-nouveau romance, as palavras não se sucedem por causa de acontecimentos teleologicamente narrados, mas têm valor como ícones e, mais do que isso, estão estrategicamente localizadas para remeter a leitura de um verbete a outro e propor percursos cruzados entre eles.

Foi por não ter dado atenção a um nome comum entre as biografias do *Dicionário Kazar* que Maçudi deixou de reconhecer a princesa Ateh quando ela esteve em sua

[10] ROBBE-GRILLET, Alain. A future for the novel. *For a new novel:* essays on fiction. Grove P., New York, 1965, p.15-24.

frente e pronunciou a palavra "ku", perdendo o que seria sua maior caça (a última testemunha da Polêmica Kazar):

> A errância de Maçudi tinha terminado. Ele recebera dessa mulher mais do que tudo que aprendera antes e, muito contente, apressou-se a selar o camelo para voltar para Constantinopla. Sua caça já o esperava na capital. E então, enquanto Maçudi fazia o balanço do que havia conquistado nessa última caçada, seu camelo cuspiu-lhe nos olhos. Ele bateu no focinho do bicho com os arreios molhados, até ele vomitar a água das suas duas bossas, mas nunca soube a razão do comportamento do animal naquele dia (ODK, 156).

A passagem do fracasso de Maçudi é narrada aos pedaços, em verbetes distantes, e sempre de trás para frente (o que pode ser observado pela indicação das páginas das citações). Segundo o relato de Daubmannus, a atitude do camelo tem uma explicação:

> Esta palavra figura no Dicionário Kazar e designa uma espécie de fruto. Se Maçudi soubesse disso, teria reconhecido aquela que estava diante dele, o que lhe teria evitado muitos esforços desenvolvidos mais tarde para aprender a arte dela; a infeliz princesa teria podido ensinar-lhe muito mais sobre a caça aos sonhos do que qualquer dicionário. Mas Maçudi não a identificou e deixou partir sua melhor presa, julgando-a sem valor. Foi por esta razão, diz a lenda, que seu próprio camelo lhe cuspiu nos olhos (ODK, 124).

Os relatos sobre o insucesso de Maçudi parecem trazer uma advertência metadiegética para os leitores que pretendem seguir as pegadas dos personagens supostamente centrais e desprezar os *links* que remetem aos objetos do Dicionário. Aqui, nada pode ser julgado periférico. No verbete da princesa Ateh, há um ícone remetendo para o verbete dessa planta em forma de peixe cultivada em segredo, que era sempre carregada pelos caçadores de sonhos (ODK, 133). "Ku" era o único nome que a princesa conservava na memória, depois que o demônio condenou-a a esquecer sua língua e todos os seus poemas (ODK, 123). Com essas informações, Maçudi teria reconhecido a princesa e até colado fendas na história dos kazares, porque, segundo as fontes islâmicas, "Quando se coloca essa folha sobre uma vela de barco rasgada ou sobre uma ferida, rasgão e ferimento desaparecem num piscar de olhos" (ODK, 133).

Várias entradas no texto se abrem a partir das cadeias semióticas constituídas pelas palavras. E é possível traçar diferentes percursos apenas perseguindo palavras reincidentes ou ligadas por similaridade. Uma entrada possível é o mapeamento do uso de expressões mágicas, que permite visualizar melhor o jogo entre o real, o surreal e o fantástico. Mapeando-se a (re)incidência de metáforas construídas sobre organismos híbridos ou pela mistura de mundos de natureza distinta, pode-se mostrar a visão da quebra de fronteiras entre humano e animal, cultural e biológico, sujeito e objeto na obra de Pávitch. Esses hibridismos referenciam também a narrativa fragmentada, cujas partes nunca podem recompor o todo de forma perfeita e original.

Outra entrada possível são as expressões relacionadas a partes orgânicas (cabelo, olho, mãos, nariz, cheiro, pés, coluna, orelhas, polegar, unhas, dedos, seios), que explicitam a associação entre corpo e livro e apontam similaridades entre os personagens. É claro que uma leitura atomizada pode ser produtiva em qualquer romance, mas aqui a lógica associativa, preponderante à lógica seqüencial, torna o rastreamento das palavras quase obrigatório para a reconstituição das partes: funcionando como *links*, as palavras, e nem tanto a sintaxe, compõem as pegadas de sentido. Com a transferência dessa obra para computador, seria possível, com o uso de programas de análise literária, perseguir com muito mais facilidade a interconectividade entre palavras e acontecimentos reiterados.

Palavras de carne

E como, nesse romance com pernas, o corpo é o lugar em que a leitura faz seu traço, não só o livro tem corpo, mas as letras, os sentimentos, os verbos, os substantivos abstratos e as matérias voláteis. À medida que as palavras são fantasticamente tomadas "ao **pé** da letra", aqui tudo tem a carne do verbo criador. Na boca do padre Nikólski "(...) as palavras amadureciam, dia após dia, como um fruto, tornando-se mais suculentas, mais carnudas e açucaradas, cheias de uma polpa tão energética quanto agradável" (272).

Uma abundância de palavras desinstaladas de seu sentido mais óbvio integra-se a um projeto contemporâneo de instabilização de antigas fronteiras entre organismo e máquina, humano e animal, natureza e cultura. A natureza também tem corporalidade: anos altos como pinheiros (222), nuvens de verão apressadas (274).

Corpos transitam entre sujeitos e objetos, personificando o abstrato: há pensamentos ciumentos, olhares mordidos (272), pensamentos com calos e pode-se fazer tranças com as idéias, enquanto se lêem os jornais com "um interesse sedento" (171). Expressões repletas de humor e duplo sentido realizam a explosão da dicotomia interior e exterior: "ossos demais em uma alma estreita" (273), sonhos humanos que "fedem horrivelmente", "almas barbudas" (75), e almas viradas do avesso como uma luva (74).

Elementos da natureza, como o tempo e o vento, e mesmo objetos inanimados, como o pão e as chaves, podem ser dotados de sexo e gênero: há "febres floridas" que só atacam nos dias femininos da semana (22) e até o mês tem o seu mênstruo (101). "A água chegava por um cano de bronze com a forma de um sexo masculino, com dois ovos de metal recobertos com pelos de ferro, e a extremidade que se punha na boca era muito lisa" (161). Como o livro tem dois gêneros, partes do corpo também podem tê-lo: "E seus olhos eram como duas vespas que propagam as epidemias santas: um olho macho, um outro fêmea" (273).

Figuras de linguagem, indicando duplo sentido, deslocam-se do campo do abstrato para realizar o que propõem, pois também as metáforas têm corpo e poder de ação: "Os pensamentos caíram do ceú sobre mim, como neve. Tive grande dificuldade, depois disso, para me reaquecer e voltar à vida..." (184); "Sorrisos encabulados que flutuavam em torno do seu rosto e arrastavam-se atrás dele, como uma echarpe" (168); "Esses inumeráveis momentos do passado carregados como pedras, de construção em construção, ao longo dos séculos, podem ser reconhecidos, com exatidão, em nossos dias, se prestarmos bastante atenção" (170). "Foi assim que fizeram com a língua eslava: quebraram-na em pedaços, fizeram-na entrar em suas bocas através das barras das letras cirílicas e recolaram os fragmentos com sua saliva e a terra grega sob a sola de seus pés...".

Partes do corpo se misturam a outras partes intrusas, em um hibridismo monstruoso: "Sensação de ter um osso na língua" (153); "Seios desnudos que tinham cílios e sobrancelhas. Um leite escuro gotejavas deles como de um olhar negro" (153); "Pés que, no lugar das unhas, tinham dentes" (192). Ao mesmo tempo que as expressões corporais atribuem materialidade à representação do abstrato, o que é concreto também pode ser abstratizado, como uma "barba crescida no amor" (40).

Sobrancelhas com forma de espinhas de peixe, uma jovem com belos seios como dois ovos cozidos (172) e outra, ainda, com um "seio que se colhe como fruto". Pode-se perscrutar o corpo humano e o corpo do livro como um todo composto de partes comestíveis e partes indigestas, à escolha de cada leitura ou de cada paladar.

> A loja estava vazia, com a exceção de uma galinha, num canto, deitada num chapéu. Ela abriu um olho em direção ao doutor Suk e observou tudo que havia nele de comes-

> tível. Depois, abriu o outro olho e viu todas as partes indigestas. Permaneceu pensativa um instante, e finalmente o doutor Suk apareceu no olho de sua mente como um todo, constituído de partes comestíveis e não comestíveis, e finalmente ela soube com quem estava tratando (102).

O corpo é o lugar onde os personagem se materializam de forma fugidia. Pressente-se apenas, nunca com a certeza dos romances psicológicos, a aproximação de figuras já vistas por características físicas efêmeras e mutantes: "O desconhecido perguntou-lhe se por acaso tinha visto em sonho uma mulher de olhos furta-cores, na cor de vinho branco", que "mudam de cor como as flores no frio" (143). Corpos mudam de coloração e ganham volatilidade quando se cruzam com outros de natureza distinta: "enquanto seu corpo dormia, sua alma voava como uma nuvem de pombas, dirigia os ventos" (276), "um lacaio que maneja sua cabeleira como um chicote" (277), "Cães de longos pêlos prateados que faziam vibrar as consoantes como se fossem pedras no fundo do peito e, antes de dormir, enrolavam os rabos atrás de si como se fossem cordame de navio" (122).

Corpo sem fronteiras

Aberrações e formas monstruosas quase se naturalizam no corpo, esse espaço-tempo de dissolução e fragmentação de identidades. Hibridizações e bestialidades remontam um pouco à ciência fisionômica européia, popularizada por Lavater, no século XVIII, e compartilham o imaginário da zoomitologia clássica medieval.[11] Mas as anomalias retornam neste contexto sem o antigo terror, produzindo novas intencionalidades na suspensão dos limites entre o natural e o sobrenatural, o real e o fantástico. Relações entre humanos e bichos, o humano e a natureza e inclusive entre o homem e a tecnologia, a partir da configuração maquínica dos sonhos, parecem não mais evocar o temor de contami-

[11] Ver SUSSEKIND, Flora. *Jornal do Brasil*, Idéias/livros, 15 dez. 1999, p.5. A bestialização foi, segundo Sussekind, um dos recursos fundamentais de figuração dos personagens na ficção oitocentista brasileira em um momento que ela considera de formação de identidades.

nação, a perda da pureza ou de identidade, mas justamente engendrar os personagens nessa dissolução de fronteiras.

Monstruosidades físicas e semelhanças entre homens e animais não tanto se mostram como recurso de caracterização de personagens, ou forma de perscrutação do temperamento, quanto contribuem para desestabilizar categorias e mesclar organismos estranhos que interagem. Características físicas denunciando deformidades e hibridismos participam do jogo de definição e indefinição figurativa. Não mais estão em questão caráter, temperamento ou perfil psicológico, mas posturas de corpo. Não mais emoções ou sentimentos descritos por abstrações, mas gestualidades que falam por si, sempre compartilhadas e transitando em uma rede de subjetividades interconectáveis.

Descrições de corpos diabólicos e bestiais esbanjam comicidade e sátira, sem perder o espanto e o mistério medieval: traços comuns entre homens, diabos e animais indicam conexões cruzadas entre seres-sinistros-sádicos-satânicos que têm marcas como chifres, ausência de septo nasal, dois polegares em cada mão, escrevem ou pintam com a esquerda, mijam com o rabo (52) e um demônio que "fode com a cauda, de costas, sem ver aquele ou aquela que vai fecundar" (280), o próprio Nikon Sevast, que "partiu de São Nicolau, deixando atrás de si a pegada de uma quinta ferradura" (91).

Desestabilização classificatória de tipos humanos, animais e diabos trocam entre si partes do corpo e, de tanto se "roçarem", transformam-se, como Bránkovitch, em duendes, essa mimetização do homem na natureza e do natural no sobrenatural: "Garantia-se que, quando jovem, ele não se tinha lavado por quarenta dias, tinha pisado dentro do caldeirão do diabo e se tornara uma espécie de duende" (276).

Figurações monstruosas acordam no corpo ecos míticos do paganismo: "Nas batalhas, os soldados do kniáz mordiam tanto quanto os cavalos ou os camelos; eles expulsavam serpentes de sua própria pele" (77); "Essas pessoas tinham olhos onde antes obviamente tinham cornos, atavam serpentes ao redor da cintura como cintos" (65). Como Gregor Samsa e seu devir inseto (em Kafka) ou os personagens com devir rio (em Joyce), todos guardam sob suas fisionomias híbridas outros devires: animal, natureza, satânico ou monstro – o devir pássaro ou peixe de Mokadaça, com seu belo par de olhos, "como dois peixinhos azuis", preso em uma gaiola sobre o mar, de onde podia "pegar um caranguejo ou uma tartaruga quando a maré baixava" (ODK, 121 e 235).

Hibridismos animais e humanos não se confinam em épocas específicas. Vêm do passado selvagem dos guerreiros pagãos e atravessam a era medieval em direção ao futuro computadorizado dos pesquisadores, que evocam no corpo a herança de seus antepassados. Bránkovitch tem o "tórax largo como uma jaula para grandes pássaros ou pequenas feras e, freqüentemente, é alvo do ataque de assaltantes, pois uma canção popular diz que seus ossos são de ouro" (33). "Conheço em Constantinopla um grande senhor cuja cabeleira é tão espessa quanto a cauda de um cavalo" (91). Muaviya usava "sandálias beduínas que deixavam pegadas de cascos, e numa noite de chuva, quando as gotas eram grandes como olhos de boi, sonhou seu último sonho" (169). Seus ferimentos cheiravam a "excremento de melharuco".[12]

Como se fosse distributiva, a matéria heterogênea do humano, não meramente humano, já constitui a natureza primordial de Adão, irmão mais velho de Cristo e irmão mais jovem de Satã: "sua carne era feita de terra, seus ossos de pedra, seus olhos maléficos de água, seu sangue de orvalho, seu fôlego de ventos, seu pensamento de nuvens e seu espírito da velocidade dos anjos" (282). Inquietantes interferências entre reinos distintos fazem parte do mundo kazar: pessoas enterradas em tumbas em forma de cabra (235), um fruto em forma de peixe (184), tribos selvagens que têm "relva na cabeça no lugar de cabelos e cujo pensamento é glacial" (72).

[12] Ave migradora da Europa Meridional, de plumagem brilhante, e que se nutre de abelhas e outros insetos. A palavra melharuco funciona como um *link* invisível ou uma lexia: o ferimento de Muaviya foi inscrito por Schultz, que migrou da Polônia para Israel.

Entre os anúncios que provinham de jornais franceses e ingleses publicados na Alexandria no fim do século XIX, Muaviya encontrou: "mesas polidas com sal marinho" e "lâmpadas de óleo de peixe", um despertador que acordava com um cheiro de rosas ou esterco de vaca, formas proteicas e extensivas do corpo, como cabelos de vidro ou braceletes que diminuem o braço quando são usados (170). Os métodos de comunicação onírica dos caçadores de sonho aproximam fisicamente o humano e a máquina: "Ele e o desconhecido têm vasos comunicantes de energia e sangue, que passam a força de um para o outro, assim como se passa o vinho de um vaso a outro para que não se transforme em vinagre" (47).

O corpo/livro é o lugar onde se inscreve a instabilização das fronteiras, superfície privilegiada para o cruzamento entre natureza, cultura, tecnologia. Uma vasta lista de monstruosidades, deformações, polimorfias, anomalias e zoologias constrói seres heteróclitos, misturas de mundos diversos, sempre evocando a própria natureza frenkensteiniana da narrativa que lemos. São elementos constitutivos desses corpos híbridos que adquirem objectualidade e carne, e, se continuasse a listar exemplos do romance, acabaria por reproduzi-lo inteiro, como os cartógrafos de Borges.

Capítulo 8

"E o verbo se fez carne"

Como se traduzindo a relação entre papel e pele, verbo e carne, substantivo e sangue, a terminologia livresca descreve as partes das obras como uma in(corpo)ração da organicidade humana. Nas pregas da linguagem, a associação entre corpo e livro acompanha a história da impressão e da escrita: os pergaminhos parecem ter peles que descamam quando reaproveitados, enquanto livros e periódicos são dotados de orelha, lombada, dorso, cabeçalho, folha de rosto, colunas, corpo principal, notas de rodapé. E ainda no jargão jornalístico, as reportagens impressas têm: "olho", "nariz de cera", "joelho", e os profissionais possuem "faro" para notícias, que podem ser "quentes" ou "frias" ou mesmo "sangrentas".

A projeção da corporalidade sobre os livros, expressão material da afetividade humana pelo livresco, é partilhada por diversas línguas (ao menos pelas de origem latina) e remete às palavras do apóstolo São João sobre o nascimento da humanidade: "O verbo se fez carne",[1] palavras que se repetem como eco em *O Dicionário Kazar*, do iugoslavo Milorad Pávitch, e estão implícitas na abertura de *O nome da rosa,* de Umberto Eco: "No princípio era o Verbo e o Verbo estava junto a Deus, e o Verbo era Deus",[2] sempre aludindo ao misterioso paradoxo de que o verbo precede à

[1] N. T. João. Português. *Bíblia sagrada*, trad. da Vulgata por Matos Soares. Gamma Editorial, Rio de Janeiro, 1980. I. Prólogo, capítulo 1, versículo 14, p.1154.

[2] ECO, Umberto. *O nome da rosa*, trad. Aurora Bernadini e Homero Freitas de Andrade. Nova Fronteira, Rio de Janeiro, 1983, Prólogo.

criação. Essas obras colocam fé no poder do verbo de criar vida, seguindo a crença dos kazares de que Deus fecundou a Virgem Maria com uma palavra sonhada (ODK, 72).

Um mosaico de relações entre verbo e carne, corpo e livro, escrita e criação se abre em *O Dicionário Kazar* a partir da imagem do mensageiro ambulante. Entre os muitos tropos dessas associações está a passagem em que o mensageiro, ou o "Grande pergaminho", é esfolado e tem sua pele curtida e encadernada como um grande atlas. Fundidos o homem e a história, o texto e o corpo podem permanecer definitivamente juntos, segundo uma das inúmeras versões para a sua morte. Segundo outra, ainda mais intrigante, ele morre porque sua pele, coberta de História kazar, começa a coçar insuportavelmente (como se repelindo a escrita). "Esta coceira tornou-se insuportável e ele expirou, aliviado e feliz por ter sido, finalmente, purificado da História" (ODK, 75).

Como teve de se submeter a diversas correções dos dados históricos, é natural que a pele desse palimpsesto humano coçasse. A pele que coça descama, revelando antigas camadas por baixo da atual. É mais ou menos a coceira que esse tipo de leitura ruminante instaura depois que se inscreve na mente do leitor. Como uma máquina poética de produzir histórias, cada vez que se relê a obra, novas conexões e novas camadas de sentido vão aparecendo e só raspando a história do corpo (ou morrendo com ela) para expurgá-la.

Em *O livro de cabeceira* (1995), de Peter Greenaway, um filme que tem tanto a mostrar quanto a dizer, as palavras de São João transitam do sagrado para o sexual nos ideogramas japoneses que Nagiko, a protagonista, sente prazer em ver tatuados em sua pele. Essa adoração, por uma lógica de similitude, ela traz da infância, quando seu pai, calígrafo, desenhava-lhe mensagens de aniversário no rosto. Propondo uma relação imbricada entre linguagem e erotismo, o filme realiza, usando suas próprias palavras, a união entre "as delícias da literatura e as delícias da carne".

A palavra funde-se à carne quando a modelo não apenas oferece a pele para que seus amantes experimentem suas caligrafias, mas passa também a escrever histórias sobre os corpos nus dos amantes. Ao mesmo tempo que seu corpo é o papel, é a caneta também. Os amantes desfilam nus, levando para o editor os capítulos do diário de Nagiko tatuados no corpo. E o que ela escreve? Pedaços de seu Livro de cabeceira, fragmento em *mise en abyme* que, como um espelho dentro da obra, repete o filme, que repete *O livro de cabeceira,* de Sei Shonagon, o diário milenar de uma cortesã. Nagiko guarda-o como uma obsessão, novamente por uma lembrança proustiana das prazerosas horas em que sua tia o lia para ela quando menina.

Esse erotismo harmonioso ganha contornos mais sádicos à medida que o amante inglês, o corpo-calígrafo "ideal", tem um relacionamento com o editor de Nagiko, fato associado à lembrança de que o pai da escritora também se submetia aos desejos sexuais do empresário para ter suas caligrafias publicadas. Ou seja: é corpo em troca de livro. E tal qual o pergaminho humano da História kazar, ao final, a pele do amante é escalpada e encadernada, como parte de um plano de vingança de amor paterno.

Greenaway, cujas obras têm sido analisadas em relação às teorias do hipertexto, usa o celulóide como tecido de inscrição. Pano de fundo para pintura, cor aplicada a cenas preto-e-branco, imagens embutidas dentro de imagens, acontecimentos simultâneos ou repetidos por similaridade, descontinuidade de enredo. Letras de música correndo na tela paralelas às legendas, falas sem legenda e longos momentos de imagens sem fala calam a voz do logos em favor do silêncio da belíssima escrita icônica oriental.

A imagem do amante calígrafo e a do pergaminho ambulante lembram que o corpo conta histórias, comunica, é superfície de inscrição, e o livro, sendo corpo, anda. O mensageiro kazar viaja coberto de relatos de guerra espalhados pelo ventre, braço, coxas, perna, polegar, cada parte do seu corpo tatuada com um ano da História kazar, lembrando a fragmentação da narrativa. Carregando na pele línguas, versões diferentes dos fatos e desenhos da topografia do reino, o mensageiro parece dizer que essa membrana de comunicação entre o interior e o exterior é sua forma de reconhecer, tatear e mapear o mundo. "Quando se olha o corpo se lê história, geografia, psicanálise, psicologia, antropologia, biologia, sociologia, química, arquitetura, física, medicina, política, publicidade, economia, propaganda, fisiologia, anatomia, cinesiologia, etc.", escreve Helena Katz.[3]

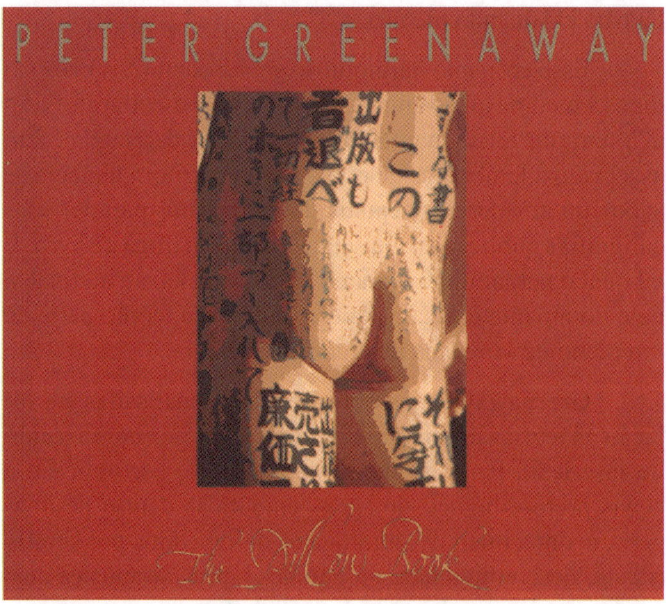

Capa de *Pillow book* (*O livro de cabeceira*), de Peter Greenaway.

Lugar onde o verbo se faz carne, o corpo do mensageiro é o sítio onde se produz uma multiplicidade de versões. Em mais uma delas, o mensageiro sofre terríveis mu-

[3] KATZ, Helena. De corpômetros e idéias antigas. *Jornal do Brasil*, Rio de Janeiro (Idéias/livros), 23 out. 1999, p.4.

tilações, porque nobres interessados em adquirir partes específicas da H(h)istória cortam-lhe os membros. Quando parte do corpo-pergaminho é amputada por causa de uma punição, perdem-se os "primeiros e segundos grandes anos da História kazar", que começa a ser contada a partir da parte conservada. Lacuna: sem os primeiros anos kazares, a história que lemos não tem começo, só meio. A perda do início se projeta na experiência esfacelada e descontínua de leitura, em que se acha um pedaço da narrativa perdendo-se outro.

Em *Colônia penal*, de Kafka, o verbo se fez carne para o condenado que tem a sentença de morte inscrita no corpo por uma hedionda máquina de impressão e tortura. Nessa máquina ele é acorrentado nu e deitado de bruços sob um rastelo com a forma de um corpo humano. Quando o rastelo baixa, um desenhador injeta, através de agulhas, o veneno com a punição – cujo teor só ele conhecerá depois de tê-la cravada na carne. Na novela de Kafka, o corpo é também homem ilustrado, palimpsesto das marcas da história e da opressão. Há dois tipos de agulha: as compridas escrevem e as curtas esguicham água para lavar o sangue e tornar a escrita mais clara, enquanto o algodão que cobre a cama do executado ajuda a cicatrizar as feridas e prepara o corpo para "novo aprofundamento da escrita".[4]

Outros corpos falam de mutilações e punições em *O Dicionário Kazar*: a forma canibalesca de o paxá Sábliak obter a confissão de seus réus e prisioneiros, ou seja, de extrair a verdade, era morder a carne de suas palavras. Assim, um soldado acusado de deserção durante o combate com sérvios é levado a julgamento. Ele tenta explicar sua ausência, mas o tribunal faz silêncio absoluto, e, em silêncio, o soberano arranca e mastiga lentamente um pedaço de seu braço "como um homem que tenta se lembrar do sabor de um prato, ou tenta saborear um vinho" (ODK, 177). Aqui, a verdade será procurada nos espaços em branco das palavras. Só depois de mastigar a carne do réu, o

[4] KAFKA, Franz. *Na colônia penal*, trad. Modesto Carone. Companhia das Letras, São Paulo, 1998, p.43.

paxá julga poder declará-lo culpado ou inocente. E porque cospe essas palavras de carne em vez de engoli-las, todo o resto da tropa sabe que o paxá não "engole" as desculpas do prisioneiro e que seu destino é a morte.

Nas cenas em que Skila faz uma boca-fenda no peito de Maçudi com a espada e Muaviya abre também uma incisão no corpo de Suk com um rifle, por onde eles podem falar, a escrita é associada a uma arma[5] que perfura o corpo do livro como gesto de intervenção no mundo. À escrita beligerante e fálica, que se arma nos indícios dessa equação esgrimista-escritor, espada-caneta, sobrepõe-se a marca évica e antropofágica da dentada. Aludindo ao gesto mítico de Eva, a mordida despedaça a narrativa edênica, destituindo-a das posições sacralizadas de início e fim (Gênesis e Apocalipse), e tem o poder de experimentar a verdade das palavras do criador.

Cercada de charme e perigo, a verdadeira palavra, diz o sedutor demônio Ackchani, é sempre como uma maçã numa árvore, com a serpente ao redor do tronco, as raízes sob a terra e a copa virada para o céu" (ODK, 158). Aí vem a mordida funda, que prova do veneno da obra da criação e lança a humanidade no mundano, salvando-a do espanto aterrorizado e imobilizante diante do Deus-escritor. A mordida deglute, assimila e recria, como na forma de o rei kazar criar o mundo, engolindo e mastigando tudo o que é velho e cuspindo um mundo rejuvenescido (ODK, 132). Só mordendo e despindo as palavras, o leitor pode escutar o que essas bocas estão dizendo. "O sabre deixou um corte serpenteante e uma terrível incisão escancarada, com uma boca que pronuncia uma palavra incompreensível, o grito da carne" (ODK, 166). A metáfora da mordida convida a avançar sobre a narrativa e a destroçar toda a ordem arbitrária, sem culpa.

Na canção A jovem latina e o vóivoda valáquio Drácula, uma "tradução defeituosa", segundo o próprio

[5] "Como é preciso escolher, unamo-nos aos judeus, já expulsos pelos gregos, esses pobres vagabundos que vieram do Karezm, no tempo de Kitabia. Como exércitos, possuem apenas os fiéis reunidos na sinagoga; como arma, o rolo coberto com sua escrita" (ODK, 239).

narrador, a imagem do caniço branco conjuga os gestos da escrita, que fecunda, ao da mordida, que destroça. No que pode ser um jogo de sedução entre leitor e autor, um demônio aqüático atrai para o caniço os pássaros que comem as sementes e morrem despedaçados quando elas se desenvolvem dentro deles. Dizem os longos, tristes e vampirescos versos que "às vezes um pássaro fertiliza suas fêmeas com as sementes do caniço e renovam na terra o ovo da morte" (pois para os vampiros, a morte é o único contato com a vida – ODK, 232):

> Na raiz do caniço branco vêem-se sinais semelhantes a mordidas; os pastores dizem que o caniço não cresce da terra, mas da boca de um demônio aquático que, através dele, assobia e fala, atraindo os pássaros e outras criaturas gulosas para sua semente (ODK, 233).

As relações entre o corpo e o livro não param. Desdobram-se imagens que se autodesconstroem e impedem interpretações encapsuladas onde tudo é areia movediça. Um desses momentos mais enigmáticos é a passagem sobre o ferimento constantemente infeccionado do polegar do mensageiro, que turva a leitura sobre a previsão do cerco de Kiev.

> A pedido do kaghan, os engenheiros gregos construíram, então, a fortaleza de Sarkel, e na orelha esquerda do mensageiro podia-se ver perfeitamente uma fortaleza elevar-se sobre o Don. Em um dos seus polegares estava representado o assalto kazar contra Kiev, em 862, mas como este polegar infeccionava-se freqüentemente em razão de um ferimento recebido durante esse mesmo assalto, a imagem não era muito nítida, e tornou-se um enigma perpétuo, pois no momento em que o mensageiro foi enviado a Constantinopla, o cerco de Kiev ainda não tinha acontecido, o que só veio ocorrer duas décadas mais tarde (ODK, 73).

Opera-se aí uma função metaficcional que Gallop chama de *punctum:* "the reflexive point within a text at which the apparatus that produces the text makes an appearance within the text it produces".[6] Nas ficções onde tudo parece narrar-se sozinho, como escreve Benveniste,[7] o aparato e o discurso que produzem a história são mantidos na invisibilidade em favor da ilusão realista. Aqui, o instrumento de escrita faz, através do ferimento infeccioso, uma perfuração discursiva no corpo da narrativa e é ele agora que passa a obliterar a leitura da história. Então, o dedo do mensageiro que permite visualizar e prever o assalto de Kiev torna-se aparente no corpo da escrita, simbolizando a intervenção do próprio dedo do escritor.

A obra de Pávitch é colmada desses instantes reflexivos em que se formam laços entre a história, o aparato e o discurso. Em "El espejo de tinta", de Borges, a escrita usa o corpo como modo mimético de representação do mundo, mas o espelho devolve uma imagem agressiva. O feiticeiro Abderrahmen El Masmudi revive a experiência de Shehrazad ao poupar sua vida cativando o tirano governador do Sudão Yakub, El Enfermo, com imagens do mundo. Masmudi reproduz formas e aparências maravilhosas do real a partir de um braseiro, cujas imagens, paisagens, cavalos refletem-se nas mãos do tirano, onde o feiticeiro desenhara um círculo de tinta.

No amanhecer do dia 14 da lua de Barmajat, o governador deseja ver um inapelável e justo castigo de morte. O feiticeiro obedece-lhe prontamente, mostrando-lhe nas mãos a cena não muito nítida de um verdugo com a espada da justiça, ao que El Enfermo maravilhado diz: "Es Abu Kir, el que ajustició a tu hermano Ibrahim, el que cerrará tu destino cuando me sea deparada la ciencia de convocar estas figuras sin tu socorro".[8] Quando o verdugo retira a máscara da vítima, o tirano, aterrorizado, reconhece-se nitidamente no espelho e, como esse espelho prevê, cai em seguida morto por um golpe da espada.

[6] GALLOP, Jane. *Thinking through the body*. New York, Columbia University Press, 1988.

[7] "A bem dizer, até já nem há narrador. Apresentam-se os acontecimentos como se fossem produzidos à medida que surgem no horizonte da história. Ninguém fala, aqui; parece que os acontecimentos se narram a si próprios." BENVENISTE, Émile. As relações de tempo no verbo francês. In: *O homem na linguagem*. Vega, Lisboa, 1980, p.29-42.

[8] BORGES, Jorge Luis. El espejo de tinta. In: *Obras completas:* 1923-1972. Emecé, Buenos Aires, 1989, p.342.

É como se nessas cenas houvesse um ponto de perfuração do discurso no traço da escrita, onde a leitura somatiza o conteúdo da história no momento mesmo em que ela faz sua curva. O dedo do mensageiro de Pávitch e o espelho de tinta na mão do feiticeiro de Borges trazem um envolvimento do corpo que produz a história, a bola de cristal que permite prever o futuro, simulando o real e trazendo-o como uma tela para a palma das mãos.

O entrelaçamento entre carne e verbo, história e discurso, corpo e livro, rompe com o dualismo da classificação obra/objeto, intérprete/sujeito, fazendo o corpo do leitor e do autor serem também lidos (e retalhados) como objetos textuais. Enquanto um corpo está sendo recriado pelos personagens (o corpo de Adão), um livro vai simultaneamente tendo suas partes reintegradas pelos leitores. Como o romance é animado por forças de união e dispersão, os personagens sofrem mutilações físicas cada vez que esse corpo está prestes a ser recomposto.

Em que momento o escritor Skila atinge com o sabre o trio atado a ele pelos sonhos, Bránkovitch-Cohen-Maçudi? No momento em que os três estão para se encontrar e juntar as partes cristã, judaica e islâmica do dicionário, cada corpo correspondendo a um dos três livros (respectivamente o Vermelho, o Amarelo e o Verde) e o seu encontro aludindo à reconstituição do Corpo/Livro total. Quando o *Dicionário Kazar* está ao alcance dos caçadores de sonho, vêm os demônios para dispersar a história outra vez, postergando o mistério *ad infinitum* e impedindo que a leitura se feche.

São tropos heterogêneos, cada um apontando para uma direção diferente, mas todos trazendo a experiência corpórea da leitura para o traço da escrita e vice-versa. Uma vez que nesse livro lemos, escrevemos e pensamos conscientemente com nossos corpos, o corpo encontra um lugar no mundo através dessas atividades: "É uma ilusão acreditar que nossos pensamentos estão dentro de nossa cabeça", conclui o monge Cirilo, parodiando e invertendo a máxima cartesiana. "A cabeça e nós mesmos por inteiro estamos dentro dos nossos pensamentos. Nós e nossos pensamentos somos como o mar e suas correntes – nosso corpo é uma corrente no mar, e os pensamentos são o próprio mar" (ODK, 61). Por esses aforismos replicantes, a obra de Pávitch envia a uma dimensão filosófica arguta do corpo, que vem ganhando espaço nas últimas décadas a partir de publicações em diversas áreas enfatizando o papel do corpo no pensamento, linguagem e conhecimento.[9]

O impressor da primeira edição do *Dicionário Kazar*, Ioannes Daubmannus (que não se sabe se era ele mesmo ou Yakov Tam David Ben Yahia), é a representação carnal dessa interação do corpo na escrita e na leitura, onde se dissolvem as fronteiras entre o biológico e o tecnológico, natureza e cultura. Dotado de uma estranha e grave moléstia que faz seu tronco curvar-se como uma adaga, Daubmannus caminha com uma palma apoiada no chão e com a outra segura a cabeça pelos cabelos para que se mantenha ereta, como quem se debruça sobre um livro. Na verdade, essa posição era-lhe útil para melhor adaptar o corpo físico à atividade de tipógrafo, informa o metanarrador. "Foi por causa disso que ele decidiu consagrar-se à impressão: era um trabalho que podia ser feito com sua cabeça deitada sobre o ombro" (ODK, 215).

E quando um curandeiro faz o tronco do tipógrafo retornar à posição ereta, o belo sorriso desaparece de seu rosto junto com a doença. "Ele temia – sussurravam a sua volta – a altura de onde agora via o mundo, os horizontes novos que não podia reconhecer e, sobretudo, o cara a cara com os outros homens" (214). O tipógrafo só recupera o "bem-estar" quando padre Nikólski chega à Polônia propondo-lhe um trabalho que lhe permitirá voltar à antiga postura e, como um estranho *pharmacon,* terá o poder paradoxal de restituir-lhe a moléstia e curá-lo da tristeza. E então Daubmannus começa a editar o *Dicionário Kazar*:

[9] Em entrevista ao *Jornal do Brasil*, George Lakoff e Mark Johnson, teóricos da área da ciência cognitiva e autores de *Philosophy in the flesh, the embodied mind and its challenge to western thought* (1999), sustentam que o sujeito cartesiano, com uma mente separada do corpo, não existe empiricamente, porque a atividade mental não pode ser desvinculada da anatomia e fisiologia do cérebro. *Jornal do Brasil* (Idéias/livros), Filosofia a partir da carne, Rio de Janeiro, 16 out. 1999, p.6.

> Assim que as pranchas do dicionário ficaram prontas, Daubmannus tirou um exemplar com tinta envenenada e pôs-se a lê-lo. Mais o lia, mais agia o veneno, e mais Daubmannus se curvava. Cada consoante do livro tocava um órgão do seu corpo. Sua corcunda voltava, seus ossos retomavam a posição na qual tinham crescido outrora, envolvendo o ventre que voltou, no decorrer da leitura, para o lugar que conhecera desde a mais tenra idade. As dores que tinham sido o preço de sua saúde desapareceram, sua cabeça caiu de novo na palma da sua mão esquerda, enquanto a direita caía para o chão e, no momento em que o tocava, o rosto de Daubmannus de novo se iluminou, como em sua infância, com o sorriso de bem-estar esquecido que reuniu todos seus anos passados. E então ele morreu. Através desse bendito sorriso, caíram de sua boca as últimas palavras que lera: Verbum caro factum est (*O verbo se fez carne*) (ODK, 216).

Aguilhoado, Daubmannus morre com o veneno de sua criatura, no momento em que a escrita marca-lhe a carne. Morre e se liberta na abertura da boca-sorriso, manifestação física emblemática que testemunha o reencontro da afetividade com sua antiga e habitual tecnologia de impressão. E não é nenhuma coincidência que, metaforizando o apego afetivo dos personagens à tecnologia do que lêem e escrevem, esse livro, escrito nos limiares das décadas de 1970 e 1980, esteja evidenciando, indiretamente, resistência à mudança de postura diante do novo meio que se anunciava, já ameaçando antigas acomodações corporais.

À medida que os livros estão sendo escanerizados e transferidos para o meio eletrônico ou produzidos diretamente no computador ou ainda carregados em suportes como CD-ROMs, *laser discs*, DVD, livros eletrônicos etc., a leitura suscita readaptações físicas que nos obrigam a levantar a cabeça, como Daubmannus, olhar o mundo de cima e avistar horizontes novos que ainda não podemos reconhecer de todo. Resistimos enquanto construímos diferentes formas de afetividade na relação entre o corpo e as novas tecnologias, mas em qualquer meio, impresso ou eletrônico, adequamos nossa existência corpórea à escrita e à leitura, como na imagem hiperbólica da curvatura de Daubmannus sobre os livros.

Capítulo 9

O corpo no hipertexto

Toda comunicação inicia no corpo e termina no corpo.

Harry Pross, *Investigação da mídia*

Em meio a essa escrita pavitchiana tão carnal e assaltada por mordidas, dentadas e mutilações físicas de toda a sorte, alguém poderia perguntar-se: por que essa obra constrói uma relação tão forte entre corpo e livro, quando esse mesmo corpo parece morrer para reencarnar, ao modo kazar, em uma nova forma mais fluida, livre das limitações físicas do suporte impresso e do carma da seqüencialidade? Por que a corporalidade da obra e do leitor é tão referenciada em uma estrutura que começa a mastigar o papel para procurar um espaço textual mais volátil, semelhante ao que Jasmina Mihajlovic chama, ao analisar as obras de Pávitch, de "living space"?[1]

Respostas podem ser procuradas no modo de o romance transcender seus limites físicos para alcançar a leveza do espaço expansível do texto, que permite narrar "como nós falamos em sonho, sem tempo presente, nem passado, somente no futuro" (ODK, 147). À medida que o corpo dos personagens é referenciado como um organismo mais flexí-

[1] MIHAJLOVIC, Jasmina. Milorad Pavic and hyperfiction. *Review of Contemporary Fiction.* Dalkey Archive Press, USA, Summer 1998, v.18, n.2.

vel, que se desloca com facilidade de um extremo a outro e se comunica a distância, como os caçadores de sonho, o livro também procura transpor a superfície estática do papel, num movimento de libertação da "gravitação terrestre" e da "atração exercida por seu corpo".[2]

Ao empreender a dinâmica da união e dispersão, operada pelos humanos que unem e atam e pelos demônios que cortam e dispersam, no ritmo em que tecem as Moiras fiandeiras, Pávitch mostra que o corpo impresso ainda não esgotou suas possibilidades de escrita-fiação. O romance, parece dizer essa obra, ainda tem capacidade de se reinventar e encontrar novas formas. No formato hipertextual, a obra pode sempre mudar de casa e de corpo, como os demônios, sem que o romance morra ou atravesse "a linha do paraíso". Os sinais que apontam essas possibilidades vão sendo largados pelo caminho, em mensagens enigmáticas, que, ao estilo kazar, quase não deixam marcas e podem vir da voz de um demônio:

> Vós, homens, uma vez chegados ao paraíso, se conseguirdes, podeis transformar-vos naquilo que desejardes. Mas enquanto estais sobre a terra, estais condenados a conservar sempre a mesma forma, a forma que surgiu quando nascestes. Conosco acontece o inverso. Sobre a terra, tomamos a forma que queremos e modificamo-la à nossa vontade, mas desde que atravessamos o Kevçer, o rio do paraíso, somos condenados a permanecer demônios, o que, aliás, nós somos (ODK, 158).

Através dessas imagens ironicamente fantásticas, mas carregadas de conteúdo metaficcional, a obra fala dos inconvenientes do suporte impresso, sem se resignar a eles. A realidade estática do papel, e mesmo as convenções já naturalizadas de leitura e escrita no livro impresso, "condena" o romance a ser apresentado linha após linha, parte após parte, a dispor em ordem temporal histórias que, como em ODK, estão se desenvolvendo umas dentro de outras e

[2] "Já observaste, sem dúvida, que o homem, antes de adormecer, nesse estado ambíguo situado entre o sonho e a realidade, harmoniza cuidadosamente sua relação com a gravidade. Seus pensamentos, então, liberam-se das leis de gravitação terrestre, escapando da atração exercida por seu corpo" (ODK, 144).

não cronologicamente sucedidas. Essa dificuldade de representar no aparato livro a simultaneidade da narrativa e do pensamento não impede que o escritor use o próprio meio impresso para subverter o "leito de Procusto", sobre o qual se deita sempre a mesma lógica de leitura, seqüencial e linear. "Há dois tipos de leitor e dois tipos de livro: o que está condenado a ter o mesmo formato e o que nunca muda de formato" (ODK, 189), diz a princesa Ateh em sua trova de aforismos com os delegados à Polêmica Kazar.

Às vezes esse corpo se mostra incômodo, como o enorme pênis (rabo) do calígrafo Sevast, tão grande que, para não atrapalhá-lo no trabalho de pintura de afrescos, ele tem que empurrá-lo de vez em quando com o cotovelo para o meio das pernas (ODK, 89), ou o tronco arcado de Daubmannus, que o obriga a segurar a cabeça pelos cabelos. Freqüentemente, contudo, esse corpo é transcendido, como fazem os seguidores da princesa Ateh, caçadores-*hackers* que são capazes de se comunicar como se seus cérebros fossem redes telemáticas ou placas de fax-modem, invadir a mente de outros sonhadores e enviar objetos pelos sonhos.

> Ateh podia aparecer no sonho de um homem mil anos mais jovem do que ela, e podia enviar um objeto a uma pessoa que a via em sonho, com a mesma facilidade que o faria um mensageiro que montasse um cavalo saciado com vinho, só que mais, muito mais rapidamente... (ODK, 124).

Assim, ao mesmo tempo que luta contra as limitações do suporte de papel, o romance transcende-as. Como *Tristram Shandy,* de Lawrence Sterne, escreve Keep,[3] crítico de hiperficção, esta obra "draws our attentions to the advantages and limitations of that medium". Não resignado à seqüencialidade que o aparato impresso sugere, Pávitch consegue antever, em seu romance dicionarizado e repleto de *links* intratextuais "quentes" e "frios", a dinâmica da leitura eletrônica.

[3] KEEP, Christopher. *Dictionary of the Khazars.* 1995. <http://web.uvic.ca/~keep/hfl0239.html>.

Enquanto são envolvidos na recriação do corpo de Adão e, por alegoria, na construção de um novo ser humano, personagens e leitores se envolvem simultaneamente no ambicioso projeto de construção de um novo livro, que inveja o corpo do anjo precursor, um corpo-labirinto, "feito de eternidade", "com muitas entradas e saídas". É certo que, como diz o Fragmento de Bassorá, o livro que deveria encarnar na terra o corpo de Adão, como metáfora do Livro total, encontra-se ainda nos sonhos dos homens (127). Foi o sonho de Mallarmé e continua sendo o sonho na *Web*, que embora seja comparada à "Biblioteca de Babel", de Borges, ainda não contém a totalidade da cultura impressa e apenas simula a infinitude do conhecimento.

Ansiedade corporal

Lembrando que grande parte dos livros lançados nos últimos anos será escanerizada em algum momento de suas vidas, Katherine Hayles[4] observa que a ficção pós-moderna tem tematizado metaforicamente o medo de as obras impressas perderem seus corpos quando transportadas para o computador. Esse temor, que a autora chama de "corporeal anxiety", estaria implícito no enredo dos livros das últimas décadas, consideradas por ela como "the last age of print".

Hayles parte do exemplo do romance de Ítalo Calvino *Se um viajante numa noite de inverno,* lançado em 1979, e usa *O Dicionário Kazar*, lançado em 1984, como contraponto para elaborar sua idéia de ansiedade corporal. A partir do personagem Lotaria, que considera mais proveitoso e divertido ler livros escanerizados e anda desesperado atrás da continuação de fragmentos de romances perdidos no computador, a obra de Calvino estaria "tematizando" esse terror do livro impresso de, uma vez digitalizado, ter seu corpo capturado e esmigalhado, com as palavras "moídas" e transformadas em impulsos mag-

[4] HAYLES, Katherine. Corporeal anxiety in Dictionary of the Khazars: what books talk about in the late age of print when they talk about losing their bodies. *Modern Fiction Studies*. Johns Hopkins University Press, Baltimore, v.43, n.3, Fall 1997.

néticos. Gertrude-Alfonsina, um pouco nervosa, pressiona a tecla errada e a ordem das palavras é anulada da memória do computador por uma desmagnetização instantânea dos circuitos: "O livro se decompôs, dissolveu-se, é impossível recompô-lo, como uma duna varrida pelo vento".[5]

Vale lembrar que, já em 1975, Borges havia publicado *El libro de arena*, com o conto homônimo que fala de um assombrado bibliotecário diante de um livro infinito, sem início nem fim, que lhe é trazido à porta dos confins de Bikanir. Esse livro "diabólico", "un volumen de incalculables hojas", "objeto de pesadilla", "cosa obscena que infamaba e corrompía a realidad",[6] tem sido – e pode ser – tomado como metáfora do hipertexto eletrônico.[7] Mas a figura de Borges parece remeter mais à misteriosa propriedade de certas obras "abertas" de se desprenderem da realidade estática do papel e se darem à produção inesgotável de histórias do que à desmaterialização corpórea da escrita. Até porque o corpo impresso do "libro imposible" com lombada, dorso, capa, encadernação e aparência de uma Bíblia está bem presente na narrativa: "Examiné con una lupa el gastado lomo y las tapas (...)" e "La volvi; el dorso estaba numerado con ocho cifras".[8]

Livros de areia que se espalham feito "uma duna varrida pelo vento" são como as *Mil e uma noites* e a própria *Bíblia* ou os dicionários, todos referenciados por Borges neste conto. Mesmo se lidos durante toda a vida, parecem interpolar páginas dentro de páginas e a cada leitura ou tradução incorporam novas camadas: "Sin duda había pasado por muchas manos".[9] Pela multiplicidade de sentidos que encerram, jamais poderão ser apreendidos como um todo ou "possuídos" como um objeto estático. Daí vem o assombramento diante de uma obra que o leitor borgiano percebe infinita, mas que só pode ser vista e apalpada com olhos e dedos contáveis, referência ao caráter "monstruoso" e sobrenatural da própria percepção humana, que se realiza na tensão

[5] CALVINO, Ítalo. *Se um viajante numa noite de inverno,* trad. Nilson Moulin. Companhia das Letras, São Paulo, 1982, p.224.

[6] BORGES, Jorge Luis. El libro de arena. In: *Narraciones*. Ediciones Cátedra, Madrid, 1983, p.227 e 231.

[7] Ver BEIGUELMAN, Giselle. *O livro depois do livro*. 17 set. 1999. <http://www.desvirtual.com/giselle>, e WANDELLI, Raquel. Dicionário de areia: o labirinto hipertextual. In: *Epílogos y prólogos para un fin de siglo*. Sección: Arte, ciência, tecnología y medios de comunicación. Centro Argentino de Investigadores de Arte, Buenos Aires, 1999.

[8] BORGES, Jorge Luis. Ob. cit. p.228. (Novamente a projeção do corpo humano no livro. Lomo: lombada, lombo. Dorso: costas.)

[9] *Ibidem, idem*, p.228.

entre o finito e o infinito de nossos sentidos ou entre a dimensão visível e invisível das coisas, como nos ensina Merleau-Ponty.[10] Na leitura, sentidos fogem pelos espaços em branco, ao mesmo tempo que "perdemos letras entre as linhas, páginas entre os dedos, enquanto outras crescem entre nossos olhos como repolhos" (ODK, 297).

Mas retornemos à tese de Hayles. Com uma tática diferente do romance de Calvino, *O Dicionário Kazar* estaria referenciando, segundo sugere a autora, o desejo desses livros finisseculares de livrarem-se do próprio corpo:

> For this book, published in an era when all media are situated within a docuverse of information, when print is losing market share to electronic media, and when books are losing their bodies to digital displays, it matters to the Dictionary, and matters terribly, that it has a physical body of markings inscribed on a durable substrate.[11]

Contudo, mais do que mostrar um incômodo em relação ao aparato físico ou uma "ansiedade corporal", a insistência de Pávitch na equação corpo/livro parece dizer que esse corpo tem sido, ao contrário, desprezado, à medida que os romances invariavelmente lineares separam a narrativa de sua forma. Ao desprezar as possibilidades de o aparato material operar a favor de narrativas mais elásticas e móveis (seja ele impresso ou eletrônico), a literatura condena-se a produzir histórias assentadas sempre no mesmo corpo ou na mesma casa. "Each novel should select its specific form, each story can search for, and find, its adequate body", escreve o próprio Pávitch.[12]

Enquanto coloca personagens e leitores a trabalharem simultaneamente na união e dispersão das partes do *Dicionário Kazar*, o formato hipertextual selecionado por Pávitch anima esse corpo e não há mais diferença entre o que ele diz e como ele diz. Nessa escrileitura, o corpo e o livro, o aparato e a história, o verbo e a carne, a leitura e a escrita, afinal, a forma e o conteúdo são, de fato, inseparáveis,

[10] MERLEAU-PONTY, Maurice. Signos (1960), trad. Maria Galvão Gomes Pereira. São Paulo, Martins Fontes, 1991.

[11] HAYLES, Katherine, ob. cit., p.819.

[12] Ver Anexo 2.

como nos sonhos kazares. O romance, aqui simbolizando o velho homem, ou a velha forma, pode então se perpetuar e reverter a "terrível calamidade que o vitimou porque ele separou o corpo da paixão" (ODK, 59). E isso nada tem a ver com formalismo ou estilismo: "Therefore these lines should not be understood exclusively as a talk about the form of the novel. This is at the same time both a talk of its content".[13]

Quando a forma (e não apenas o discurso ou o estilo) é trabalhada junto com a história, o corpo e o livro podem permanecer de fato juntos, indissociáveis, como o mensageiro ambulante se uniu à História kazar, ao ter sua pele-enciclopédia curtida e encadernada. Em Pávitch, o livro não tem um corpo, ele é um corpo (corpo = livro), assim como, em "El jardín de senderos que si bifurcan", o livro é um labirinto. A noção pavitchiana de corpo desfaz a separação entre continente e conteúdo, à medida que articula o aparato e o processo de leitura. Não se trata apenas do papel e da tinta (o livro físico) em oposição ao discurso e à história (a alma), mas o físico e a alma, ou, para utilizar outro vocabulário caro ao escritor, a casa e o projeto arquitetônico. "Architecture changes our way of life. A literary work, if we consider it as a house, can change our way of life. A novel can be a home as well".[14]

Ao ser transportada para o computador, é certo que uma obra impressa perde seu corpo, como diz Hayles, mas adquire uma nova corporalidade, que pode ser ainda mais volátil e ágil pelas possibilidades de mover-se através dos *links* eletrônicos em todas as direções, como um pergaminho ambulante. Mas, se aí também houver desprezo das possibilidades desse aparato, pode manter um corpo fechado, inflexível, alienante, que será lido do princípio ao fim, utilizando-se a barra de rolagem em vez dos dedos para virar automaticamente página após página.

[13] Ver Anexo 2.

[14] Ver Anexo 2.

E se as metáforas corpóreas são inadequadas para a volatilidade da escrita no espaço virtual, como afirma Hayles,[15] se não há mais lugar para notas de rodapé, lombadas, orelhas, folhas de rosto, há, por outro lado, cursores que estendem nosso dedo indicador, *mouses* que simulam o movimento de nosso braço (esse acessório humano-máquina-animal), *front-pages* e *homepages* que nos levam de volta à casa e ao corpo. Há memória curta (humana) e longa (satânica), mente e corpo. Fios condutores de energia e informação como extensões (ou que sejam próteses, como prefere Baudrillard)[16] das terminações nervosas de nosso cérebro, compensando nossas limitações físicas nas zonas fronteiriças da relação entre o ser humano e a tecnologia.

É uma relação delicada e complexa, que se expressa também na estrutura hipertextualizada dos livros de papel e desmente o conteúdo caricaturado e prosaico de certos filmes de ficção científica que eliminam de vez as tais zonas fronteiriças para jogar o humano totalmente para o "lado de lá", como se fosse possível transformá-lo em um organismo homogêneo e desmaterializado.

Corpo, como escreve Helena Katz,[17] é o lugar privilegiado do cruzamento da natureza com a cultura, da biologia com a tecnologia. Através da escrita eletrônica, esse corpo pode ser transformado, manipulado e tratado como superfície expandida, como a mente dos caçadores de sonho em *O Dicionário Kazar*. Embora a condição humana desse corpo/livro, resultante da troca entre ele próprio, o ambiente e a história, entre o organismo e o meio, seja constantemente ampliada, superada e virtualizada, ela continua muito presente.

No sentido semiótico, o corpo, como enfatiza Baitello,[18] deve ser visto como um organismo textualizado que, ao se tornar texto, torna-se também escrita. Sendo nossas expressões, gestos e posturas uma "mídia primária", que é reassimilada e acumulada pelas mídias "secundária"

[15] Considerando que há no ciberespaço uma libertação da obra e do texto de seu corpo, Hayles diz que no meio eletrônico deveríamos abandonar as metáforas relacionadas ao organismo físico. Monstrous bodies in patchwork girl: electronic fiction takes a byte out of print books: writing in a film age. In: *Essays by contemporary novelists*. University Press of Colorado, 1997.

[16] BAUDRILLARD, Jean. *Simulacros e simulações*. Relógio d'Água, Lisboa, 1991.

[17] KATZ, Helena, artigo citado, p.4.

[18] BAITELLO, Norval. A mídia antes da máquina. *Jornal do Brasil* (Idéias/livros), 16 out. 1999, p.6.

e "terciária", qualquer sistema de comunicação implicará necessariamente a interação entre dois corpos.[19] É ilusório, assim, achar que o corpo está sendo suprimido pelas novas tecnologias de comunicação.

A ciberficção tem mostrado que o corpo não só continua a ser uma referência, mas pode ser o *tópos* onde a história se produz, como aponta Sue-Ellen Case, ao analisar *My name is Scibe*, um projeto multimídia de autoria coletiva. O sítio de produção e desenvolvimento da história é o corpo de uma das autoras, Judy Malloy, que, como ela própria explica, está se recuperando de um terrível acidente em um centro de reabilitação hospitalar. Afastada do contato humano, a escritora convoca outros autores a ajudá-la a superar a dor física, colaborando com ela em uma ficção *on-line*.

Enquanto enfrenta o processo de cura, isolada, imobilizada e quase sem fala, a escrita em meio eletrônico lhe possibilita interconectividade com outras pessoas e mobilidade virtual. "Malloy's call to the electronic to compensate for this incapacity, the medium is inscribed with potency and fertility".[20] Case mostra que o relacionamento entre o corpo ferido e incapacitado da autora e o corpo movimentado da narrativa está carregado de significado cultural e captura o novo papel designado ao corpo no espaço eletrônico. "The body is still refferenced while its condition is transcended",[21] afirma.

Na ficção eletrônica *Patchwork girl*,[22] de Shelley Jackson, o corpo é também referenciado como objeto de leitura e lugar de produção de histórias. Trata-se outra vez de um corpo fragmentado, composto de partes heterogêneas, como o de Adão do projeto kazar. A autora traz o romance de Mary Shelley e o intrigante jogo entre criador e criatura do início do século XIX para servir como hipotexto a um hipertexto. Como se travasse um diálogo íntimo e silencioso com *O Dicionário Kazar*, *Patchwork*

[19] Baitello vale-se da classificação que Harry Pross elabora em *Investigação da mídia* (1972), segundo a qual o corpo é a primeira mídia do homem, que comunica, através dos gestos, da articulação, da leitura, da mímica facial, movimentos ou ausência deles, mensagens a serem lidas por outros corpos. A mídia secundária é, segundo Baitello, aquela que requer um transportador extracorpóreo para que a mensagem chegue na forma de sinais para outro corpo (carta, impresso, livro, fotografia). Já a mídia terciária é uma acumulação das anteriores mais um sistema amplificador (rádio, televisão, imprensa, telefone, fax, telemáticas).

[20] CASE, Sue-Ellen. Eve's apple, or women's narrative bytes. *Modern Fiction Studies*. Johns Hopkins University Press, Purdue University, Baltimore, v.43, Fall 1997, p.633.

[21] *Ibidem, idem*, p.633.

[22] JACKSON, Shelley. *Patchwork girl*. Eastgate System, Waterton, Massachusetts, 1998. (CD-ROM para macintosh ou windows) <http://www.eastgate.com/catalog/Patchwork.html>.

girl opera uma intricada coincidência entre história e procedimento narrativo. Através da potência hipertextual,[23] essa obra virtual faz os gestos e os deslocamentos do leitor refletirem diretamente na construção da narrativa. Só que em vez de Adão ou Eva, o corpo/livro a ser lido e reconstituído é o da própria noiva de Frankenstein. Como na história clássica, Dr. Victor Frankenstein é obrigado pelo monstro a dar-lhe uma noiva, mas, antes que ela ganhe vida, pica-a em pedacinhos no célebre ataque de fúria e desgosto. Assumindo o papel do médico, a autora Shelley Jackson (aproveitando-se do nome que compartilha com Mary Shelley) tenta recompor o corpo da monstra.

Enquanto percorremos com ela os *links* e lexias do texto que levam a novos fragmentos de história e a imagens das partes desse todo, vamos, de forma imprevista e desorganizada, costurando a narrativa e reconstituindo, em ato simultâneo, o corpo da noiva de Frankenstein (que está colérico, à sua – e à nossa – espera atrás da janela). Os *links* levam a narrativas correlatas, dirigidas por outros narradores, e um grupo deles conta as histórias das mulheres mortas que compartilham partes do corpo da monstra. Enquanto nos remetemos a esses *links*, reconstruímos também um novo corpo para a obra. E como são pontuados os *links* que percorremos? Com os nomes dos membros "arrecadados" pelo médico-criador: braço, perna, rim, cabeça, coração etc. As conexões levam simultaneamente à *Patchwork girl*, a história que está embutida dentro da obra, em *mise en abyme*, como o *Dicionário Kazar*, como *O livro de cabeceira*.

Ao propor a relação interativa corpo/livro, essas obras escapam à sina da representação, apagando a diferença entre sujeito e objeto e lançando a obra em sua autoreferencialidade. O objeto da leitura é visivelmente ela mesma e as marcas que escreve no corpo dos personagens/leitores nessa troca de materialidades entre corpo e livro.

[23] Referindo-me à autoreferencialidade, heterogeneidade, interatividade, fragmentação, multilinearidade, interconectividade da obra, características que compõem um objeto hipertextual.

"Un livre n'a donc pas davantage d'objet", escrevem Deleuze e Guattari em sua introdução ao *Rhizome*. "En tant qu'agencement, il est seulement lui-même en connexion avec d'autres agencements, par rapport à d'autres corps sans organes".[24]

Como régua *moebius*, o aparato que envolve a obra está dentro e fora dela. Agenciam-se com a obra objectualidades e subjetividades de um leitor que entrevê no livro seu movimento de unir e dispersar fragmentos e encontra nele marcas e conseqüências da leitura como reflexos de seus próprios gestos. Assim, enquanto escreve, vê seus deslocamentos e tensões físicas refletidos na tela ou no espelho do livro, produzindo efeitos sobre a narrativa. No computador, suas hesitações, retornos, avanços e deslocamentos são textualizados pelos *inputs* magnéticos, e se deixa de tocar o *mouse* ou o teclado por alguns instantes, vê o protetor de tela encobrir o texto, acusando sua pausa.

O que propicia essa visibilidade da dimensão física do livro são os recursos interativos que permitem ao leitor participar da construção da narrativa. Seja no suporte impresso ou no texto eletrônico, a interface entre o corpo da obra e o do leitor permite tomar consciência dos gestos de leitura. Citando o artista canadense David Rokeby, Lúcia Leão lembra que a interatividade se define no momento em que a obra reflete de volta para o leitor as conseqüências de suas ações e decisões, e ele tem, aí, a possibilidade de entrar em contato crítico com o *self* que foi processado e transformado pelo contato com a tecnologia interativa. Para Rokeby, "o conceito mais importante em arte interativa advém da exploração do significado que emerge da tensão entre o interagente (ou leitor) e o reflexo do seu próprio *self* que a obra de arte lhe devolve da experiência".[25]

Um princípio de complementaridade interconecta mecanismos biológicos e culturais às tecnologias da escrita e da leitura, que podem ser consideradas ferramentas

[24] DELEUZE, Gilles; GUATTARI, Félix. *Mille plateaux*: capitalisme et schizophrénie. Les Editions de Minuit, Paris, 1980, p.8.

[25] LEÃO, Lúcia. *O labirinto da hipermídia*: arquitetura e navegação no ciberespaço. Fapesp/Iluminuras, São Paulo, 1999, p.38.

que as terminações cerebrais procuram desenvolver em busca de extensão. Ferramentas manuais e mentais no campo tecnológico ampliam nossas possibilidades de comunicação (telemática, computador), visão (raio-X, ultra-som, rastreamento espacial, satélite) e alteram profundamente nossos sonhos como maneira de narrar e apreender o mundo (televisão, cinema).[26]

Caneta, papel, biblioteca, *mouse*, tela, *winchester* são objetos tecnológicos que, traduzidos pelo organismo, fazem uma interface com o corpo. O livro eletrônico, nesse sentido, também tem corpo (ainda que seja volátil e despedaçado). Mantém-se a parede limítrofe entre o organismo humano e a obra, onde se criam relações fronteiriças entre o sujeito e o objeto. A obra continua sendo um corpo, mesmo que ele tenha os ossos ocos,[27] como o de alguns demônios, ou seja, um corpo sem sexo, como o da princesa Ateh,[28] que narra saltando de um assunto para outro sem saber distinguir o importante do secundário (ODK, 122). Ainda que um "corpo sem órgãos",[29] onde as partes "se agitam como formigas", sem o jugo de um centro regulador, da cronologia ou da seqüencialidade. Muito mais uma "casa flutuante", como no *Pai-Nosso* da princesa Ateh (ODK, 28), muito mais um "em casa" do que "dentro de casa", a gente sempre escreve e lê com o corpo.

[26] Sobre o princípio da complementaridade ser humano-tecnologia, ver MACHADO, Irene. *Cultura tecnológica e metáfora balística* (PUC-SP). Trabalho apresentado no XII Congresso Brasileiro de Ciências da Comunicação, Universidade Gama Filho, Rio de Janeiro, 3 a 9 set. 1999.

[27] "(...) para que o senhor não diga que chupei tudo isso de meus ossos ocos, pois tenho os ossos ocos" (ODK, 53).

[28] "Existem almas sem corpos, que os judeus chamam de 'dibuks' e os cristãos 'kabalas', mas também existem corpos sem sexo" (ODK, 154).

[29] Um corpo "feito de ossos e sangue", metáfora que Deleuze e Guattari associaram ao livro rizoma, onde cada ponto deve estar interconectado a outro (ob. cit.).

Capítulo 10

Reencarnando no espaço eletrônico – a título de (in)conclusão

Tudo na vida tem um fim, como diz o irônico narrador das Observações Finais de *O Dicionário Kazar*. E, para o que não tem fim, a gente implanta um artificialmente, ou simplesmente interrompe-se o fluxo de idéias nessas criaturas "Petkútin" que chamamos de conclusão. Não fossem esses protocolos, passaríamos a vida inteira lendo e reescrevendo obras de areia como essa, e a cada releitura, novas páginas se abririam "como repolhos" entre nossos olhos. No entanto se podemos aproveitar as conclusões não para fechar raciocínios ou satisfazer nosso ancestral desejo de clausura mas para pensar o que de fato não ficou concluído, nossas idéias podem seguir o curso das formigas e somos mais coerentes com os princípios de um texto rizoma.

Muito ainda poderá ser pensado da musicalidade, da técnica barroca dos poemas de Pávitch em contraste com as técnicas contemporâneas de escrita e tantos outros substratos da sua obra que pude apenas pressentir por estar privada, pelas barreiras lingüísticas, da leitura do original e das críticas na língua servo-croata. Mas a visão pavitchiana do ato de ler, traduzir, editar, interpretar como práticas criativas e narrativas, que emerge desse estreitamento da relação entre leitores e autores, biógrafos e biografados, personagens e narradores, liberta-me da culpa de trabalhar com um texto traduzido. Uma vez que esses fragmentos sirvam para recompor "um fio de cabelo no corpo de Adão", minha tentativa de reconstituição da obra, como mais uma pequena traição ao Dicionário Kazar, insere-se dentro do espírito religioso da leitura – de religar – e do lado satânico – de destruir.

O Dicionário Kazar continua a ser um corpo de Adão à espera de leitores que lhe dêem vida. Inúmeras outras leituras poderiam ser feitas porque a escrita hipertextual de Pávitch mais abraça possibilidades do que as desfecha. Toda exegese, toda síntese, por menor que seja, foi feita da junção de muitas partes distantes desse corpo desmembrado e implicou uma atitude de escolha. Cada tentativa de reconstituir a história como um todo, ou mesmo parte dela, depara com uma multiplicidade e uma simultaneidade de versões que impossibilitam reduzir a obra a uma unidade de sentido.

A lição mais evidente é a de que em uma obra labirinto qualquer resumo de enredo será apenas o resumo de uma das possibilidades narrativas e estará longe de expressar a complexidade da escrita. Unindo procedimento e tema, a narrativa hipertextual de Pávitch é como a poesia: não se presta à redução e à sinopse. Ela obriga-nos a falar do que o livro diz pensando em como ele diz. Por isso, sempre que falamos da forma, falamos do tema, sempre que nos referimos ao corpo de Adão, nos referimos ao corpo do livro. Ao analisarmos a história, nos remetemos à História, e ao falarmos do movimento dos personagens/narradores, falamos do traço do leitor/autor. E quando pensamos nos kazares, nos reenviamos ao mundo, porque analisar um hipertexto é conectá-lo a outros textos.

O Dicionário Kazar está entre as obras que nos colocam diante de um desses incômodos paradoxos da eternidade: assumir como hipertexto um objeto literário concebido antes de Michel Joyce publicar seu *Afternoon* (1990) em disquete, no que se julgara ser a primeira ficção hipertextual.[1] Autores como Cortázar, Pávitch, Calvino e muitos outros têm sido analisados em relação à informática décadas antes do advento da *Web* (1990). Um romance hipertextual, embora concebido em meio impresso, assim Robert Coover referiu-se a *O Dicionário Kazar* ao analisar o livro para o *New York Times Book Review*, quando lançado nos Estados Unidos, em 1988. Segundo Coover, "A new kind of coverless, interactive, expandable 'book' is now being written; there are no doubt several out there in hyperspace right now; and *Dictionary of the Khazars* could easily take its place among them as inspired hackers...".[2]

Com sua capacidade de suspender as fronteiras do tempo e esgaçar os limites das classificações literárias, a noção de hipertexto nos instiga a reabrir nosso baú de leitura com os olhos do presente e a incômoda mas produtiva dificuldade de continuarmos sem saber exatamente até onde nosso olhar agora é hipertextual ou se de alguma forma já estávamos diante desse procedimento literário muito antes de ter ressurgido no espaço eletrônico. Autores como James Joyce, Lawrence Sterne, Melville, Carrol, e o nosso Osman Lins, de *Avalovara* (1973), além de muitos outros que nem sequer foram citados aqui, proporcionariam desafiantes estudos em relação à teoria do hipertexto. Não à toa Pávitch vai buscar a forma básica de seu romance na estrutura secular dos dicionários e enciclopédias, que hoje dominam as realizações no mundo eletrônico, justamente porque já encerravam uma configuração hipertextual. Retornamos a essas estruturas de ordenação – alfabética porém arbitrária – literalmente abertas a múltiplas *entradas* e referências cruzadas, tensionadas e complexificadas pela narrativa romanesca.

Essa dificuldade classificatória não é solucionada com parâmetros que caem no determinismo tecnológico

[1] Ver MIHAJLOVIC, Jasmina. Milorad Pavic and hyperfiction. *Review of Contemporary Fiction*. Dalkey Archive Press, USA, v.18, n.2. Summer 1998.

[2] COOVER, Robert. He thinks the way we dream. *The New York Times Book Review*, Nov. 20, 1988.

de tentar estabelecer o uso do meio eletrônico como o marco divisório entre obras hipertextuais e não-hipertextuais. O aparato material da escrita não determina o processo de leitura, mas funciona junto com ele, e, como procurei mostrar, o velho livro pode ser trabalhado a favor de um processo hipertextual. Só o aparato tecnológico eletrônico não garante a interatividade e é preciso (re)afirmar que muitos textos veiculados na Internet não se aproximam sequer da riqueza de *links*, da multilinearidade e da pluralidade de uma obra como *O Dicionário Kazar.*

Para tentar limpar um pouco a nebulosidade que cerca essas tentativas de classificar o que é e o que não é hipertexto, a escritora iugoslava Jasmina Mihajlovic, biógrafa e crítica de Pávitch, propõe uma outra distinção, mais elástica, embora ainda sujeita ao determinismo tecnológico. Na sua visão, existem dois tipos de criações literárias que podem ter um resultado hipertextual. Esse parâmetro implica uma seleção anterior que já exclui todas as obras estruturadas no modo clássico, seqüencial e cronológico. São obras que reduzem as possibilidades do espaço eletrônico à leitura retilinear na tela e por isso não se prestam, segundo a autora, a serem transferidas para o computador. (Embora a inserção desses textos clássicos em meio a críticas, biografias, imagens, possa dar uma geografia mais estrelada à leitura no jogo da intertextualidade.)

Em oposição a essas obras, os dois tipos de criação literária que podem ser considerados hipertextuais são: 1) as ficções escritas **para** e **no** meio eletrônico, que não podem sair de um CD ou de um disquete para tomarem o formato impresso, como *My name is Scibe,*[3] *e Patchwork girl,*[4] tamanha é a variabilidade de configurações e a implicação de imagens, som e movimentos físicos automatizados na manipulação da obra. Um segundo tipo são as obras impressas transferíveis para o labirinto eletrônico, entre as quais a autora inclui *O Dicionário Kazar* e os demais livros de contos e romances de Pávitch. Trata-se, segundo Mihajlovic, de obras

[3] MALLOY, Judy, Tom Igoe, Chris Abraham et al. *My name is Scibe.* <http://www.tmn.com/Oh/Artswire/interactive/www/scibe/story.html> (20 fev. 1997).

[4] JACKSON, Shelley. *Patchwork girl.* Eastgate System, Waterton, Massachusetts, 1998. (CD-ROM para macintosh ou windows) <http://www.eastgate.com/catalog/Patchwork.html>.

com características de hipertexto que têm suas possibilidades de leitura ampliadas quando transferidas para o meio eletrônico. "It is exactly because only in such cases labyrinth hyperspace gives to such works a more adequate possibility to read all the letters and meanings than does a printed version".[5]

Mas só à medida que os romances e contos de Pávitch (assim como *O jogo da amarelinha*, de Cortázar, os romances da última fase de Calvino, *Finnegans Wake*, de Joyce e outras obras que têm sido citadas como exemplos de hipertextos impressos) forem de fato transferidos para o computador, teremos condições de analisar se o hiperespaço dá a eles um meio mais eficiente – ou apenas diferente – de lê-los e de operar sua hipertextualidade. E ainda assim, estaremos sempre diante de um novo simulacro, de uma nova duplicação, porque na passagem de um meio para outro a obra é recriada.

Será sempre temeroso, mas necessário, marcar as possibilidades narrativas associadas ao hipertexto eletrônico que ainda não foram experenciadas em formato impresso. A capacidade do ciberespaço de armazenamento de dados e de tornar visível e explícita a presença de intertextos, imagens ou sons correlatos na tela é infinitamente mais ampla do que no papel. A princípio, o maior diferenciador parece estar mais na velocidade, amplitude, facilidade e leveza das conexões garantidas pela automatização do que no processo de significação em si. Essas propriedades, como mostra Miranda, baseado em Lévy, mais reforçam do que recusam princípios já propostos pela teoria e pela prática literária contemporânea, como a intertextualidade, a antilinearidade, heterogeneidade e efemeridade.

> Na rede de interfaces que é o hipertexto, a velocidade – o clique sobre um botão, a quase instantaneidade do passar de um nó para outro é a interface que reforça o princípio da não-linearidade da leitura-navegação, ao mesmo tempo que denuncia o ritmo cada vez mais rápido de

[5] O artigo de Jasmina Mihajlovic pode ser encontrado ainda em *Milorad Pavic and hyperfiction.* <http://www.khazars.com./hyperfiction.htm>.

armazenamento de informações no âmbito da esfera tecnocientífica. À velocidade junta-se a leveza: ao contrário dos pesados volumes dos livros, que têm na página a unidade de dobra elementar do texto, o hipertexto "permite todas as dobras imagináveis", "redobra e desdobra à vontade, muda de forma, se multiplica, se corta e se cola de outra vez de outra forma".[6]

Com o processo crescente de escanerização de livros, essas obras estarão em pouco tempo disponíveis em computador e só aí será possível avaliar as diferenças, vantagens e desvantagens dessa transferência. Enquanto essas obras ainda têm uma existência material aqui na terra, podemos apenas especular o que seria delas no ciberespaço, como faz Mihajlovic. É possível imaginar a facilidade de mover-se por vários percursos apenas clicando os ícones-*links* propostos por Pávitch em *O Dicionário Kazar* ou seguindo automaticamente uma ordem alfabética dos verbetes transversal para os três livros ou ainda perseguindo segmentos temporais. Mas de novo o automatismo parece mais facilitar do que modificar substancialmente as possibilidades de leitura já presentes na forma impressa.

Na verdade, instala-se, entre um meio e outro, uma dinâmica de perdas e ganhos. Pode ser uma vantagem a leveza de passar de um *link* a outro com a velocidade de um simples clicar do *mouse*, sem páginas incômodas interpondo-se entre eles. Por outro lado, o leitor da cópia *soft* perderá oportunidades de se perder achando novas associações e novos percursos ao folhear o livro, o que não é muito diferente de quando navegamos na *Web* meio a esmo, procurando um assunto genérico, e esbarramos em conexões inesperadas e frutíferas ao acionarmos os *links*. O automatismo que se possa obter com a versão para computador deveria abrir mão da sutileza e da ambigüidade dessas ligações intratextuais em favor de um conforto maior do leitor e de uma topologia mais precisa? Seria preciso todo o cuidado para abrir ainda mais e não fechar a obra, evitando concen-

[6] MIRANDA, Wander Melo. Ficção virtual. *Revista de Estudos da Literatura*. Belo Horizonte, v.3, 19 out. 1995, p.9.

trar a atenção do leitor nos *links* acesos (lua, estrela, cruz, triângulo) e "cegando-o" para as conexões silenciosas.

No capítulo "Pegadas na areia" referi-me às múltiplas possibilidades de traçar percursos seguindo trilhas de palavras no mesmo campo semântico, como expressões que se referem a corpo, tempo, cor, cheiro, sabor, som ou ainda perseguir o contexto em que aparecem as palavras sonho, sal, kazar etc. Muito mais do que leituras analíticas e estatísticas, o computador permitiria realizar automaticamente passeios seletivos e reticulares pelo texto. Cada leitura poderia ser registrada no histórico de navegação, de modo a sobrepor diferentes trilhas pessoais.

Ao passar do suporte impresso para o eletrônico, muitos elementos não-verbais poderiam operar de forma mais presente. Por exemplo: as cores, virtualmente sugeridas no papel, poderiam ganhar corporalidade na tela do computador e suscitariam outros resultados perceptivos, certamente diferentes, não necessariamente mais amplos. Se podemos agora apenas imaginar o concerto de Brush ou o dedilhado do demônio tomando como partitura a ilustração que o livro traz ao lado desse verbete (ODK, 125), o que aconteceria se esse som já estivesse configurado no CD-ROM? Até que ponto abriríamos ou fecharíamos nosso universo semiótico e semântico?

É sempre preciso questionar de que forma os *links* na Internet dos sistemas de *story space* podem ser mais ou menos interativos, mais ou menos ricos do que no hipertexto impresso e no que o aparato eletrônico pode acrescentar à interatividade de uma obra já concebida como um processo hipertextual. Haveria, de fato, possibilidades mais ágeis de combinar os fragmentos e percorrer os substratos do livro, mas embora o automatismo e a facilidade de saltar de um *link* a outro sejam importantes, não encerram argumentos definitivos. São questões para desafios próximos à medida que essas obras forem, à moda Pávitch, reencarnando, no espaço cibernético.

Esses intervalos entre a ficção hipertextual em livro e o formato que ela poderá ter no meio eletrônico suscitam pensar a especificidade do seu funcionamento no suporte impresso antes de pularmos por cima da "cópia *hard*" para euforicamente nos banquetearmos com a *"soft"*, que deverá em breve chegar ao mercado. É preciso reconhecer que, se "o meio é a mensagem", como profetizou MacLuhan, o veículo em que essa estética hipertextual opera produz especificidades importantes, novamente perdas e ganhos, inovações e recuos. Nesse sentido considero importante a análise da hipertextualidade em meio impresso.

Retornando à questão de início, a tentativa de demarcação entre obras transferíveis e não-transferíveis proposta por Mihajlovic também é precária se pensarmos que qualquer texto pode ser convertido para o meio eletrônico e ganhar diferentes graus de interatividade e hipertextualidade. A distinção entre hipertexto (enquanto aparato material eletrônico) e processo (enquanto uma arquitetura que propicia a leitura hipertextual), que vem sendo constituída coletivamente no âmbito das discussões do Núcleo de Pesquisas em Informática, Lingüística e Literatura (NUPILL) da UFSC, ajuda a desfazer uma primeira confusão, mas não resolve definitivamente esses impasses. Como é possível encontrar um aparato também operando de forma hipertextual em obras como as de Pávitch, Cortázar e Calvino?

Mesmo precárias, as tentativas de delimitar nosso objeto observando as características comuns que esses autores dividem são desafios válidos para que não se caia na perigosa tentação de enxergar em tudo um hipertexto e enquadrar toda a produção artística e literária, qualquer obra fragmentada, qualquer multilinearidade, qualquer mínima interatividade do tipo "você decide" ou "pinte você mesmo" na classificação generosa do hipertexto. O melhor a fazer com conceitos que não oferecem impasses é descartá-los. Teorias que servem para analisar qualquer objeto tendem a tornar-se totalitárias e arbitrárias, e o lugar mais certo para elas é a lata de lixo.

Seria antes preciso falar de uma estética hipertextual, que dissolve os limites entre velhas e novas tecnologias, informatizando e hipertextualizando livros e mesmo películas. Essa estética, caracterizada pela combinação dos princípios de fragmentariedade, interatividade, movimento, interconectividade, heterogeneidade, descentramento, não se reduz ao aparato tecnológico mas, repito, opera junto com ele.

Mais importante do que fincar divisórias em um campo ainda não sedimentado é perceber que a narrativa não mudou apenas no computador, mudou também no livro. Uma tecnologia, e uma estética, não elimina a outra; elas se assimilam reciprocamente e se transformam. Os experimentos e teorias literárias desenvolvidos no diálogo com "livros tradicionais" foram profundamente aproveitados pelo hipertexto eletrônico, e, da mesma forma, a informática interferiu e continua interferindo na estrutura das obras impressas. Um meio alterou o outro, um meio aprendeu com o outro.

A informática e as ciências da computação não se relacionam apenas à concepção de um novo objeto artístico no meio eletrônico, mas à forma como as obras são concebidas nos "velhos" meios. A bem da verdade, já nem se pode mais falar em termos de "velho" *versus* "novo". Se o novo já não é tão novo e o livro não é mais o mesmo, porque nunca deixou de ser afetado pela tecnologia e pelas práticas sociais e nunca deixou de se transformar e de se readaptar, esses binômios se mostram cada vez menos procedentes.

Antes de encontrar o ciberespaço, o hipertexto já era ensaiado e experimentado em superfícies de papel, a partir de obras como *O Dicionário Kazar*, que buscam um espaço expansível, uma forma de escrever multilinearmente, com múltiplas possibilidades de percursos. Através de *links* intratextuais, o romance aciona uma remissão incessante de uma parte à outra que simula a infinitude – aliás, como o espaço eletrônico também simula. A estrutura dessas obras ainda têm muito a ensinar críticos e leitores a mudarem seu modo de ler, como reclama o "autor atual" de *O Dicionário Kazar*.

Uma solução cômoda para pensar a existência desses objetos kazares perdidos entre o passado e o futuro tem sido referir-se às experiências hipertextuais que foram desenvolvidas no suporte impresso como "precursoras", "predecessoras" ou "prefigurações" do hipertexto eletrônico. Essas expressões encontradas de forma generalizada nas publicações relacionadas à área estão carregadas de um certo mofo evolucionista. Relegar as experiências passadas à mera condição de pré-projetos ou projetos-pilotos (que está embutida nessas classificações) sem analisar seu estatuto próprio de funcionamento é subordinar o antes ao que vem depois. É pensar que o passado existe em função causal do presente e subordinar as realizações humanas e a arte à visão hierárquica de progresso. É condenar essas teias narrativas à invisibilidade e ao mutismo.

Estamos vivendo um momento rico e heterogêneo de coexistência de ferramentas de escrita e leitura, recicladas e reatualizadas. Se o meio eletrônico é um palimpsesto de antigas e atuais tecnologias, como mostrou Pierre Lévy,[7] o livro também já incorporou uma camada eletrônica à sua pele. O hipertexto impresso é essa antítese da coexistência que resiste à fusão e à homogeneidade da síntese. Não se sabe até que grau a coexistência entre a tecnologia de papel e a eletrônica persistirá, nem mesmo se o livro impresso persistirá, mesmo porque humanos não têm bola de cristal nem memória *winchester* como os demônios. Mas enquanto ficções hipertextuais existirem em forma de livros, elas desafiarão nossas análises com seu modo específico de operar a narrativa. Enquanto existirem mundos de papel, haverá leitores e críticos para ouvir o que essas bocas/livros tecnologizados estão dizendo, ou melhor, nos fazendo dizer.

E agora vou repousar, porque como diz um certo narrador que na sexta-feira chama-se Iabel, no domingo Tubalcaim e apenas no sábado Iubal, "o uso da memória é uma permanente circuncisão" (ODK, 228).

[7] LÉVY, Pierre. *As tecnologias da inteligência*: o futuro do pensamento na era da informática. Editora 34 Letras, Rio de Janeiro, 1995.

Bibliografia

ALVES, Rodrigo. A vida pode ser mais estranha que a ficção. *Jornal do Brasil*, Rio de Janeiro, 14 ago. 1999. Idéias/livros, p.3.

AS DIFERENÇAS do Leste Europeu em foco. *Jornal da USP*. São Paulo, 20-26 mar. 2000. p.12.

ASCHER, Nelson. Além da fé. *Folha de São Paulo*, São Paulo, 4 jun. 1999. Inéditos, p.1-4.

ASCHER, Nelson. Grande Sérvia ainda é projeto na região. *Folha de São Paulo*, São Paulo, 13 jun. 1999. Mundo, p.22.

BACH, Marcus. *As grandes religiões do mundo*: origens, crenças e desenvolvimento. Trad. Marli Berg. Rio de Janeiro: Record/Nova Era, 1998.

BAKHTIN, Mikail. *Marxismo e filosofia da linguagem*. Trad. Michel Lahud e Uara Frateschi Vieira. São Paulo: Hucitec, 1981.

BAKHTIN, Mikail. *Problemas da poética de Dostoiévski*. Trad. Paulo Bezerra. Rio de Janeiro: Forense-Universitária, 1981.

BAKHTIN, Mikail. *Questões de literatura e estética*: a teoria do romance. Trad. Aurora Fornoni Bernardini et al. São Paulo: Hucitec, UNESP, 1988.

BARBOSA, Pedro. *A ciberliteratura:* criação literária e computador. Lisboa: Edições Cosmos, 1996.

BARRACLOUGH, Geofrey. *Atlas of World History*. Londres: Times Books, 1993.

BARTH, John. The literature of exhaustion. In: *Atlantic 220*. 1967. v.2, p.29-34.

BARTHES, Roland. *Aula*. Trad. Leila Perrone-Moises. 6.ed. São Paulo: Cultrix, 1992.

BARTHES, Roland. *O prazer do texto*. Trad. J. Guinsburg. São Paulo: Perspectiva, 1995.

BARTHES, Roland. *O rumor da língua*. Trad. Mário Laranjeira. São Paulo: Brasiliense, 1988.

BARTHES, Roland. *S/Z, uma análise da novela Sarrasine de Honoré de Balzac*. Trad. Léa Novaes. Rio de Janeiro: Nova Fronteira, 1992.

BAUDRILLARD, Jean. *Simulacros e simulações*. Trad. Maria João da Costa Pereira. Lisboa: Relógio D'Água, 1991.

BAUDRY, Jean-Louis. Cinema: efeitos ideológicos produzidos pelo aparelho de base. In: XAVIER, Ismail (Org.). *A experiência do cinema*. Rio de Janeiro: Graal, 1983. p.381-403.

BENJAMIN, Walter. A obra de arte na era de sua reprodutibilidade técnica. Primeira versão. In: *Magia e técnica, arte e política*: obras escolhidas. Trad. Sérgio Paulo Rouanet. São Paulo: Brasiliense, 1996.

BENVENISTE, Émile. As relações de tempo no verbo francês. In: *O homem na linguagem*. Trad. Isabel Maria Lucas Pascal. Lisboa: Vega, 1980. p.29-42.

BERNARD, Michel. Hypertexte: la troisième dimension du langage. *Texte*. Revue de Critique et de Théorie Littéraire. Toronto: Trinity College, University of Toronto, 1998. n.13-14.

BERNARD, Michel. Lire l'hypertexte. In: VUILLEMIN, Allain; LENOBLE, M. (Org.). *Littérature et informatique*: la littérature générée par ordinateur. Paris: Artois Presses, Université, 1995.

BERNARDINI, Aurora. Caminho. *Folha de São Paulo*, São Paulo, 1 ago. 1999. 4º Caderno, p.5.

BLADES, John. *How to study James Joyce*. London: Macmillan, 1996.

BLOOM, Harold. *O cânone ocidental*. Trad. Marcos Santa Rita. Rio de Janeiro: Objetiva, 1995.

BOLTER, J. David. *Writing space*: the computer, hypertext, and the history of writing. Hillsdale, New Jersey: Lawrence Erlbaum Associates, 1991.

BORGES, Jorge Luis. A aproximação a Almotásim. In: *Obras completas I.* Trad. Carmen Cirne Lima. São Paulo: Globo, 1999.

BORGES, Jorge Luis. El espejo de tinta. In: *Obras completas*: 1923-1972. 17.ed. Buenos Aires: Ed. Emecé, 1989.

BORGES, Jorge Luis. El jardín de senderos que se bifurcan. In: *Obras completas*: 1923-1972. 17.ed. Buenos Aires: Ed. Emecé, 1989.

BORGES, Jorge Luis. El libro de arena. In: *Narraciones*. Madrid: Ediciones Cátedra, 1983.

BORGES, Jorge Luis. La Biblioteca de Babel. In: *Obras completas*: 1923-1972. 17.ed. Buenos Aires: Ed. Emecé, 1989.

BORGES, Jorge Luis. Pierre Menard, autor del Quijote. In: *Obras completas*: 1923-1972. 17.ed. Buenos Aires: Ed. Emecé, 1989.

BORGES, Jorge Luis. Tlön, Uqbar, Orbis Tertius. In: *Obras completas I.* São Paulo: Globo, 1999.

BOURDIEU, Pierre. A ilusão biográfica. In: AMADO, Janaína; FERREIRA, Marieta de Moraes. *Usos e abusos da história oral.* Rio de Janeiro: Fundação Getúlio Vargas, 1996. p.133-192.

BRUNEL, Pierre. *Dicionário de mitos literários*. Rio de Janeiro: UnB e José Olympio, 1998.

BURROUGHS, William S. *Almoço nu*. Trad. Mauro Sá R. Costa e Flávio Moreira da Costa. São Paulo: Círculo do Livro, 1987.

CALVINO, Ítalo. *Se um viajante numa noite de inverno.* Trad. Nilson Moulin. São Paulo: Companhia das Letras, 1982.

CASE, Sue-Ellen. Eve's apple, or women's narrative bytes. *Modern Fiction Studies*, Baltimore: Johns Hopkins University Press, Purdue University, v.43, Fall 1997.

CASTRO, Albino. Labirintos de Jerusalém. *Gazeta Mercantil*, São Paulo, 17 e 18 jun. 1999. Fim de semana.

CAVAGNARI FILHO, Victor. Para entender a guerra e seus desdobramentos. *Jornal do Brasil*, Rio de Janeiro, 14 ago. 1999. Idéias/livros, p.3.

CERVANTES, Miguel de. *Dom Quixote*. Trad. Viscondes de Castilho e Azevedo. Rio de Janeiro: Abril Cultural, 1981.

CHARTIER, Roger. *A aventura do livro*. Trad. Reginaldo Moraes. São Paulo: Ed. Unesp, 1999.

CHÂTELET, François. *História da Filosofia*: idéias e doutrinas: a filosofia pagã. Trad. María Jose de Almeida. Rio de Janeiro: Zahar, 1981.

CHEVALIER, Jean; GHEERBRANT, Alain. *Dicionário de símbolos*: mitos, sonhos, costumes, gestos, formas, figuras, cores, números. 13. ed. Trad. Vera da Costa e Silva et al. Rio de Janeiro: José Olympio, 1999.

CLEMENTE, Isabel. O fim das horas. *Folha de São Paulo*, São Paulo, 21 mar. 1999. Mais! 5º Caderno, p.11.

COOVER, Robert. He thinks the way we dream. *The New York Times Book Review*, New York, Nov. 20, 1988.

CORTÁZAR, Julio. Histórias de cronópios e de famas. Trad. Glória Rodriguez. Rio de Janeiro: Civilização Brasileira, 1973, p.69.

CORTÁZAR, Julio. *O jogo da amarelinha*. Rio de Janeiro: Bertrand, 1989.

COSTA, Cristiane. O grande mestre. *Jornal do Brasil*, Rio de Janeiro, 25 dez. 1999. Idéias/livros, n.682, p.1-2.

COSTA, Mônica Rodrigues da. Poemas na rede são montados via hipertexto/Afinal, o que é poesia? *Folha de São Paulo*, São Paulo, 22 set. 1999. Informática/Poesia digital, p.5.

CROSSAN, John Dominic. *Quem matou Jesus?* – as raízes do anti-semitismo na história evangélica da morte de Jesus. Trad. Nádia Lamas. Rio de Janeiro: Imago, 1995.

DÄLLENBACH, Lucien. Intertexto e autotexto. In: *Intertextualidades*: poétique. Trad. Clara Crabbé Rocha. Coimbra: Livraria Almedina, 1979. n.27.

DELEUZE, Gilles; GUATTARI, Felix. 1874: três novelas ou o que se passou. In: *Mil platôs*: capitalismo e esquizofrenia. Trad. Aurélio Guerra Neto, Ana Lúcia de Oliveira, Lúcia Cláudia Leão e Suely Rolnik. Rio de Janeiro: Editora 34 Letras, 1996. v.3.

DELEUZE, Gilles; GUATTARI, Felix. Introduction: Rhizome. In: *Mille plateaux*: capitalisme et schizophrénie. Paris: Minuit, 1980.

DERRIDA, Jacques. *Glas*. Paris: Galilée, 1974.

DERRIDA, Jacques. *A estrutura e a diferença*. São Paulo: Perspectiva, 1971. Coleção debates.

DINES, Alberto at al. As faces de Jesus. *Jornal do Brasil*, Rio de Janeiro, 25 dez. 1999. Caderno B-especial, p.1-8.

DOUGLAS, J. Yellowlees. How do I stop this thing?: closure and indeterminacy in interactive narratives. In: LANDOW, George (Ed.). *Hyper/text/theory*. Baltimore: Johns Hopkins University Press, 1994.

DOURADO, Autran. *O risco do bordado*. 9.ed. Rio de Janeiro: Rocco, 1999.

DUARTE, Leneide. Novas versões de livro sagrado. *Jornal do Brasil*, Rio de Janeiro, 25 dez. 1999. Idéias/livros, n.682, p.5.

DUARTE, Paulo Sérgio. Objeto livro. *Jornal do Brasil*, Rio de janeiro, 14 ago. 1999. Idéias/livros, p.6.

DUNLOP, D. M. *The History of the Jewish Khazars*. New York: Schochen Books, 1967.

ECO, Umberto. *O nome da rosa*. Trad. Aurora Bernadini e Homero Freitas de Andrade. Rio de Janeiro: Nova Fronteira, 1983.

ECO, Umberto. O problema do bug do milênio. *Folha de São Paulo*, São Paulo, 8 ago. 1999. Mais! 6º Caderno.

ECO, Umberto. *Obra aberta;* forma e indeterminação nas poéticas contemporâneas. São Paulo: Perspectiva, 1971.

ELIADE, Mircea. *Mefistófeles e o andrógino*: comportamentos religiosos e valores espirituais não-europeus. Trad. Ivone Castilho Benedetti e Marina Appenzeller. São Paulo: Martins Fontes, 1991.

EUDES, Yves. www.familylinks.icrc.org. *Le Monde*, Paris, 22 maio 1999.

FAGUNDES FILHO, Antônio Augusto. *O livro dos demônios*: manual de identificação de cada demônio e as defesas necessárias. Porto Alegre: L&PM, 1997.

FERON, Bernard. *Iugoslávia*: a guerra do final do milênio – das origens do conflito aos bombardeios da OTAN. Trad. Moacyr Gomes Júnior. Porto Alegre: L&PM/Le Monde, 1999.

FILOSOFIA a partir da carne. *Jornal do Brasil*. Rio de Janeiro, 16 out. 1999. Idéias/livros.

FIORAVANTE, Celso. Papas se movem entre a fé e o pecado. *Folha de São Paulo*, São Paulo, 7 nov. 1998. Ilustrada, p.8.

FLINT, Carl; NORRIS, David. *Introducing Joyce*. Austrália: Totem Books, 1997.

FOUCAULT, Michel. *As palavras e as coisas*. São Paulo: Martins Fontes, 1987.

FOUCAULT, Michel. *O que é um autor?* Lisboa: Vega, 1992.

FREITAS, Ricardo F. Corpo e discussão pós-moderna. *Jornal do Brasil*, Rio de Janeiro, 19 fev. 2000. Idéias/livros, n.690, p.5.

GALLOP, Jane. *Thinking through the body.* New York: Columbia University Press, 1988.

GALVÃO, Walnice Nogueira. O sexo de Édipo. *Folha de São Paulo*, São Paulo, 10 abr. 1999. Jornal de Resenhas, p.3.

GENETTE, Gérard. *Introduction à l'architexte.* Paris: Editions du Seuil, 1986. Collection Poétique.

GENETTE, Gérard. *Palimpsestes:* la littérature au second degré. Paris: Editions du Seuil, 1982. Collection Poétique.

GENETTE, Gérard. *Paratexts:* thresholds of interpretation. Trans. Jane E. Lewin. Cambridge: Cambridge University Press, 1997.

GENETTE, Gérard. Situations narratives. *Nouveau discours du récit*. Paris: Seuil, 1983.

GILLOT, Arnaud. La notion d'ecrilecture à travers les revues de poésie électronique kaos et alire (1989-1995). In: VUILLEMIN, Alain; LENOBLE, Michel (Org.). *Littérature informatique lecture*: de la lecture assitée par ordinateur à la lecture interactive. Paris: Pulim, 1994.

GOLDEN, Peter B. *Khazar studies on historico-philological inquiry in the origin of the Khazars.* Budapest: Akademial Kiado, 1980.

GRECO, Alessandro. O mapa da mente. *Gazeta Mercantil*, São Paulo, 23-24 out. 1999. Fim de Semana.

HAMBURGER, Käte. *A lógica da criação literária*. Trad. Margot P. Malnic. 2.ed. São Paulo: Perspectiva, 1986.

HARAWAY, Donna. Um manifesto para os cyborgs: ciência, tecnologia e feminismo socialista na década de 80. Trad. Francisco Caetano Lopes Jr. In: HOLLANDA, Heloísa Buarque de (Org.*). Tendências e impasses*: o feminismo como crítica da cultura. Rio de Janeiro: Rocco, 1994.

HAYLES, Katherine. Corporeal anxiety in Dictionary of the Khazars: what books talk about in the late age of print when they talk about losing their bodies. *Modern Fiction Studies*: Technocriticism and Hypernarrative. Baltimore: Johns Hopkins University Press, v.43, n.3, Fall 1997.

HAYLES, Katherine. Monstrous bodies in patchwork girl: electronic fiction takes a byte out of print books: writing in a film age. In: *Essays by contemporary novelists*. Colorado: University Press of Colorado, 1997.

HEILBORN, Maria Luiza. Gênero e poder por Bordieu. *Jornal do Brasil*, Rio de Janeiro, 19 fev. 2000. Idéias/livros, n. 690, p.4.

JACKSON, Shelley. *Patchwork girl.* Waterton, Massachusetts: Eastgate System, 1998.

JAMES, Joyce. *Finnegans Wake/Finnicius Revém.* Trad. Donaldo Schüller. São Paulo/Rio Grande do Sul: Ateliê Editorial/ Casa de Cultura Guimarães Rosa, 1999.

JEAN Dubois; GIACOMO, Mathée; GUESPIN, Louis et al. *Dicionário de Lingüística*. São Paulo: Cultrix, 1973.

JENNY, Laurent. A estratégia da forma. In: *Poétique*: Revue de Theórie et d'Analyse Littéraires (Intertextualidades). n.27. Trad. Clara Crabbê Rocha. Coimbra: Livraria Almedina, 1979.

JOYCE, Michel. *Afternoon, a story, computer disk*. Cambridge, Massachusetts: Eastgate Press, 1991.

KAFKA, Franz. *Na colônia penal*. Trad. Modesto Carone. São Paulo: Companhia das Letras, 1998.

KATZ, Helena. De corpômetros e idéias antigas. *Jornal do Brasil*, Rio de Janeiro, 23 out. 1999. Idéias/livros.

KOESTLER, Arthur. *The thirteenth tribe*: the Khazar Empire and its heritage. New York: Popular Library, 1978.

KONDER, Leandro. Reflexões sobre Walter Benjamin. *Jornal do Brasil*, Rio de Janeiro, 19 fev. 2000. Idéias/livros, n.690, p.5.

KRISTEVA, Julia. *Semeiotike*: recherchers pour une sémanalyse. Paris: Editions du Seuil, 1969. Coleção Points – Essai.

KURY, Mário da Gama. *Dicionário de mitologia grega e romana*. Rio de Janeiro: Jorge Zahar, 1997.

LANDOW, George. P. *Hypertext:* the convergence of contemporary critical theory and technology. Baltimore: Johns Hopkins University Press, 1992.

LAURETIS, Teresa de. Film and the visible. *How do I look?* Seattle: Bay Press, 1991.

LEÃO, Lúcia. *O labirinto da hipermídia*: arquitetura e navegação no ciberespaço. São Paulo: Fapesp/Iluminuras, 1999.

LECOQ, Jean-François. La fin de l'histoire et le dernier roman; les fleurs bleues de Queneau comme hypertexte. In: PFERSMANN, Andréas (Org.). *Études romanesques; fondements, évolutions et persistance des théories du roman*. Paris: Lettres modernes minard, 1988. v.5, p.163-179.

LÉVY, Pierre. *As tecnologias da inteligência*: o futuro do pensamento na era da informática. Rio de Janeiro: Editora 34 Letras, 1993.

LEWIS, H. Spencer. *As doutrinas secretas de Jesus*. Trad. Edmond Jorge. Rio de Janeiro: Renes, 1975. v.7. Biblioteca Rosa-Cruz.

LOPES, Denilson. *Nós os mortos*: melancolia e neo-barroco. Rio de Janeiro: Sette Letras, 1999.

LORENZ. Eduard N. *A essência do caos*. Trad. Cláudia Bentes David. Brasília: Editora Universidade de Brasília, 1996.

MACHADO, Arlindo. *Máquina e imaginário*: o desafio das poéticas tecnológicas. São Paulo: EDUSP, 1993.

MACHADO, Irene. *Cultura tecnológica e metáfora balística*. In: CONGRESSO BRASILEIRO DE CIÊNCIAS DA COMUNICAÇÃO, XII, Rio de Janeiro: Universidade Gama Filho, 3-9 set. 1999.

MAIA ANTUNES, Nara. *Jogo de espelhos*: Borges e a teoria da literatura. Rio de Janeiro: José Olympio, 1983.

MANGUEL, Alberto et al. Abc de Borges. *Folha de São Paulo*, São Paulo, 1 ago. 1999. Mais! 5º Caderno, p.1-14.

MANN, Charles C. www.cyber.comunismo. *Folha de São Paulo*, São Paulo, 3 out. 1999. Mais! 5º caderno, p.1-16.

MATOS, Olegária C. F. O sabor da vida: o saber viver. *O Estado de São Paulo*, São Paulo, 12 dez. 1999. Caderno 2, p.D-3.

MERLEAU-PONTY, Maurice. O cinema e a nova psicologia. In: XAVIER, Ismail (Org.). *A experiência do cinema*. Rio de Janeiro: Graal, 1983. p.102-117.

MERLEAU-PONTY, Maurice. Signos (1960). Trad. Maria Galvão Gomes Pereira. São Paulo: Martins Fontes, 1991.

METZ, Christian. História/Discurso (nota sobre dois voyeurismos) e o dispositivo cinematográfico como instituição social. In: XAVIER, Ismail (Org.). *A experiência do cinema*. Rio de Janeiro: Graal, 1983.

MIHAJLOVIC, Jasmina. Milorad Pavic and hyperfiction. *Review of Contemporary Fiction*. USA: Dalkey Archive Press, ISU Campus Box 4241, v.18, n.2, Summer 1998.

MIRANDA, Wander Melo. Ficção virtual. *Revista de Estu-dos da Literatura*, Belo Horizonte, v.3, 19 out. 1995. p.9.

MORICONI, Italo. Introdução ao universo de Derrida. *Jornal do Brasil*, Rio de Janeiro, 19 fev. 2000. Idéias/livros, p.4.

MULVEY, Laura. Prazer visual e cinema narrativo. In: XAVIER, Ismail (Org.). *A experiência do cinema*. Rio de Janeiro: Graal, 1983.

N. T. João. Português. *Bíblia sagrada*. Trad. da Vulgata por Matos Soares. Rio de Janeiro: Gamma, 1980.

NELSON, Theodor. *Literacy machines*. Sausalito, California: Mindful Press, 1992.

NELSON, Theodor. Opening hypertext: a memoir. In: Tuman. Literary online 1992, p.9.

NEPOMUCEMO, Eric. Os muitos mistérios de Borges. *Jornal do Brasil*, Rio de janeiro, 6 ago. 1999. Caderno B, p.1-2.

ONETO, João Domenech. As ciladas da diferença. *Jornal do Brasil*, Rio de Janeiro, 24 jul. 1999. Idéias/livros, p.8.

PASSOS, Cleusa. O enigma da mulher. *Folha de São Paulo*, São Paulo, 10 abr. 1999. Jornal de Resenhas, p.3.

PÁVITCH, Milorad. *Dictionary of the Khazars*. Male Edition. Trans. Christina Pribicevic-Zoric. London: Penguin, 1989.

PÁVITCH, Milorad. *O Dicionário Kazar – Romance encilopédia em 100.000 palavras*. Edição Feminina. Trad. Herbert Daniel. São Paulo: Marco Zero, 1989.

PÁVITCH, Milorad. *Paisagem pintada com chá*. Trad. Aleksandar Jovanovic. São Paulo: Companhia da Letras, 1990.

PEIRCE, Charles Sanders. *Semiótica*. São Paulo: Perspectiva, 1990.

PENNAC, Daniel. *Comme un roman*. Paris: Éditions Gallimard, NRF, 1992.

PIGNATARI, Décio. *Semiótica & Literatura, icônico e verbal, Oriente e Ocidente*. São Paulo: Cortez e Moraes, 1979.

REZENDE, Marcelo. Identidades não-solidárias. *Gazeta Mercantil*, São Paulo, 24 e 25 abr. 1999. Cultura, p.5.

ROBBE-GRILLET, Alain. A future for the novel. *For a New Novel:* essays on fiction. New York: Grove P., 1965.

ROLNIK, Suely. *Subjetividade antropofágica*. Arte contemporânea brasileira: Um e/entre Outro/s. São Paulo: Fundação Bienal de São Paulo, 1998.

SALLES VASCONCELLOS, Maurício; COELHO, Haideé Ribeiro

(Org.). *1.000 rastros rápidos*: cultura e milênio. Belo Horizonte: Autêntica, 1999.

SANTOS, Alckmar Luiz dos. Literatura e(m) Computador. *Ô! Catarina*, Florianópolis, Fundação Catarinense de Cultura, out. 1996, p.4.

SANTOS, Alckmar Luiz dos. Novas e antigas textualidades/ novos e antigos sentidos. In: CONGRESSO DA COMPÓS, abr. 2000.

SCHÜLER, Donaldo. O homem a caminho está. In: *D. O. Leitura*. São Paulo: Imprensa Oficial do Estado, set. 1999. n.5.

SEREZA, Haroldo Ceravolo. Dicionário (des)organiza século da rebeldia. *Folha de São Paulo*, São Paulo, 3 jul. 1999. Ilustrada, p.6.

SERVA, Leão Pinto. *A batalha de Sarajevo*. São Paulo: Página Aberta, 1994.

SHEARER, S.R. Religion in politics. *Antipas Ministries*, Sacramento, v.1, n.3, Riptide Books, Oct. 1, 1998.

SIMÕES, Alessandra. A angústia da "autofagia". *Gazeta Mercantil*, São Paulo, 3-4 out. 1998. Fim de Semana, p.2.

SIMÕES, Alessandra. Devorando a própria arte. *Gazeta Mercantil*, São Paulo, 3-4 out. 1998. Fim de Semana, p.2.

SNYDER, Ilana. *Hypertext*. The electronic labyrinth. New York: New York University Press, 1997.

SONTAG, Susan et al. Fronteiras de sangue. *Folha de São Paulo*, São Paulo, 2 maio 1999. Mais! 5º Caderno, p.1-12.

STAM, Robert. O telejornal e seu telespectador. *Novos Estudos Cebrap*, Petrópolis, n.13, 1986.

SUSSEKIND, Flora. As iniciais. *Jornal do Brasil*, Rio de Janeiro, 30 out. 1999. Idéias/livros, p.7.

SUSSEKIND, Flora. Monstros. *Jornal do Brasil*. Rio de Janeiro, 25 dez. 1999. Idéias/livros.

TARLING, James. *The struggle of writing against the limitations of print culture*. England: Coventry University, Spring 1995.

TOLSON, Jay et al. As origens do mundo moderno. *O Estado de São Paulo*, São Paulo, 31 dez. 1999. Retrospectiva – o ano 1000, p.33-40.

TRAVESSIA. Revista de Literatura. Florianópolis: Universidade Federal de Santa Catarina. Curso de Pós-Graduação em Literatura. Editora da UFSC, n.1, 1980.

VUILLEMIN, Alain; LENOBLE, Michel. *Litterature informatique lecture*: de la lecture assistée par ordinateur à la lecture interative. France: Pulim, 1994.

WANDELLI, Raquel. Dicionário de areia: o labirinto hipertextual. In: *Epílogos y prólogos para un fin de siglo.* Buenos Aires, Argentina: Sección: Arte, ciência, tecnología y medios de comunicación. Centro Argentino de Investigadores de Arte, 1999.

WIZNIK. *O som e o sentido*. 2.ed. São Paulo: Companhia das Letras, 1999.

XAVIER, Ismail. *O discurso cinematográfico*: a opacidade e a transparência. Rio de Janeiro: Paz e Terra, 1994.

Sítios na Internet

AMAZON. Customer: Dictionary of the Khazars: A lexicon novel in 100.000 words, October 1, 1995. <http://www.amazon.com>.

BARBOSA, Pedro. *A renovação do experimentalismo literário na literatura gerada por computador.* Ciberkosk, n.2. Disponível em: <http://alf.ci.uc.pt/ciberkosk>. Acesso em: maio 1998.

BEIGUELMAN, Giselle. *O livro depois do livro*. Disponível em: <http://www.desvirtual.com/giselle>. Acesso em: 17 set. 1999.

BRITO, Glória Celeste B.; SCHAUFFERT, Rosary. *Literatura brasileira em meio eletrônico*. Disponível em: <http://www.cce.ufsc.br/~nupill/literatura/projeto.html>. Acesso em: dez. 1997.

BROOK, Kevin Alan. *An introduction to the History of Khazaria*, 1996. Latest revision: March 1999. Disponível em:

<http://www.khazaria.com/khazar-history.html>. Acesso em: jan. 2000.

BROOK, Kevin Alan. *The Jews of Khazaria*. Latest revision: March 1999. Disponível em: <http://www.khazaria.com/brook.html>. Acesso em: jan. 2000.

BUSH, Vannevar. As we may think. *Atlantic Monthly*, 176 (1): 101-8, jul. 1945. <http://www.isg.sfu.ca/~duchier/misc/vbush>. Acesso em: 1999.

CALLUS, Ivam. *Cover to cover*. Disponível em: <http://www.altx.com/ebr/ebr8/8Callus.htm>. Acesso em: 8 out. 1999.

DJUKIC, Dejan. *Balcanização lingüística*. Disponível em: <http://www.udc.es/dep/ix/cac/novanng.html>. (Mensagem enviada à lista eletrônica de discussão LINGUIST). Acesso em: 11 set. 1996.

JACKSON, Shelley. *Patchwork girl*. Waterton, Massachusetts: Eastgate System, 1998. Disponível em: <http://www.eastgate.com/catalog/Patchwork.html>. Acesso em: 1998.

KEEP, Christhiam. *Hypertexto*. Disponível em: <http://web.uvic.ca/~ckeep.html>. Acesso em: 1995.

KEEP, Christopher. *Closure*. 1995. <http://uvic.ca/~ckeep/hfl0239. html>. Acesso em: jan. 2000.

KEEP, Christopher. *Dictionary of the Khazars*. Disponível em: <http://web.uvic.ca/~keep/hfl0239.html>. Acesso em: 2000.

KHAZAR. In: *Enciclopédia Britânica*. Disponível em: <http://www.brittanica.com>. Acesso em: 2000.

MALLOY, Judy; IGOE, Tom; ABRAHAM, Chris et al. *My name is Scibe*. Disponível em: <http://www.tmn. com/Oh/Artswire/interactive/www/scibe/story.html>. Acesso em: 20 fev. 1997.

MONTORF, Nick. *Notes on reading Dictionary of the Khazars by Milorad Pavic; Notes by for interactive and non-linear narrative*. Disponível em: <http://web.mit. edu/afs/a...k_SP97/nick/ khazars.html>. Acesso em: 2000.

PÁVITCH, Milorad. Beginnings and the end of the novel. In: *The official Milorad Pavic homepage*. Disponível em: <http://www.khazars.com./end-of-novel.htm>. Acesso em: 2000.

PÁVITCH, Milorad. *The official Milorad Pavic homepage*. Disponível em: <http://www.khazars.com./authobiographic.htm>. Acesso em: 2000.

PÁVITCH, Milorad. *An authobiographic by Milorad Pavic*. Disponível em: <http://khazars.com/ authobiographic.htm>. Acesso em: 2000.

SANTOS. Alckmar Luiz dos. Artefato, artemáquina. Disponível em: <http://www.cce.ufsc.br:80/~alckmar/ texto3.html>. Acesso em: 1995.

SANTOS. Alckmar Luiz dos. *Por uma teoria do hipertexto literário*. Disponível em: <http://www.cce.ufsc. br/~nupill/ teoria.html>. Acesso em: 1999.

SANTOS. Alckmar Luiz dos. *Gregório (hiper)lido*. Disponível em: <http://cce.ufsc.br:80/~alckmar/ texto4.html>. Acesso em: 1999.

SHEARER, S. R. Religion in politics. *Antipas Ministries*, Sacramento: Ripticle Books, October, 1, 1998. <http:// www.endtimesnetwork.com/oldnews/vol1no3.html>. Acesso em: 2000.

THE KAZARIA INFO CENTER. Last Updated: August 4, 1999. Disponível em: <http://www.khazaria.com>. Acesso em: 2000.

Anexo I

OBSERVAÇÕES PRELIMINARES
SUMÁRIO
11
1. Histórico do Dicionário Kazar
11
2. Composição do Dicionário
17
3. Modo de usar o Dicionário
19
4. Fragmentos conservados do prefácio da edição original de 1691 (traduzidos do latim)
22
OS DICIONÁRIOS
O LIVRO VERMELHO
Fontes cristãs sobre a questão kazar
25
O LIVRO VERDE
Fontes islâmicas sobre a questão kazar
112
O LIVRO AMARELO
Fontes hebraicas sobre a questão kazar
181
APÊNDICE I
O padre Teoktist Nikólski, redator da primeira edição do Dicionário Kazar
267
APÊNDICE II
Extrato do processo-verbal de audição das testemunhas, relativo ao assassinato do Dr. Abu Kabir Muaviya
289
OBSERVAÇÕES FINAIS SOBRE AS VANTAGENS DESTE DICIONÁRIO
297
LISTA DOS VERBETES
299

Anexo 2

Beginning and the end of the novel[1]

Milorad Pávitch

Auto-retrato de Pávitch. Fonte: *The official Pavic home-page.* <http://www. khazars.com. htm>.

Borges was eager to see the faces of his first hundred readers. My eagerness is different. Are we all standing before a challenge to see the faces of the last hundred of readers, or, to be less pathetic, the faces of the last hundred readers of the novel?

Answering to that, let us putt the question when and where, in which part of the text the reading of a novel starts and when and where the reading of a novel ends. How is the beginning and the end of a novel, the beginning and the end of reading, conditioned by what Jasmina Mihajlovic calls: reading and sex? Must the novel have an end? And what in fact is the end of a novel, of a literary work? And is it unavoidably only one? How many ends can a novel or a theater play have? To those questions I have found some answers while writing my books.

Long ago I came to understand that the arts are "reversible" and "non reversible". There are some arts which enable the recipient to approach the work from various sides, or even to go around it and have a good look at it changing the spot, the

[1] PÁVITCH, Milorad. *The official Milorad Pavic homepage.* <http://www. khazars. com.\end-of-novel. htm>.

perspective and the direction of his looking at it according to his own preference, as is the case with architecture, sculpture or painting, that are reversible. Other non reversible arts, such as music and literature look like one-way roads on which everything moves from the beginning to the end, from birth to death. I have always wished to make literature, which is non reversible art, a reversible one.

Therefore my novels have no beginning and no end in the classical meaning of the word. For instance, *Dictionary of the Khazars* is "a lexicon novel in 100.000 words", and according to the alphabet of various languages, the novel ends differently. The original version of *Dictionary of the Khazars*, printed in the Cyrillic alphabet, ends with a Latin quotation: "sed venit ut illa impleam et confirmem, Mattheus". My novel in Greek translation ends with a sentence: "I have immediately noticed that there are three fears in me, and not one". The English, Jewish, Spanish, and Danish version of *Dictionary of the Khazars* end in this way: "Then, when the reader returned, the entire process would be reversed, and Tibbon would correct the translation on the basis of the impressions he had derived from this reading walk". The Serbian version printed in the Latin alphabet, the Swedish version published at Nordsteds, the Holland version, the Czech version and the German version end with the following sentence: "That look wrote Koen's name in the air, lighted the wick, and lit up her way to the house". The Hungarian version of *Dictionary of the Khazars* ends with sentence: "He simply wanted to draw your attention to what your nature is like". The Italian and Catalonian versions end in this way: "Indeed the Chazar jar serves to this day, although it has long since ceased to exist". The Japanese version, published by "Tokyo Zogen Sha" ends with the sentence: "The girl had given birth to a fast quick daughter – her death; in that death her beauty had been divided on whey and curdled milk, and at the bottom a mouth was seen keeping the root of reeds".

My second novel, *Landscape Painted with Tea* (comparable with crossword puzzles) brings the portraits of the book's characters into the first plan if read vertically. If the same chapters are read horizontally (in the "classical way"), they put into the first plan the plot of the novel and its development. Let us discuss the beginning and the end of the novel in this case as well. First of all, this novel ends in one way if it is read by a woman-reader, and in another way if the reader is a man.

Of course, the beginnings and the ends of this novel differ from each other depending as well on the fact that the novel is read vertically or horizontally. *Landscape Painted with Tea,* if read horizontally, has the next beginning: "No undelivered slap should ever be taken to the grave". For those who wish to read the same way-across, this novel ends with the sentence: "The reader will not be so stupid not to remember what happened to Atanasije Svilar, whose name, for some time, used to be Razin". *Landscape Painted with Tea*, if read vertically, begins with the sentence: "In preparing this Testimonial to our friend, schoolmate, and benefactor, architect Atanas Fyodorovich Razin, alias Atanas Svilar, who once inscribed his name with his tongue on the backs of the most beautiful women of our generation..." The same way read this novel ends with the sentence: "I ran into the church".

After the novel-dictionary and the novel-crossword puzzle I tried again to transfer the novel into the row of the reversible arts. It is *The Inner Side of the Wind*, a klepsydra-novel. It has two front pages and it is best to read it one and a half times, as the famous archeologist, Dragoslav Srejovic, once said. The end is in the middle, where the lovers of this mythical tale, Hero and Leander, meet.

If you start reading from Leander's side, the beginning of the novel will be: "All futures have one great virtue: they never look the way you imagine them..." On that side of the book end of the novel will be the following: "It was five minutes past twelve when the towers in a horrible explosion fled into the air taking with them the flames in which Leander's body had perished". If you read *The Inner Side of the Wind* from Hero's side, the beginning of the book will be: "In the first part of the life, a woman gives birth, and in the second, she kills and buries either herself, or those around her". If you start reading from that, Hero's side, the end of the novel will be like this: "According to the bewildered lieutenant it was not till the third day in the evening that Hero's head yelled in a terrible and deep voice as if it were a man's".

My most recent book, *Last Love in Constantinople*, is, in fact, a tarot-novel consisting of 22 chapters corresponding to the cards of the Major Arcana. As it is known, with the help of the tarot, it is possible to foretell the future, and the novel *Last Love in Constantinople* has several keys as the cards themselves. In other words this novel is a direction for tarot fortune-telling and can bc "used" in more different ways. But the novel is not foretelling future to its heroes, but to its readers. It is possible to read-in the meaning of the tarot cards into the chapters of the novel (that bear the same appellations and numbers as the individual cards). It is possible to read-in the sense of the chapters of the novel into the meaning of the cards during fortune-telling. The novel can be used regardless the cards. Also, according to the directions for the tarot, that are given in the content, you can first of all throw the cards, and then read the chapters in the way cards fell on the table.

Therefore we can conclude that from the described novels we can come out not only through one exit, but also through more ways out that are far from each other. Slowly I lose from my sight the difference between the house and the book, and this is, perhaps, the most important thing I have to say in this text. But let us turn to the more general question, often raised in these days. Is the end of the novel approaching? Is the end of the novel before us or already behind us, ask those people that are followers of the thought that we are already living in the post history times. Is it also a post romanesque time? Have we passed through the finish without even noticing, and now all of us are running together in an already finished race? I believe it cannot be said so, unless we are struck by some nuclear cataclysm of cosmic proportions. I am more inclined to say that we are rather at the termination of one manner of reading. It is the crisis of our way of reading the novel, and not the novel itself. The novel-one-way road is in a crisis. Something else is in a crisis as well. It is the graphic sight of the novel. This is to say: the book is in a crisis.

Hyperfiction is teaching us a novel can move as our mind moves, in all directions at once. And to be interactive. I tried to change the way of the reading increasing the role and responsibility of the reader in the process of creating a novel (let us not forget that in the world there are much more talented readers than talented authors and literary critics). I have left to them, to the readers, the decision about the choice of the plots and the development of the situations in the novel: where the reading will begin, and where it will end, even the decision about the destiny of the main characters. But in order to change the way of reading, I had to change the way of writing.

Therefore these lines should not be understood exclusively as a talk about the form of the novel. This is at the same time both a talk of its content. In fact, the content of any novel has been, so to say, on Procrust's bed for two thousand years always subjected to the merciless model of form. I believe that an end has come to this. Each novel should select its specific form, each story can search for, and find, its adequate body. Computer is teaching us it is possible. But if you do not like computers, have a look what architecture is teaching us. Architecture changes our way of life. A literary work, if we consider it as a house, can change our way of life. A novel can be a home as well. At least for a while.

fotolito, impressão e acabamento

imprensaoficial

Rua da Mooca, 1921 São Paulo SP
Fones: 6099-9800 - 0800 123401
www.imprensaoficial.com.br